Robert Maxeiner

Pepperland

und andere Geschichten vom Reisen

ae

Autoren-Edition
im Neuen Literaturkontor

Die Deutsche Bibliothek - CIP-Einheitsaufnahme

Maxeiner, Robert:
Pepperland und andere Geschichten vom Reisen / Robert Maxeiner. -
Bielefeld ; Münster : Neues Literaturkontor, 1998
(Autoren-Edition ; 6)
ISBN 3-920591-50-X

Lektorat: Neues Literaturkontor
Umschlag: Neues Literaturkontor unter Verwendung
eines Fotos (Reisfeld auf Bali) von Robert Maxeiner
Druck und Bindung: AJZ-Druck GmbH, Bielefeld
Printed in Germany

ISBN 3-920591-50-X

Inhalt

Sein Weg
An Stelle eines Vorworts

Es war dies sein erster Weg außerhalb des Elternhauses, den sie ihm zutraute, allein zu gehen. Später wurde es, nimmt man einen kleinen Pfad hinzu, auch sein Schulweg, denn das Haus mit dem Laden und die Schule lagen nur wenig mehr als ein Dutzend Kinderschritte auseinander.

Jedesmal erfüllte es ihn mit Stolz, wenn er sein Ziel, den Laden von Tante Anna, erreicht und die gewünschten Lebens- und Waschmittel nach Hause gebracht hatte. Er handelte wie ein Eroberer oder ein Forscher, der diesen Weg erkundet und ihn zum Ausgangspunkt für alle weiteren Wege und Schritte macht.

Er konnte genau die Steine unterscheiden, die Rinnen und die Pfützen, die Ränder, die Anstiege. In seltenen Glücksmomenten traf er auf kleine Steine, die leuchteten und blinkten. Er sah sie als sehr wertvoll an, behielt dies aber als Geheimnis für sich. Nur zu gut wußte er, daß Erwachsene solchen Schätzen nicht den ihnen gebührenden Wert beimaßen, und das konnte sehr enttäuschend sein. Daher bewahrte er sie in einer Zigarrenkiste auf. An Weihnachten überraschte er dann alle, wenn er die Steine um die Krippe mit dem Jesuskind herum auslegte. Die Pfützen auf seinem Weg pflegte er natürlich zu studieren - von außen und innen, so daß er auch die Austrocknungsgrade bei unterschiedlichen Witterungsverhältnissen zu unterscheiden imstande war. Und manchmal ließ sich nur am Geruch erkennen, wo er sich befand - hier roch es nach Hühnern, dort nach frisch umgegrabener Erde. Im Frühjahr und Sommer untersuchte er das hohe Gras am Wegrand nach kleinen Tieren. Wenn man all das Fliegen, Krabbeln, Schlurfen, Schleimen, Klettern, Wimmeln aus der Nähe betrachtete, entdeckte man eine Welt ganz eigener Art.

Was in Kindergärten anhand von Wochenplänen vermittelt wurde, lernte der Junge auf seinem Weg, auf seinen täglichen Reisen: welche Pflanzen, Tiere, Jahreszeiten es gab, aber auch zum Beispiel die Wendekreise der Lastwagen, die, wollten sie den Laden beliefern, eine scharfe Kurve vor dem Anstieg nehmen mußten - es war ein spannendes Vergnügen zu beobachten, welche es schafften und welche zurücksetzen mußten.

Der Junge unterschied auch die Häuser am Weg: kleine, große, alte, verwinkelt, spitzgiebelig oder nicht, mit oder ohne Fachwerk, er unterschied Sandstein, Bruchstein, Backstein. Da waren Häuser mit Ställen, Scheunen, Schuppen, Höfen, mit landwirtschaftlichen Gerätschaften darin, mit Gärten und Vorgärten, mit Blumen und Gemüse und mit Obstgärten, akkurat bepflanzt oder ein wenig verwildert. Wenn er später in der Schule mal ohne Beschäftigung war (das kam öfter vor, denn er beeilte sich zumeist, und die Lehrerin hatte auch noch Schüler anderer Schuljahre zu unterrichten), dann malte er ein Haus. Das Haus sah immer gleich aus, nämlich so wie das, in dem er wohnte: ein spitzer Giebel mit Schornstein, Obstbäume davor, ein Garten mit bunten Blumen.

Die Menschen in den Häusern an seinem Weg waren ihm nicht fremd, und da er, anders als im Falle von Verwandten, nicht verpflichtet war, sich ihnen zu nähern, konnte er sie aus der Distanz heraus betrachten, die er selbst bestimmte. Nur wenige alte Frauen gingen damals noch in ihrer Tracht auf die Straße. Ihre Kleidung war überwiegend blau und schwarz. Jüngere Frauen trugen ebenso wie die alten Kopftücher, aber bei ihnen waren sie bunt. Viele Männer hatten werktags blaue Jacken an, daran erkannte man, daß sie arbeiteten. Die meisten benutzten Taschentücher, wenn es notwendig war, doch dem Bach-Opa genügte es, sich mit zwei Fingern an die Nase zu greifen, wenn er, die Hacke geschultert, auf dem Weg zu seinem Feld vorbeikam.

Manchmal beobachteten ihn der Junge und seine Brüder vom Küchenfenster aus und machten ein Spiel daraus, 'jetzt!' zu rufen, sobald einer tippte, daß er jetzt schneuzen würde. Die Regel lautete, nicht zu warten, bis er bereits die zwei Finger an der Nasenwurzel hatte.

Manche Leute auf seinem Weg grüßte er nur, mit anderen unterhielt er sich, Tante Marie schenkte ihm einen Fünfmarkschein zum Geburtstag, obwohl sie nicht mit ihm verwandt war. Da war eine Familie, die nicht aus dem Dorf stammte und die ganz anders sprach, als man es gewohnt war - zu ihnen sagte man nicht Tante und Onkel, sondern Frau und Herr. In der Schule dann lernte er erst, alle Erwachsenen zu siezen. Allmählich merkte er, daß die Art und Weise, wie die Leute miteinander redeten, nicht die übliche Sprache war, sondern der Dialekt ihres Dorfes. Als einmal entfernte Verwandte zu Besuch kamen, mußte er zu seiner Überraschung feststellen, daß sie seine Sprache kaum verstanden.

Die Familie, dieses Haus am Ortsrand, dieser Weg - das war der Mittelpunkt seines Universums, das war seine Heimat, sein Ausgangspunkt für alle weiteren Erlebnisse. Wenn seine Mutter ihn vom Küchenfenster aus auf seinem Weg beobachtete, dann wußte sie, welche Rolle er gerade spielte: die eigene (meistens), die von Christian (des Mannes mit der Baskenmütze aus der Fernsehserie, die beherrschte er perfekt in Gang und Gesten), oder Bach-Opa (wenn er sich gerade an die Nase griff). Wenn er dann vom Einkauf zurückkam, teilte sie ihm ihre Beobachtungen mit; oft fühlte er sich ertappt, und oft war ihm gar nicht bewußt, daß er wieder eine Rolle gespielt hatte.

Seine Mutter war eine Seßhafte, auch ihre Vorfahren hatten schon hier im Dorf gelebt, sein Vater war ein Zugezogener. So kann es durchaus sein, daß der Junge sowohl etwas Schollengebundenes als auch etwas Nomadisches 'mitbekommen' hatte. Beides jedenfalls beherrschte ihn, zog und zerrte an ihm. Stets wollte er fort, lockten ihn neue Wege, und immer trieb es ihn zurück. Heimweh und Fernweh - den Blick auf glitzernde Steine am Wegrand geheftet und auf die niemals stillstehenden Wolken - beides lag dicht beieinander, beides waren 'Seelen in seiner Brust'.

Dann, Jahrzehnte später, ein sehnsüchtiger Blick zurück: noch einmal diesen Weg gehen wie als kleiner Junge, den Weg, auf dem einem jeder Stein vertraut ist. Noch einmal, wenn auch nur kurz, in der Erinnerung, die auch eine Sehnsucht ist, am Ziel des Weges, in dem kleinen Laden verweilen: gewachste Holzdielen, Duft von geröstetem Kaffee, Reklameschilder aus buntem Blech. Waren die Heringe damals noch in Fässern, die eingelegten Gurken in den großen Gläsern? Die Bonbons, ganz sicher, waren einzeln zu kaufen, mit Himbeergeschmack. Dann die Zigarettenschachteln mit dem Bild einer Oase - sie lenkten den Blick wieder zurück in die ferne Welt.

Lange kann er nicht in der Vergangenheit verweilen, er muß wieder fort, muß zurück zum Weg von Trisuli nach Langtang vor ewig schneebemützten Gipfeln, auf die staubbedeckten Wege Afrikas, zu Dschungelpfaden, auf denen die schwüle Luft einem den Atem nimmt. Es ist wohl das Nomadenhafte, das ihn dabei stets geleitet hat und das wohl die meisten Menschen noch heute umtreibt. Immer auf seinem Weg sein... Und dabei Geschichten erleben, Geschichten sammeln - Geschichten vom Reisen.

Hedwig auf der Insel

Sie war jetzt schon über sechzig, aber wie jeden Morgen um 6.00 Uhr ging sie die wenigen Schritte über den Hof zum Schweinestall, und es kam ihr nur selten in den Sinn, daß dies seit Jahrzehnten so ging, jeden Morgen, und daß es einmal anders sein könnte. Wie immer nahm sie kaum bewußt die Geräusche von der nahen Autobahn wahr. Sie brauchte nur über das schmale Bachtal etwas hügelan zu blicken, um die Autos unaufhörlich vorbeirauschen zu sehen. Der Strom der Wagen war unendlich, ließ nur in den Nachtstunden etwas nach. In den letzten Jahren, seit es die Grenze nicht mehr gab, hatte der Verkehr noch um einiges zugenommen, hauptsächlich schwere Laster schoben sich tagein tagaus den Hügel hinauf und hinunter.

Hedwig hatte sich längst an die Autobahn gewöhnt, nur manchmal, in den letzten Jahren, seit die Kinder aus dem Haus waren, fragte sie sich häufiger, wohin diese Menschen wohl fuhren, ob nur ein paar Kilometer zur Arbeit oder weit weg, gar ins Ausland, nach Polen, Dänemark oder Schweden? Sie war nur wenige Male selbst über diese Autobahn gefahren und konnte sich noch gut daran erinnern: Das weiteste Ziel in der einen Richtung war Kassel, in der anderen Frankfurt gewesen.

Obwohl ihr Haus allein, vier Kilometer vom nächsten Dorf entfernt, am Hügel stand, war es früher hier immer lebhaft zugegangen. Ihre Kinder brachten oft Freunde zum Spielen mit, und wenn sie Kartoffeln ausmachten oder droschen, kamen Verwandte und Leute aus dem Dorf zum Helfen.

Aber das war schon fast dreißig Jahre her. Die jüngste Tochter war schon über fünf Jahre verheiratet, und seit dieser Zeit lebten ihr Mann Karl und sie allein hier.

Karl als der jüngste seiner Geschwister hatte den Hof bekommen, und sie hatten sich vieles in den ersten Jahren aufgebaut: Felder gepachtet, dazu gekauft und bewirtschaftet, über ein Dutzend Kühe und mehr als zwanzig Schweine versorgt. Doch dann ging es schlecht mit der Landwirtschaft, und Karl überlegte lange, alles aufzugeben. Aber was sollte er machen? Abgesehen von der Kriegszeit war er immer hier gewesen. Schließlich spezialisierten sie sich auf Schweinezucht. Und ein paar Hühner und Gänse hielten sie noch. Nun brauchten sie auch nicht mehr so hart zu arbeiten. Aber seit dieser Zeit war es still geworden auf dem Hof.

Hedwig bereitete das Futter für die Schweine, während Karl den Stall ausmistete. So machten sie es jeden Tag, und erst später, beim Frühstück, kamen sie dazu, ein paar Worte miteinander zu wechseln.

Hedwig war niemals unglücklich oder unzufrieden - sicher, sie machte sich auch so ihre Sorgen. Die zweitälteste Tochter war an Leukämie gestorben. Das war die schwerste Zeit ihres Lebens gewesen, noch viele Jahre nach dem Tod von Irma gelang es ihr nicht, darüber hinwegzukommen. Aber nun lebten sie schon seit Jahren frei von Sorgen, und mit den Kindern freuten sie sich über die Enkelkinder - vor drei Monaten war ihr zwölftes geboren worden. Nur finanzielle Probleme beunruhigten sie manchmal ein wenig. Sie sagte sich selbst, das sei doch lächerlich, und sie könne froh sein, daß das Leben so gleichmäßig und gut verlief, aber sie fühlte sich zunehmend irgendwie verbraucht, überflüssig.

Vor dem Einschlafen brauchte sie immer ein Bild, das sie sich vorstellte, das ihr ein wohliges Gefühl machte, nur ein paar Sekunden lang. Das war schon so, als sie noch ein junges Mädchen gewesen war. Die Bilder veränderten sich im Lauf der Zeit. In den letzten Jahren sah sie sich immer bei einer Familienfeier im Kreis ihrer Kinder und Enkel. Das erfüllte sie mit Freude und Stolz. Hedwig war nicht egoistisch, aber in letzter Zeit wünschte sie sich manchmal zur Abwechslung ein anderes Bild, nur für sich und für Karl.

Mit ihm sprach sie niemals darüber, denn es wäre ihr peinlich gewesen, und er hätte sie auch nicht verstanden. Karl war ein guter Mann. Sie hielten immer zusammen, aber Hedwig sprach mit ihm erst über eine Sache, wenn sie schon Hand und Fuß hatte, und im Augenblick beherrschte sie nur so ein vages Gefühl, daß es nicht immer so bleiben könnte, und damit wüßte er nichts anzufangen.

Hedwig leerte die Futtereimer in die Tröge, und die Schweine stürzten sich gierig quiekend über den mehligen Brei. Hedwigs ganzes Denken hatte sich immer um die Kinder und um ihr Auskommen gedreht. Aber diese Sorgen brauchte sie sich nicht mehr zu machen.

Nachher beim Frühstück blickte Karl sie fragend an, erspähte so einen anderen Ausdruck in ihrem Gesicht, den er schon lange nicht mehr bemerkt hatte und den er sich nicht erklären konnte.

In den folgenden Wochen brütete Hedwig über ihrer Idee: Im Schweinestall, beim Kochen, beim Staubwischen und Strümpfestopfen, und hauptsächlich abends, wenn Karl vor dem Fernseher saß. Ihr Bild setzte sich aus nur wenigen Merkmalen zusammen, es stückelten sich im Laufe der Wochen immer genauere Vorstellungen zusammen: Da war zuerst das Meer, mit völlig klarem Wasser und einem ganz bestimmten Blau, etwas ins Grünliche gehend, weiter entfernt von tiefem Dunkelblau, so kräftig und intensiv, daß sie es in ihrer Brust spüren konnte. Der Sand war ganz weiß und fein, sah aus wie Pulver. Nur ganz schmal der menschenleere Strand, denn dahinter begann schon der Palmenwald, die Bäume von strotzendem Grün wiegten sich leicht im Wind.

Als Hedwig schließlich in die Stadt fuhr, wußte sie genau, was sie wollte. Der jungen Frau im Reisebüro gab sie eine genaue Beschreibung ihres Bildes, und diese versorgte sie mit Stapeln von Zeitschriften, Prospekten und losen Blättern. Damit war Hedwig für Wochen beschäftigt. Hauptsächlich versank sie dabei in die Betrachtung der Fotos. Mit der Zeit entdeckte sie aber an jedem irgendeinen Makel, oder besser gesagt, es stimmte nicht mit ihrem inneren Bild überein, das Blau zu hell, der Strand steinig, Sand aus Lavaasche, zu schmutzig, Palmen mit Ästen, die müde ungepflegt herunterhingen. Karl beobachtete sie genauer als sonst, nicht skeptisch, nur aufmerksamer, weil er spürte, und es ihr ansah, daß sie etwas ausbrütete. Sie würde schon mit der Sprache herausrücken, wenn der Zeitpunkt dafür gekommen war. Fast schien es so, als kosteten sie beide in ihrer geduldigen Art diese Situation aus, die von einer angenehmen Spannung gekennzeichnet war. Hin und wieder kam es sogar vor, daß sie sich morgens im Stall für kurze Augenblicke anschauten und lächelten.

In letzter Zeit überkam sie beide öfter als sonst das Bedürfnis, miteinander zu schlafen. Vor langer Zeit, als die Kinder noch klein waren, warteten sie immer den Sonntagnachmittag ab, wenn die Kinder ins Dorf zur Andacht gingen. Irgendwann vor Wochen hatten sie sich in schweigendem Übereinkommen wieder daran erinnert.

Hedwig hielt es schließlich nicht mehr aus, und eines Abends holte sie die Prospekte herbei, als Karl nicht vor dem Fernseher saß, sondern über einem Kreuzworträtsel brütete.

Ach, das ist es, schien er zu denken und grinste, spürte ihr Herzklopfen, weil sie sich doch nicht sicher war. Er könnte sagen, sie habe nicht mehr alle Tassen im Schrank, oder einen Spatz gefrühstückt, was bedeutete, sie verstieg sich in ihre Vorstellungen. Und das befürchtete sie am meisten, weil Leute wie sie eigentlich zur Tulpenschau nach Holland oder in den Schwarzwald fuhren, allenfalls nach

Österreich. Sie hielt sich selbst für unbescheiden, und nicht nur das: Mit ihrer Idee leugnete sie ihre Herkunft und ihren Stand. Deshalb beeilte sie sich, Karl zu erklären, daß sie nicht einfach mal so verreisen wolle, oder daß sie zukünftig gar zu den Leuten gehören wollte, die jedes Jahr wegfuhren, nein, nur dieses eine Mal, damit es zukünftig innerlich zu ihrem Leben gehörte.

Zuerst atmete er heftig, Hedwig dauerte es eine Ewigkeit, dann brummte er etwas vor sich hin, das sie nicht verstand, und schließlich nickte er. »Was du nur immer für Ideen hast«, sagte er, und weil sie ihn kannte, wußte sie, daß er sie ganz genau verstand, auf jeden Fall, daß er sein Einverständnis gab und sie machen ließ.

Jetzt begann eine neue Vorbereitungsphase. Sie ließen keine Fernsehsendung aus, die sich mit exotischen Reisezielen befaßte, und Karl holte den kleinen Plastikglobus der Kinder vom Speicher.

Als Hedwig zum zweiten Mal in dem Reisebüro in der Stadt erschien und erklärte, die bisherigen Angebote entsprächen nicht ihren Vorstellungen, erntete sie verwunderte, gar böse Blicke, so daß sie fast schon zweifelte, ob sie nicht zu viel verlangte oder dieser Ort, den sie suchte, nur in ihrer Phantasie existierte. Die junge Frau bemühte sich, freundlich zu sein, aber es kam doch etwas schnippisch über ihre Lippen, daß sie weitere Angebote von Frankfurt, aus der Zentrale kommen lassen müsse. Die Frage, wieviel sie bereit wäre auszugeben, brachte Hedwig in Verlegenheit, aber sie redete sich heraus, indem sie versicherte, die neuen Prospekte bezahlen zu wollen. Nein, nein, das sei nicht nötig, bemerkte die Frau etwas überheblich. Sie wollte nur wissen, in welcher Kategorie sie suchen müsse. Hedwig beschrieb noch einmal genau das Bild, daß sie in ihrem Kopf bewegte, und die Frau am Nebentisch äußerte daraufhin einen Einfall... In zwei Tagen könne sie die Sachen abholen.

Karl kam gerade aus dem Stall, als sie, mit den neuen Angeboten wedelnd, über den Hof kam. Während er sich wusch und umzog, blätterte sie schon mal in der Küche in dem Katalog. Auf der Fahrt hatte sie sich das noch verkniffen. An einem der Fotos auf den ersten Seiten blieb ihr Blick haften. Noch nach Minuten, als Karl bereits neben ihr auf der Bank saß, schaute sie wie gebannt auf das Bild. Es zeigte das Meer und einen Strand mit Palmen, genau so, wie sie es sich ausmalte. Sie stieß ihren Mann an und befand: »Das ist es.« Er beugte sich herüber. Nach einiger Zeit holte er seine Brille, um die Preise entziffern zu können. Er atmete ein paar Mal hörbar ein und blies die Backen auf, wie er es getan hatte, als sie damals den Mähdrescher kauften oder als Erwin, ihr ältester, studieren wollte. Dann sagte er: »Na ja, wenn du meinst.«

Die Inseln lagen im Indischen Ozean, aber sie waren so klein, daß sie auf dem Globus nicht eingezeichnet waren. Nachdem Karl die Lagebeschreibung mehrmals ausführlich gelesen hatte, nahm er einen Filzschreiber und zeichnete sie mitten in das Blau.

Sofort am nächsten Tag fuhr sie in die Stadt und buchte. Das Programm hieß 'Island Hopping', und sie hatten sich drei Inseln ausgesucht, eine kleine, eine große und eine mittelgroße, wobei der gesamte Inselstaat kaum 60.000 Einwohner zählte. Der Blick der Frau im Reisebüro verriet, daß sie sich bisher etwas auf ihre Menschenkenntnis eingebildet hatte, und daß nicht nur diese, sondern ihr gesamtes berufliches Know-how, was Verkaufspsychologie anbetraf, ins Wanken geriet. Ich muß ganz von vorne anfangen, überlegte sie, ganz von vorne, während ihre Kollegin am Nebentisch laut losprusten wollte. Hedwig merkte von all dem nichts. Sie hoffte nur besorgt, daß noch Plätze auf ihren Inseln frei wären. Nachdem die Frau sich wieder etwas unter Kontrolle hatte und den Computer bedienen konnte, stellte sich schnell heraus, daß ihre Sorge unbegründet war. Die Frauen versicherten ihr, dies sei erste Wahl, und daß sie eine solche Reise sicher niemals in ihrem Leben vergessen würde. Das meinte Hedwig auch.

Sie hatte noch eine Menge Einkäufe in der Stadt zu erledigen, vor allem brauchten Karl und sie Kleider für die Reise. Hedwig besaß nicht einmal einen Badeanzug. Als sie das letzte Mal im See baden gewesen waren, so erinnerte sie sich jetzt, muß das in dem Jahr der Kommunion der Jüngsten gewesen sein. In der Umkleidekabine des Geschäfts betrachtete sie sich im Spiegel und wurde für einen Moment noch einmal unsicher, nicht, weil sie sich Probleme wegen ihrer Figur machte, sondern weil sie einfach nicht glauben konnte, daß eine solche Reise, ein solches Leben, für sie bestimmt sei. Aber Hedwig war von jeher eine praktisch denkende Frau, und deshalb wußte sie, daß Geld immer den selben Wert hat, ganz egal, von wem es kommt. Sie dachte an ihre Mutter, die es grundsätzlich mit Stolz und Würde getragen hatte, eine Bauersfrau zu sein. Damals galt man als wohlhabend, wenn man einen Bauernhof besaß.

Hedwig kaufte sich gleich zwei Badeanzüge und ein farbiges Sommerkleid; für Karl brachte sie auch die nötigen Sachen mit. Der konnte sich sowieso nicht allein Klamotten kaufen. Nur bei Arbeitskleidung waren seine Vorstellungen sehr präzise. Er wurde nie jähzornig, aber wenn eine Hose nicht saß, wie sie sitzen sollte, ein Hemd zu eng war, konnte es schon einmal zu einem kurzen, heftigen Wutanfall kommen, bei der ein nächstbester Gegenstand durch die Küche oder die Mistgabel über den Hof flog.

Ab diesem Zeitpunkt konnte Hedwig schwer einschlafen, und während Karl schon neben ihr schnarchte, fragte sie sich, ob das Bild im Katalog sie nicht doch betrügen würde.

Endlich kam der große Tag. Ihr Sohn Erwin wollte mit seiner Familie während dieser Zeit 'Ferien auf dem Bauernhof' machen, und das beruhigte Karl und Hedwig sehr. Erwin und seine Frau, obwohl aus der Stadt, würden schon nach dem Rechten sehen und vor allem die Schweine gut versorgen.

Sie brachten Hedwig und Karl auch mit den Kindern zum Flughafen nach Frankfurt. So konnte man die Gelegenheit für einen Ausflug nutzen. Von der Plattform aus würden sie die Großeltern aufsteigen sehen. Das Flugzeug war gar nicht zu verfehlen, die Fluggesellschaft des Inselstaates besaß nämlich nur das eine.

Hedwig und Karl waren noch nie geflogen. Alles erschien ihnen, als wandelten sie auf einem Luftkissen. Sie mußten sich mehrmals überzeugen, ob sie am richtigen Schalter anstanden, fragten besorgt, ob sie die Koffer besser kennzeichnen mußten, damit sie nicht verwechselt oder gar ins falsche Flugzeug verladen wurden und ob sie wirklich Fensterplätze bekamen. Zum hundertsten Mal schauten sie hinauf zur Anzeigetafel, deren Daten sich fast minütlich rauschend verschoben. Endlich wurde ihr Flug aufgerufen.

Als sie im Flugzeug saßen, schauten sie sich immer wieder schweigend an, wußten ganz genau, daß sich nichts wiederholen ließ, daß sie sich nur diese eine Möglichkeit gönnten. Als die Spannung kaum noch auszuhalten war, nahm Karl endlich ihre Hände, die ganz kalt waren, und ließ sie erst wieder los, als sie die Wolken unter sich sahen, mit ungeheurer Geschwindigkeit Gebirge und Meere unter und hinter sich ließen. Sie sprachen kaum miteinander, weil sie ihr Staunen nicht in Worte fassen konnten. Natürlich kannten sie alles schon aus den Serien im Fernsehen und wußten, was vor sich ging, aber es selbst zu erleben, war etwas völlig anderes.

Die Stewardessen waren sehr freundlich zu ihnen, und obwohl sie englisch sprachen, konnten sie sich gut verständigen. Nach dem Essen meldete sich der Kapitän über

Funk und erklärte, wie hoch sie gerade flogen und über welches Land, wie kalt es draußen war, und wann sie ankommen würden. Hedwig verstand nicht alles, aber die Stimme des Kapitäns gefiel ihr, und er sprach so beruhigend. Dann wurde ein Film gezeigt. Sie flogen die ganze Nacht hindurch.

Am frühen Morgen wurden die Inseln als dunkle Flecken im weiten Blau des Ozeans sichtbar. Bevor sie näher kommend Berge, Straßen und Häuser erkennen konnten, drehte das Flugzeug bei, und die Landung wurde angekündigt. Als sie die Maschine nach wenigen Minuten verließen, wurden sie von der Hitze fast erdrückt. Sie baute sich vor ihnen auf wie eine Wand. Beide fühlten sie sich müde, überdreht, angestrengt, die Nerven gespannt. Diese Welt war nur fremd. Sie wollten sich bewegen, allein sein, schlafen und mußten stattdessen in der Schlange warten. Die einzigen Geräusche in der Halle waren das tonlose, leicht zu überhörende Summen der Ventilatoren und das laute Stempelhämmern der Paßbehörden in unregelmäßigen Abständen. Hedwig betrachtete den Panzer einer Seeschildkröte und die Fotos der Strände, die weiter entfernt schienen als jemals zuvor. Endlich waren sie an der Reihe, und die Stempel wurden auch in ihren Paß eingehämmert. Der Uniformierte lächelte sie an, überlegen, sich der Wichtigkeit seiner Aufgabe bewußt, aber freundlich und wünschte ihnen eine gute Reise. Dann mußten sie auf ihre Koffer warten, die ganz zuletzt kamen, als Hedwig sich schon sorgte, ob sie nicht doch im falschen Flugzeug steckten.

Der Anschlußflug zu ihrer kleinen Insel verzögerte sich etwas, und sie mußten sich noch einmal in Geduld üben. Als sie das Flugzeug sahen, wurde es Hedwig etwas bange. Nur noch ein weiteres Paar und drei Einheimische flogen mit ihnen in der kleinen Maschine. Dieses Flugerlebnis war unmittelbar. Man spürte jede Bewegung, hörte genau die

Motorengeräusche, konnte den Piloten an seinen Armaturen hantieren sehen. Die Uhr am Schaltpult, das einzige Instrument, das Hedwig lesen konnte, war stehengeblieben. Sie war nicht abergläubisch, doch in ihrer Beklemmung deutete sie es als schlechtes Zeichen. Unten sahen sie jedes kleine Fischerboot auf dem Wasser. Das kräftige Blau ließ sie ihre bleierne Erschöpfung vergessen. Als ihre Insel nach nur wenigen Flugminuten in Sicht kam, waren alle Zweifel für einen Moment vergessen, und Hedwig in ihrem Sitz schaute gebannt hinunter, während alles in ihr pulsierte. Es war ein überwältigender Anblick, und selbst ihr stoischer Karl rutschte auf seinem Sitz hin und her und gestikulierte mit seinen Armen vor der Scheibe. Sie erkannten genau die weißen Strände, die Korallenfelder im seichten Wasser, die Granitfelsen und die Palmenwälder. Der Pilot mußte noch einmal einen kurzen Bogen fliegen, weil sich ein paar Schweine auf der Landebahn tummelten, die verscheucht werden mußten. Es war das einzige Mal, daß sie an zu Hause dachten.

Auf der Insel gab es nur ein Hotel, bestehend aus dem alten Plantagenhaus unter einem riesigen Banyanbaum, in dem Hunderte von Vögeln lebten, die am frühen Morgen und abends einen Höllenlärm veranstalteten, und einem Dutzend komfortabel eingerichteter Häuschen. Sie bekamen einen Bungalow direkt hinter dem Strand. Hedwig packte die Koffer aus und setzte sich dann zu Karl auf die Veranda, und sie blickten gemeinsam über das Meer. Die Luft duftete nach exotischen Gewürzen, nach Meer und nach der Kokosmilch, dem Begrüßungstrunk in ihren Gläsern. Die Bäume waren bevölkert mit weißen Seeschwalben und Spatzen. Zu ihren Füßen pickten rotblaue Tauben die letzten Krumen vom Frühstück auf. Ein kleiner Vogel mit grellrotem Gefieder, nicht größer als ein Spatz, setzte sich auf eine Stuhllehne und zwitscherte ihnen in kräftigen Tönen etwas vor. Dabei sah er sie herausfordernd an. Hedwig legte ihm nach Beendigung seines Konzerts eine Handvoll Weißbrotkrümel auf den Tisch, die er ohne zu zögern aufpickte. Und so kam es, daß er sie während ihres gesamten Aufenthalts auf der Insel mehrmals am Tag besuchte. Schon beim Sonnenaufgang flog er durch das Badezimmerfenster und trillerte sie aus dem Schlaf.

Karl hatte die Hände über dem Bauch gefaltet und atmete tief und zufrieden durch, schaute zum Horizont und hörte dem Rauschen der Wellen zu. Hedwig war noch immer wie erschlagen vom Flug und all den neuen Eindrücken. Langsam kroch ein Gefühl in ihr hoch, das Zweifel anmeldete, ob eine solche Reise wirklich das richtige für Leute wie sie war. Alles so neu, fremd, ungewohnt. Die Menschen bewegten sich leicht, während sie sich schwerfällig und hilflos vorkam. Deshalb haderte sie mit sich, schalt sich eine 'dumme Gans' und 'hysterisch dazu', und sagte sich, daß sie es nicht verdiene, wenn sie es nicht genießen und zufrieden sein konnte, denn schöner als hier konnte es nirgendwo auf der Welt sein. »Man kann sich doch nicht an einem Bild festklammern«, murmelte sie halblaut vor sich hin, »in der Wirklichkeit ist das eben ganz anders«, auch wenn sie sich mit ihren kühnen Wünschen an einem Foto orientiert hatte, das ja schließlich irgendwo aufgenommen worden sein mußte. Sie mußte sich eben noch eingewöhnen, tröstete sie sich. Sie brauchte noch Zeit.

Sie schaute zu Karl, der noch immer die Hände über dem Bauch gefaltet hielt und eingenickt war. Sie schloß auch die Augen, spürte den warmen Wind auf ihrer Haut, der sie streichelte, und nach kurzer Zeit war sie auch eingeschlafen.

Am Nachmittag spazierten sie einen Weg, der quer über die Insel zu einem einsamen Strand führte. Sie kamen durch einen Palmenwald, in dem ihnen eine Riesenschildkröte begegnete, die sie kauend und ohne sich fortzubewegen, betrachtete. Sie machten immer wieder Pausen im Schatten, obwohl es gar nicht so weit zu laufen war, aber sie spürten, daß sie sich Zeit lassen konnten, sich Stück für Stück dieser fremden Welt nähern mußten, sonst wären sie von ihr überwältigt worden.

Von einem Felsen konnten sie zwischen Palmblättern hinunter zum Strand blicken. Sie faßten sich an den Händen und tasteten sich den schmalen Pfad hinab.

Unten waren sie ganz allein.

Hedwig wußte sofort, daß dies der Platz war, den sie sich vorgestellt und den sie auf dem Foto entdeckt hatte. Ihr Körper spannte sich. Sie bekam panische Angst, alles könnte vor ihren Augen versinken und sich als Trugbild erweisen. Vorsichtig breitete sie ihre Handtücher aus. Als sie eine Zeitlang schweigend da saßen und nichts geschah, beruhigte sie sich allmählich. Zuerst kullerten nur geräuschlos Tränen ihre Wangen herunter, dann brach es richtig aus ihr heraus. Es war so unglaublich, daß sie hier waren, daß es so etwas gab wie diesen Flecken Erde, daß es Wirklichkeit war. Sie fühlte sich so glücklich, daß sie gar nicht aufhören konnte zu weinen. Sie umarmte ihren Karl, auch die Stämme der Palmen wollte sie umarmen. Sie mußte sich immer wieder die Tränen abwischen, weil das Meer und die Palmen und der Strand vor ihren Augen verschwammen. Schon lange hatte sie nicht mehr geweint, und später befiel sie fedrige Erleichterung. Sie hüpfte von einem Ende der kleinen Bucht zum anderen und sang dabei laut.

Sie blieben eine Woche auf dieser Insel, wanderten in den Wäldern, saßen abends vor ihrem Bungalow und beobachteten die auf die Insel zurückkehrenden Seevögel. Jeden Nachmittag gingen sie zu ihrem Strand, und meistens waren sie allein dort. Der Abschied von der Insel fiel ihnen so schwer, daß fast das gesamte Hotelpersonal sie trösten mußte, bevor sie wieder das kleine Flugzeug bestiegen.

Auch auf den anderen Inseln gefiel es ihnen. Sie fanden immer 'ihren' Platz, an dem sie sich heimisch fühlten, und sie genossen jeden Tag ihrer Reise.

Und später zu Hause, wenn Hedwig einschlief, sah sie immer diese kleine Bucht mit dem blendendweißen Sand, hinter der direkt die Palmwälder begannen, die Granitfelsen, die am Morgen grau, am Nachmittag rosa glänzten, dieses Meer, das türkis leuchtete, wenn die Sonne darauf schien. Sie hörte, wie sich gleichmäßig und beruhigend die Wellen brachen, fühlte den Sand zwischen ihren Zehen, spürte den sanften Wind auf ihrer Haut und sah, wie er vorsichtig die in der Sonne glitzernden Palmblätter bewegte.

Das Grab des Ti

Es gibt nur 3. Klasse-Waggons. Seit einer halben Stunde sitzen wir wartend auf den Holzbänken, aber der Zug nach El-Badrachein fährt nicht ab. Die anderen Fahrgäste sind Fellachen aus den umliegenden Dörfern. Am frühen Morgen haben sie ihre Erzeugnisse auf dem Markt verkauft. Jetzt reisen sie mit leeren Körben zurück in ihre Dörfer. Die Gesichter der Leute sind von der Arbeit in Sonne und Wind rauh und furchig. Für sie ist die Fahrt mit dieser altertümlichen Eisenbahn ein Vergnügen. Für uns ist sie unbequem und abenteuerlich. Die Frauen kauern auf dem Boden, in Tücher gehüllt, die ihre Gesichter teilweise verdecken. Auf den Holzbänken ist genug Platz, aber entweder sind sie es gewohnt, auf dem Boden zu sitzen, oder die Bänke sind den Männern vorbehalten. Verstohlen betrachten sie uns - Gabi, Erwin und mich.

Endlich rumpelt der Zug mit einem Ruck los. Alles klappert in gleichmäßig wiederkehrenden Tönen, Fenster, die sich nicht schließen lassen, Sitze, die aus den Fugen geraten sind, schlecht geölte Türen quietschen, wertlose Gegenstände rollen hart über den Fußboden. Die Männer plaudern miteinander oder blicken stoisch rauchend aus dem Fenster auf endlose Vorstädte, zementfarbengrau, schmutzig, bereits im Verfall begriffen, bevor sie fertig wurden. Ihr Blick sagt nichts, alles ist gewollt, wie es sich gibt, man muß es ertragen.

Dann endlich ist der Blick frei, tiefer durchatmen, erlösende Farben, kleine Dörfer, saftiggrüne Felder, Palmenwälder, die sacht der Wind bewegt.

Wir konnten wählen: ein Taxi zu den Pyramiden von Sakkara nehmen oder einen Touristenbus mit Klimaanlage, von Giza aus auf einem Kamel reiten oder eben mit diesem vorsintflutlichen Zug fahren. Sie haben mich entscheiden lassen. Ich bin immer gespannt, was mich erwartet, heute, nächste Woche, in drei Monaten, fühle mich hellwach, und das gleichmäßige Schaukeln bei der Überwindung von Entfernungen gibt mir die erhabene Illusion von Freiheit.

Fast wären wir am falschen Ort ausgestiegen. Als sich in einem größeren Dorf ein Großteil der Leute hinausbegibt, schließen wir uns einfach an. Ein Junge hält uns zurück und redet, heftig gestikulierend, auf uns ein. Wir setzen uns wieder auf die alten Plätze. Die Zurückgebliebenen blicken zu uns herüber, nicht freundlich, nicht abweisend, unergründlich teilnahmslos wie vorher.

Dann sind wir endlich am kleinen Bahnhof von El-Badrachein. Ohne uns zu fragen, dirigieren uns die Leute zum Taxistand. Fremde, die hierher kommen, können nur ein Ziel haben. Wir quetschen uns in einen japanischen Minibus und werden bis zum Dorf Sakkara mitgenommen. Wir müssen nicht mehr als die Einheimischen zahlen - umgerechnet 12 Pfennig - ein untrügliches Zeichen, daß diese Route von Touristen selten frequentiert wird. Man erzählt sich über die ägyptischen Händler - und jeder in Ägypten ist ein Händler, ausgenommen die Fellachen - daß sie alle Touristen beim Betreten des Landes unter sich aufteilen. Die möglichen Geschäfte sind bereits geplant, bevor der Reisende selbst, der, möglicherweise von Ägyptenkennern gewarnt, sich vorgenommen hat, sich nichts andrehen zu lassen - bevor er auch nur eine Ahnung hat, welche Souvenirs er mit nach Hause nehmen wird und welches Interesse an wohlduftenden Parfüms, die er später nicht mehr ausstehen kann, weil sie so uneuropäisch süß und aufdringlich riechen, er entwickeln wird. Der Kauf eines handgewebten Teppichs wird ihn ebenso verlocken wie die maßgeschneiderten Anzüge, die im Heimatland ein Vermögen kosten, und eine Vielfalt angeblicher Antiquitäten aus prähistorischen Gräbern.

Man weist uns den Weg weiter an einem Kanal entlang. Die Sonne, die alles in schillernde Farben getaucht hatte, ist einem düsteren Himmelsüberzug gewichen. Ein heftiger Wind wirbelt Staub auf und taucht die ländliche Idylle in gespenstische Schemenhaftigkeit, die Männer auf den schaukelnden Kamelen, die rabenhaften Frauen in ihren schwarzen Übergewändern, oft schwere Lasten auf dem Kopf balancierend, Schafherden, einzelne, erbärmlich aussehende Köter, Kinder, die lastenbepackte Esel vor sich hertreiben.

Am Schlagbaum, der privates von staatlichem Eigentum, Fruchtland von der Wüste trennt, begegnet uns wieder die andere Welt: Busse, klimatisiert, mit Minibar und Toiletten, getönten Scheiben, voll mit Touristen, frisch gewaschen, rasiert, gekämmt, geschminkt, die Hütchen, die nach der Rückkehr, nach Verlassen des Flughafens, wie Karnevalsmaskerade wirken, keck auf dem Kopf, Sonnenbrille auf der Nase, im Haar oder am Goldkettchen vor der Brust, Fotoapparate schußbereit vor dem Bauch, und, nicht zu vergessen, die Erkennungsmarke in Klarsichtfolie, damit man nicht verlorengeht, gleichzeitig Reklame des Reiseveranstalters.

Der Wind wird stärker, entwickelt sich zu einem Sandsturm. Wir haben noch eine halbe Stunde zu laufen bis zur Nekropole. Gabi trägt Kontaktlinsen. Der Wind treibt ihr kleinste Sandkörnchen zwischen Augen und Sehhilfen, was ihr natürlich heftige Schmerzen verursacht. Erwin und sie beschließen deshalb, über die Asphaltstraße weiterzugehen, die für die Touristenbusse gebaut wurde, während ich am verfallenen Taltempel vorbei durch die Wüste stapfe. Von einer Düne blicke ich hinunter auf das Fruchtland. Hier kein einziger Grashalm, dort satte Fruchtbarkeit - die Grenze wie mit einem Lineal gezogen. Ich brauche nicht geduldig zu sein, um zu warten, bis der Wind meine Spuren verweht hat.

Bis zur Stufenpyramide des Djoser sollte es nicht mehr weit sein, aber sie taucht erst wie eine Fata Morgana aus Staub und Dunst auf, als ich unmittelbar vor ihr stehe, ihre Spitze im zunehmenden Sturm ist kaum zu erkennen. Im Tempel mit den neu aufgestellten Säulen erwarte ich geschützt meine beiden Begleiter, höre den Reiseleitern zu, die ihr Wissen gegen den Wind anschreien.

Gabi muß sich erholen, bevor wir uns umsehen können. Wir nehmen uns Zeit, bis der Wind etwas nachläßt, um herumzustöbern und uns über unsere Eindrücke auszutauschen.

Zur Mastaba des Ti ist es von hier aus nicht weit. Kaum sind wir zehn Minuten unterwegs, prasselt das Unwetter erneut los, mit Regen und Hagel, noch heftiger als vorher. In der Wüste gibt es keinen Platz zum Unterstellen. Wir bedecken die Gesichter mit irgendeinem Kleidungsstück und laufen los. Als wir bei dem weiträumigen Zelt ankommen, an dem die Touristenbusse halten, sind wir völlig außer Atem und naß bis auf die Haut. Erschöpft lassen wir uns drinnen zwischen den trockenen Touristen in die Sessel fallen, denen wir weniger durch unser Erscheinungsbild auffallen, sondern weil wir keine Erkennungsmarke eines Reiseveranstalters tragen. Wir bestellen Tee. Der tut gut, läuft warm die Kehle herunter, während die jungen Hunde der Kameltreiber um unsere Beine streichen.

Wir schauen uns an, zerzaust sehen wir aus - fast gleichzeitig fangen wir an zu lachen.

Draußen begleiten uns viele Kameltreiber zum Grab des Ti. Sie reiten geduldig neben uns her oder führen die Tiere am Zügel.

»You like camel? Nice riding!«

Nur jetzt nicht hinsehen.

»Very comfortable. Nice camel.«

Sturer Blick geradeaus - keine Antwort.

»Cheap price. Cheap price.«

Nur nicht weich werden jetzt.

»Sprechen deutsch - scheen Kamel, reiten durch Wieste.«

Nicht ein Gesichtsmuskel zuckt.

»Gude Preis. Gude Kamel. Wunderbar. Wonderful. Superbe. Bellissima. Look, Look!«

Das Kamel bleibt stehen, wendet den Kopf, und er küßt es auf die Schnauze.

Nicht den Kopf wenden. Man tut so, als habe man nichts gesehen.

Als auch diese Showeinlage nichts genutzt hat, zeigen sich erste Ungeduldszeichen.

»Almani? Italiano? Inglese?«

Wieder keine Reaktion. Das Grab kann nicht mehr weit sein.

»Ah - American!«

Keine Reaktion.

»Inte batkelle arabi?«

Scherzkeks! Ich presse die Lippen aufeinander.

Schließlich am Grab: »Du Mastaba, ich warten mit scheen Kamel.«

»Nein, verdammt nochmal.«

»Okay - du Arschloch - bye bye!«

Unauffällig führt eine Art Schacht zum Eingang des Grabes. Ein bakschischgewohnter Kartenabreißer erfüllt mit goldenem Schneidezahn grinsend seine Pflicht. Der alte Charmeur möchte mit Gabi vor der Säule des Ti-Reliefs fotografiert werden. Ich tue ihm den Gefallen und gebe ihm ein paar Münzen. Er gibt uns eine brennende Kerze, denn durch den Sandsturm ist der Strom ausgefallen.

Durch das Pfeilertor gelangen wir ins Innere des Grabes. In der nur durch das flackernde Licht spärlich erhellten Szenerie wirkt alles geheimnisvoll, läßt der Phantasie unendlich viel Raum. Wir stehen stumm in einer fast 4.500 Jahre alten Grabkammer. Hier standen auch die Grabräuber, später die Entdecker, staunend, mit offenen Mündern ob der detaillierten Vielfalt der dargestellten Bilder, schaudernd. Die Kerze beleuchtet nur immer einen Fleck an der Wand, eine der unzähligen Szenen aus dieser Vielfalt, die in ihrer Ordnung eine ganze Welt gefaßt hat, alles gleichmäßig und säuberlich eingemeißelt von den besten Handwerkern des altägyptischen Reiches, geleitet von theologisch geschulten Buchhaltern des Jenseits. Unsere ganze Konzentration und Wahrnehmungsfähigkeit ist auf diesen einen erleuchteten Punkt gerichtet. Die Geschichte dieses Volkes erlosch vor Jahrtausenden. An diesen Wänden legt sie Zeugnis ab über das Leben im ägyptischen Königreich der 5. Dynastie.

Manchmal gehen wir zurück, um eine Szene ein zweites Mal zu betrachten, Vermutungen über Zusammenhänge herzustellen, die Chronologie der Bildfolgen zu erfassen. Es dauert lange, bis wir Worte finden, die uns für die Beschreibung der Bilder angemessen erscheinen. Wir wetteifern in der Kühnheit unserer Vermutungen, werden wieder stumm, staunen erneut, stellen unsere Überlegungen auf andere Weise zusammen, verheddern uns im gedanklichen Labyrinth.

Geschmeidige Menschenkörper in unterschiedlichsten Bewegungen, Tiere, Wald, Fluß, Werkzeuge, Behälter, Schriftzeichen - alles ergibt ein zusammenhängendes Bild. Nichts wurde verändert, von Wissenschaftlern ergänzt, alles ist so geblieben, wie es geschaffen wurde, nur die Farben sind an manchen Stellen verblaßt. Die Beigaben, ohne die der Tote im Jenseits verloren war und das Leben endgültig verlieren mußte, wurden schon vor langer Zeit von Grabräubern gestohlen, oder sie lagern in den Glasvitrinen des Ägyptischen Museums in Kairo. Jeder von uns wandert mit den Augen über dieselbe Szene. Der gebannte Blick läßt es nicht mehr die Kerze sein, die sich weiterbewegt, sondern die Menschen und Tiere auf den Wänden.

Ti, der Hofbeamte, Verwalter der Totentempel, Günstling des Königs, läßt sich hinausrudern in die Papyrussümpfe.

Schrilles Gekreische der Vögel hoch oben in den immergrünen, mit dem Blick nicht zu durchdringenden Baumkronen begleitet ihn auf seiner lautlosen Fahrt. Seine Diener tauchen die Ruder gleichmäßig ins Wasser. Ihre Körper glänzen in der schwülen Hitze. Die Mienen der Jäger sind gespannt, ihr Blick auf die Wasseroberfläche oder die nahen Dickichte gerichtet. Die Speere wiegen leicht in ihrer Hand, bereit, beim Anblick der Beute loszuschnellen. Affen hangeln sich von Ast zu Ast, künden mit ihrem warnenden Geschrei das Kommen der Männer. Ti's Vorväter haben diesen Tieren und Pflanzen Namen gegeben, Geräte erfunden, um sie zu bezwingen. Nun ist der Zauber von ihnen gewichen, sie gehören zum Reich des großen Königs, dessen Stellvertreter er, Ti, über ihr Leben oder ihren Tod bestimmt. Aber dieses Gewirr von Pflanzen mit greifenden Armen, schnürenden Lianen, saugenden Tentakeln läßt sich nur an wenigen Stellen mit diesen schmalen Booten durchqueren. Je tiefer man hineinfährt, um so eher droht der Dschungel einen einzuschnüren, breitet sich wuchernd aus, verschlingt alles von neuem, und es herrscht wieder ewige Gegenwart.

Ein Flußpferd erhebt sich in kurzer Entfernung aus dem Wasser, das Maul wie gähnend geöffnet, und reißt Ti aus seinen Gedanken. Die Holzspeere der Jäger mit ihren scharfen kupfernen Spitzen schnellen ihrem Ziel entgegen. Das getroffene Tier bäumt sich riesenhaft unter fürchterlichem Geschrei auf, klatscht auf das Wasser und taucht weg. Ti's Boot schwankt gefährlich, aber nach wenigen Sekunden künden nur die kreisförmigen, ebener werdenden Strudel von der Anwesenheit des Tieres. Wo wird es wieder auftauchen? Der starre Blick der Jäger haftet auf der Wasseroberfläche. Das anklagende Gekreische der Baumbewohner will kein Ende nehmen, ist doch das Flußpferd von alters her ein heiliges Tier, das Totem der Schwangeren, der Lebensspenderinnen. Oder ist es ihr Hohnlachen, weil die

Beute ihnen entkommen ist? Einer der Jäger gibt Ti ein Zeichen und deutet nach unten. Fast unterhalb des Bootes bewegt sich das Nilpferd, aber ihre Speere können es nicht erreichen. Die Boote folgen ihm vorsichtig. Die Bewegungen des Tieres unter Wasser sehen ungelenk aus.

Jetzt taucht es wieder auf. Die Jäger warten, jeden Muskel, jede Sehne ihres Körpers gespannt, die Speere zum entscheidenden Stoß erhoben. Dann - im Bruchteil einer Sekunde - sausen die Waffen in die Flanken des Tieres und in seinen weit geöffneten Rachen. Es gibt einen letzten ohrenbetäubenden Schrei von sich. Das Wasser färbt sich rot. Das Tier verendet röchelnd. Die Wasseroberfäche glättet sich.

Zwei Männer springen von den Booten, um die schwergewichtige Beute ins Schlepptau zu nehmen. Vom Blut angelockt werden bald die Krokodile kommen. Die Männer verrichten hastig ihre Arbeit und sehen sich dabei ängstlich um. Sie hätten das Tier beim ersten Mal richtig treffen sollen, denn schon gleiten die Echsen von allen Seiten heran, ihre Körper dicht unter die Wasseroberfläche geduckt.

Die Blicke der beiden Männer heften sich flehentlich auf Ti, der ihnen ein Zeichen gibt, in die Boote zurückzusteigen. Diesmal kehren die Jäger ohne Beute heim. Das Kreischen in den Bäumen verebbt. Hinter den Booten schließt sich der Dschungel. Es ist nicht zu erkennen, ob ihn ein menschliches Wesen jemals betreten hat.

Auf dem Weg zurück läßt Ti an einem Gehöft halten. Er möchte Stiere aussuchen, die den Göttern geopfert werden sollen. Ein Diener öffnet das Tor. Er verneigt sich, als er den Würdenträger erkennt, und eilt sogleich zu seinem Herrn, um ihm die Nachricht über den hohen Besuch zu melden. In dem von einer Lehmziegelmauer umgebenen Hof wird gerade gedroschen. Dazu werden Rinder und Esel über die Frucht getrieben, um Körner und Spreu auszusondern.

Knechte füllen die Körner, nachdem sie aufgesammelt und gewogen wurden, in Töpfe aus gebranntem Ton. Ein Schreiber, mit überkreuzten Beinen auf einer Matte im Schatten der Mauer sitzend, dokumentiert die Bilanzen säuberlich mit einer Schreibbinse auf Papyrus.

Der Verwalter der königlichen Totentempel wird zuerst ins Haus geführt, um sich nach der Jagd mit kühlem Bier zu erfrischen. In der Vorhalle kniet eine Frau auf dem Boden und knetet mit beiden Händen in einem Topf mit den Zutaten zum Gerstensaft. Sie ist nur mit einem Hüfttuch bekleidet. Schweiß perlt auf ihrem nackten Rücken. Sie schaut nicht von ihrer Arbeit auf, als Ti die Halle betritt. Nach der Begrüßung durch den Hausherrn und einem ausführlichen Gespräch über die diesjährigen Landwirtschaftserträge, und nachdem er sich gestärkt hat, wird Ti von dem Stallmeister zu den Stieren geführt. Es dauert lange, bis er sich für zwei geeignete Tiere entschieden hat, und er möchte vorsichtshalber später noch einen Unterpriester zur Begutachtung schicken. Dann werden sich die Männer über den Preis einig. Der Würdenträger eilt in Gedanken den Ereignissen voraus. Nicht nur die Götter muß er mit diesem Opfer freundlich stimmen, auch den König, der selbst ein Gott und ihr Vertreter in der diesseitigen Welt ist. Und in dessen Gunst wird er steigen, vorausgesetzt, die Opferstiere zeigen nicht das geringste Fehl, was zu abfälligen Bemerkungen Anlaß geben könnte. Sich in diesseitigen Angelegenheiten Fehler zu erlauben, ist in seinem Stand fatal, in jenseitigen Dingen ist es unvorstellbar, nie wieder zu korrigieren.

Draußen im Hof erwarten ihn seine Diener im Schatten der Gesindegebäude, und die Jagdgesellschaft macht sich auf Ochsenkarren oder zu Fuß wieder zwischen grünen Feldern auf den Weg. Überall arbeiten Frauen und Männer, die aus großer Entfernung winken und sich beim Näherkommen vor dem Herrn verneigen. Bis zum Horizont und noch viel weiter reicht der Herrschaftsbereich des Ti. Schnitter in gebückter Haltung sicheln das Getreide. Garben werden aufgehäuft und Esel beladen. Kurz bevor sie die Stadt erreichen, begegnen sie einem Vogelfänger. Ti prüft kritisch das erbeutete Federvieh und weist ihn an, morgen zu kommen, um ihn in die Wälder zu begleiten.

Die Gesellschaft nimmt den weiteren Weg am Ufer des Stroms entlang, weil Ti den Schiffsbau inspizieren möchte. Eine Vielzahl von Arbeitern schleppt Baumaterial herbei, andere messen, sägen, hobeln. Ti ist zufrieden und gibt wortlos ein Zeichen, nun endgültig den Weg nach Hause anzutreten.

Dort ruht er nicht lange, sondern läßt Sachverständige, Priester und Zeremonienmeister kommen, um die Einzelheiten des Opferfestes zu besprechen. Es gilt, einen Termin zu finden, an dem die Sterne günstig stehen, so daß die Götter gewillt sind, sein Opfer anzunehmen. Auch der Arzt ist zugegen, der die Stiere vor und während der Opferung begutachten wird, um die Eignung für den heiligen Zweck zu gewährleisten.

Der Mann ist zurückhaltend, fast schüchtern.

»Was ist dir?« fragt Ti. »Was hindert dich, frei zu sprechen?«

Der Angesprochene räuspert sich, schaut mit halb gesenktem Kopf zu den Priestern und Zeremonienmeistern.

Ti schickt sie ohne Vorwand weg.

»Nun rede!«

»Es geschehen viele Dinge«, beginnt er endlich zögernd, »Herr, Ihr wißt, die Macht unseres Königs ist gewaltig, aber...«

»Was planen die Fürsten der südlichen Gaue?« fragt Ti ohne Umschweife, als wisse er bereits, was es zu erfahren gibt.

Der Mann rückt noch näher heran und beugt sich flüsternd vor. Das Gesicht des königlichen Beamten verfinstert sich.

Bald schickt er den Mann weg, der sich unter Verbeugungen rückwärts, noch immer voller Angst, nach draußen begibt.

Ti bleibt noch lange sitzen, das Kinn auf seine Hände gestützt, starr vor sich hinblickend. Wenn er den Gerüchten glauben soll, plant man seinen Tod. Er hat eines der höchsten Ämter im Staat inne und viele Emporkömmlinge, namentlich Fürsten aus den südlichen Gauen, betrachten ihn mit Argwohn und Neid. Außerdem würde sein Tod die Macht des Königs weiter schwächen.

Ti's Gedanken wandern im Kreis, wiederholen sich wie die Bewegungen eines lange gefangenen Tieres. Befürchtungen und Ängste breiten sich aus wie Wasser, wenn die Schleusen der Felder geöffnet werden.

Nichts ist mehr klar, nüchtern zu betrachten, mit irgendeiner Formel zu berechnen oder gar zu bannen. In jedem Winkel seines Gehirns wartet eine andere dunkle Szene, die ihn entsetzt. In seiner Verzweiflung steht er auf, er muß etwas tun, läuft hinaus, über die Felder. Im Zwielicht gelangt er schließlich zum Flußufer. Ein alter Fährmann setzt ihn ohne zu fragen über. Ti begibt sich unverzüglich an den Rand der Wüste zu seinem Grabmal.

Schon seit Jahren beschäftigt er einen Trupp der besten Handwerker des Landes. Könnte nur sein Platz für die ewige Ruhe fertiggestellt sein, bevor ihn das todbringende Ereignis der Intrige ereilt, das ist seine größte Sorge. Mehr als den Tod fürchtet er die ewige Verdammnis im seelenlosen Nichts.

Alles, was ihm im Leben etwas bedeutet, soll er im Tod nicht missen. Durch die Szenen, an die Wand gemeißelt, sind sie für ihn präsent, lebendig, seine Diener, sein Haus, seine Nahrung, sein Besitz.

Das Hämmern ist bereits verebbt, die Handwerker wollen gerade aufbrechen, als er durch die bereits fertiggestellte Säulenhalle tritt. Nach Anbrechen der Dunkelheit arbeiten sie nicht weiter, weil sie sich hier vor Geistern fürchten. Ti steht vor seinem fast lebensgroßen Abbild. Es sieht ihm nicht ähnlich, zeigt ihn so, wie Götter und Menschen ihn sehen wollen, in vollkommener Haltung, wie es seiner Stellung im öffentlichen Leben entspricht.

Der Vorarbeiter wundert sich über sein spätes Erscheinen hier, läßt sich überreden, ihm die neuesten Arbeiten zu zeigen. Er führt ihn an eine Wand, wo er mit schwarzer und roter Farbe einzelne Szenen vorgezeichnet hat. Ti ist sehr zufrieden mit dieser Arbeit. Alle Abbildungen entsprechen genau der Norm in Größe und Form. Dargestellt sind das Schlachten der Opferstiere, Träger mit Gaben, Speisen und Getränken. Dazwischen sind zwei Scheintüren bereits fertiggestellt. Ti fährt mit der Hand über die glatten Flächen, als könne ihn das beruhigen. Vielleicht wird er schon bald hier wohnen, und sein Ba wird durch diese Türen den Weg nach draußen finden.

Auch der Vorarbeiter verläßt die Baustelle, nachdem er Ti alle Neuerungen gezeigt hat. Ti steht allein in dem unterirdischen Raum, der nur noch durch ein Öllämpchen spärlich beleuchtet wird. Sein Blick schweift immer wieder über die Szenen an der Wand, während seine Gedanken die Ereignisse durcheilen, welche gar nicht geschehen sind, von denen er aber überzeugt ist, daß sie in kürzerer Zeit geschehen werden.

Für seine ewige Existenz ist also gesorgt. Alles hat seine Ordnung, auch in den westlichen Landen wird es ihm an nichts fehlen. Er wird Speisen und Getränke haben, Diener, Gewänder, Haustiere, selbst der Jagd wird er nachgehen können. Er kann also ganz beruhigt sein im Vertrauen auf die königlichen Gesetze, muß nicht befürchten, daß seine Seele für ewig verschlungen wird.

Aber kann er wirklich sicher sein, was das Leben nach dem Tod betrifft? Keiner ist zurückgekehrt von dort. Wer gedenkt des Königs Djoser, dessen göttlicher Baumeister

Imhotep die erste vollkommene Pyramide erbauen ließ? Zeigt sie nicht überall Risse? Wird sie eines Tages zerfallen? Was ist mit Narmer, dem Ersten auf der Königsliste, der das Reich einte? Droht dieses gewaltige Reich nicht zu zerbrechen in kleine, unbedeutende Gaue, in denen größenwahnsinnige Potentaten ihre selbstgefällige Politik betreiben? In seinem Ohr klingt das Gekreische der Affen und Vögel in den Nilsümpfen. Sie drohen, wiederzukommen mit Unwetter, Flut, Überschwemmungen, um vergessen zu machen, daß es eine königliche Ordnung gab. In den kleinen Orten am Rande des Reiches erzählen die alten Frauen von der Herrschaft der Göttin, die lange vorher war. Die jungen Könige hatten ihre Macht gebrochen. Aber war das nicht vermessen, denn aus ihr kommt alles Leben, so sagen die Alten, und wenn sie es nehmen will, so nimmt sie es? Es geht in sie ein wie in ein Meer. Sie kennt keine Zeit, ihr Gesetz ist ewig.

Seine Vorväter hatten begonnen, Städte zu bauen, immer größere, und schließlich Tempel aus Stein, als könne man die Ewigkeit bezwingen. Die Menschen und Völker wurden zum Werkzeug weniger Männer und ihrer großen Ideen. Die Welt sollte neu erschaffen werden, größer und prächtiger als jemals zuvor.

Stunden sind vergangen. Die Öllampe flackert noch einmal unruhig, und dann steht der Verwalter der königlichen Tempel im Dunkel.

Die Kerze ist zu einem Stummel heruntergebrannt. Der Raum wird hell erleuchtet von einem Dutzend Taschenlampen.

»Meine Damen und Herren! Wir stehen jetzt in der Mastaba des Ti. Mastaba: Arabisch, heißt Bankgrab. Ti war Hofbeamter in der 5. Dynastie, die letzte Dynastie des alten Reiches, etwa 2.500 Jahre vor Christi Geburt. Bitte fassen Sie nicht die Wände an. Beachten Sie die wunderbaren

Hochreliefs. Sie gehören zu den vollkommensten Beispielen altägyptischer Steinmetzarbeiten. Folgen Sie mir bitte in die Grabkapelle!«

Draußen erwartet uns gleißender Sonnenschein - das Unwetter ist endgültig vorbei - und jede Menge Kameltreiber.

»Du wollen reiten - so scheen Kamel.«

Ein Besuch bei Gott

Jerry wohnte mit seinen Eltern in einem Holzhaus an einer Schotterstraße, die von alten Eichen und Zuckerahornbäumen gesäumt wurde. Er war zu dieser Zeit fünf Jahre alt. Das Haus hatte sein Großvater vor vielen Jahren gebaut, mit vier Zimmern und einer Veranda, auf der ein Schaukelstuhl stand, auf dem der Großvater immer gesessen hatte. Aber daran konnte sich Jerry nicht mehr erinnern. Seine Mutter erzählte es ihm manchmal abends, wenn er eigentlich schon ins Bett gehen sollte, und er sie darum bat. Er wußte, wie er sie dazu bewegen konnte, und dann lächelte sie, fuhr ihm durch die Haare, vorne, wo sie etwas länger waren, sagte, er habe die Geschichte doch schon so oft gehört und begann zu erzählen. Durch die Art, wie sie von damals sprach, wurde ihm ganz warm, nicht wie Schwitzen, eher wie im Winter, wenn es draußen kalt und innen gemütlich war. Mom's Stimme klang anders, wenn sie erzählte, und ihr war es bestimmt auch angenehm, von damals zu berichten, das merkte er.

Der Schaukelstuhl stand nun leer, nur manchmal setzten sich Besucher darauf, ohne dazu aufgefordert worden zu sein. Mom sah das nicht gern, wahrscheinlich, weil es der Platz des Großvaters war. Wenn es im Sommer heftige Gewitter gab, tropfte es an zwei Stellen von der Decke in seinem Zimmer. Aus diesem Grund, und weil seine Mutter bei Gewitter schreckliche Ängste ausstehen mußte - Jerry wußte nicht warum, denn er fürchtete sich nie vor Donnern und Blitzen - durfte er in den Nächten der Werktage, wenn sein Vater geschäftlich unterwegs war, er nannte das Handlungsreisen, in ihrem Bett schlafen. Jerry wußte nicht genau, was das war - Handlungsreisen - nur, daß es etwas mit Verkaufen zu tun hatte. Er stellte es sich vor wie Kaufladenspielen, nur ohne Laden. Im Winter fielen Unmengen von Schnee, der manchmal im März noch kniehoch lag. Der alte Ofen im Wohnzimmer heizte gut, aber leider zog es manchmal bissig durch die Ritzen der Wände.

Direkt neben dem Haus stand ein großer Baum, eine Eiche, die, so fand Jerry, fast bis in den Himmel ragte. Wenn er neben dem Stamm stand oder von seinem Lieblingsplatz, der Schaukel, die am untersten Ast befestigt war, nach oben blickte, konnte er nicht mehr den Himmel sehen. Seit Jerry wußte, wie man sich allein anschob, saß er im Sommer bei gutem Wetter jeden Tag auf der Schaukel und blickte nach oben ins verwinkelte Geäst, kniff dabei die Augen ein wenig zu, damit er die goldenen Sternchen der Sonne besser erkennen konnte, die zwischen den Blättern schwirrten. Wenn er sie lange genug angesehen hatte, schloß er die Augen und ließ die Farben an sich vorbeiziehen, die zuerst hell und bunt, nach einiger Zeit immer blauer wurden. Jerry hielt auch oft, wenn er schaukelte, in den Ästen Ausschau nach Gott. Der mußte sich doch tagsüber im Himmel langweilen, und über so einen großen Baum konnte man gut nach unten steigen. Außerdem war es für Jerry ein guter Platz, von wo aus man alles bequem überblicken konnte. Deshalb schaute er oft angestrengt nach oben, vielleicht konnte er Gott einmal entdeckten.

Nur ein paar Schritte vom Baum entfernt befand sich ein See, besser gesagt, ein Weiher. Von einem Steg aus konnte man gut Frösche, Schildkröten und Fische beobachten. Mom hatte ihm verboten, auf den Steg zu gehen. Das Holz sei morsch, deshalb sei es gefährlich. Da seine Mutter sich meistens in der Küche aufhielt, deren Fenster auf die andere Seite hinausgingen, hatte Jerry den Steg Brett für Brett erforscht. Dazu waren mehrere Tage nötig gewesen, angefangen vom Entschluß bis zum Begehen der Bretter bis zur Spitze. Die Belohnung rechtfertigte seine Mühen - es war ein erhabenes Gefühl da vorne. Er kam sich vor wie ein Eroberer und konnte wunderbar die Tiere beobachten.

Er sah gerne den Schildkröten zu. Manchmal hockten vier oder fünf von ihnen auf einem kleinen, am Steg verklemmten Ast und dösten in der Sonne. Ihre Haut, am Hals und an den Beinen mit unregelmäßigen schwarzen, gelbgrünen und roten Streifen gefärbt, sah runzelig aus wie bei manchen alten Leuten. Eigentlich waren die Schildkröten langweilig, aber Jerry spielte ein Spiel mit ihnen. Zuerst schlich er sich geduldig über den Steg an. Wenn er bis vorne hin kam, ohne daß sie erschreckt ins Wasser sprangen, konnte er den ersten Punkt für sich verbuchen. In dieser Übung ein Meister, selten, daß er sich mal als Verlierer fühlen mußte, blieb er dann lange liegen, ohne sich zu bewegen. Wenn er es länger aushielt als die Schildkröten, sprach er sich einen weiteren Punkt zu, aber diesen Teil des Matchs verlor er fast immer, denn den Echsen gefiel es gut auf ihrem Holz, hauptsächlich, wenn die Sonne schien. Dabei konnte Jerry genau unterscheiden, ob sie ins Wasser sprangen, weil er eine falsche Bewegung machte und sie erschreckte, oder weil sie nicht mehr dösen wollten, und er war mit der Punkteverteilung immer sehr gerecht. Wenn seine Lust an dem Spiel nachließ, und er sich von seinem Beobachtungsposten zurückzog, war es möglich, einen weiteren Punkt zu ergattern, wenn er bis zum Ufer kam, ohne die Turtels zu verscheuchen. Dies war der entscheidende Punkt, denn am Steg war ihm ja einer verloren gegangen, wenn er weniger Geduld bewiesen hatte als seine Gegner. Oft konnte er anschließend nicht widerstehen, einen geeigneten Stein zu suchen und damit nach den Echsen zu werfen. Er traf sie zwar niemals, aber natürlich sprangen sie aufgeschreckt ins Wasser, und dann mußte er mit Sicherheit damit rechnen, daß es am nächsten Tag schwer mit dem Anschleichen war, denn sie vergaßen ihm das nicht.

Hinter Haus und Baum und Weiher breitete sich im Sommer ein dem Jungen unendlich vorkommendes Maisfeld aus, in dem er sich manchmal versteckte. Er war dann ein Tiger auf seinen Beutezügen im Dschungel. Ganz weit hinten konnte man erkennen, wie das Land etwas anstieg und auf einem Hügel einige Bäume standen. Jerry schaute oft dahin, und an dieser Stelle verschwand auch die Sonne am Nachmittag, aber er war noch niemals dort gewesen.

Das Maisfeld gehörte Farmer Kruger, ihrem nächsten Nachbarn. Der wohnte auch an ihrer Straße, etwa eineinhalb Meilen entfernt in Richtung Milford. Von Farmer Kruger kaufte seine Mutter Milch und Eier. Manchmal schenkte Mrs. Kruger ihr auch Gemüse aus ihrem Garten. Mom fand das sehr nett, aber er mochte Gemüse nicht so gern. Die Krugers strichen alles mit roter Farbe an, das Farmhaus, den Stall, die Scheune und das Silo, kein schönes, glänzendes Rot wie die Feuerwehrautos in Milford, eher dreckig wie die Farbe überreifer Kirschen. Jerry ging gern mit Mr. Kruger in den Stall und schaute den Schweinen und den Kühen beim Fressen zu. Die Schweine schmatzten beim Kauen. Jerry ärgerte seine Mom manchmal ein bißchen, indem er genauso grunzte und schniefte, er konnte das gut.

Mr. Kruger sprach nicht viel, und Jerry verstand ihn schlecht. Seine Mutter meinte, das käme daher, weil die Eltern von Mr. Kruger aus einem anderen Land gekommen waren mit einer eigenen Sprache. Mom meinte außerdem, wenn Mr. und Mrs. Kruger allein waren, redeten sie immer noch so. Muß sich merkwürdig anhören, diese Sprache, dachte Jerry. Trotzdem beneidete er die Krugers darum, denn er wünschte sich auch eine Geheimsprache. Wenn Mrs. Kruger mit dem Auto nach Milford zum Einkaufen fuhr, nahm sie Jerry und seine Mutter meistens mit. Oft bekam er dann neue Sachen zum Anziehen, manchmal Süßigkeiten, und sie besuchten Leute, die auch Kinder hatten, mit denen er etwas unternehmen konnte.

Er spielte gern mit Maggie, die so alt wie er war, und Joe, ihrem jüngeren Bruder, meistens Nachlaufen oder Verstecken. Sie ließen Joe mitspielen - er war erst dreieinhalb

Jahre alt - weil er sich weder gut verstecken noch schnell rennen konnte. Deshalb mußte er fast immer suchen oder fangen. Eine Zeitlang machte das Spaß, später wurde es langweilig. Joe verlor auch die Lust; manchmal heulte er aus irgendeinem Grund und lief nach Hause. Maggie und er dachten sich dann neue Spiele aus, *Meine Mom* hatten sie zum Beispiel gemeinsam erfunden. Zuerst fand Jerry es albern, die Vorzüge seiner Mom gegen die von Maggie's aufzuwiegen, aber je öfter sie sich darin übten, um so mehr gewann er, weil ihm immer wieder neue Eigenschaften seiner Mom einfielen, die hoch im Kurs standen, obwohl Maggie's Mom lustiger war und besseren Kuchen backte. Wenn *Mein Dad* an der Reihe war, darauf bestand Maggie mit Nachdruck, zog Jerry regelmäßig den kürzeren. Das lag natürlich nicht an seinem, sondern an Maggie's Dad. Er war immer gut gelaunt, und wenn ihre Mom mal schimpfte, was selten der Fall war, sagte er nur: »Laß die Kinder doch!« Maggie behauptete sogar, er habe noch nie mit ihr geschimpft.

Ansonsten spielte Jerry fast immer allein, ab und zu mit ihrem alten Hund Ben, oder er redete mit seiner Mutter. Von ihr wußte er alles, außer den Dingen, die er selbst erforscht hatte. Sein Vater kam nur an den Wochenenden, und wenn im Winter zu hoch Schnee lag, schaffte er es manchmal auch dann nicht, obwohl er immer große Autos fuhr, meistens Chevrolets, und von sich behauptete, mit einem guten Wagen gebe es für ihn kein Hindernis, das er nicht überwinden konnte, Naturkatastrophen ausgenommen. Vor langer Zeit war er sogar durch die Mojave-Wüste gefahren. Die lag sehr weit im Süden. Jerry hatte mal einen Film über die Wüste im TV gesehen und stellte sie sich einfach leer und sandig vor; überall lauerten gefährliche Klapperschlangen. Wenn Dad's Autos zu alt waren und nicht mehr fuhren, stellte er sie hinter dem Haus ab. Manchmal kamen Männer vorbei, um Ersatzteile auszubauen. Zur Zeit standen dort drei Chevrolets, ein Ford und ein Buick. Manchmal spielte Jerry in einem der Wagen *Gangsterverfolgung*, aber allein war das auf Dauer langweilig. Ben ließ er gelegentlich mitspielen, aber der kläffte nur herum und verstand nicht, wenn Jerry zu laut auf seine Gegner ballerte.

An den Wochenenden schlief er immer in seinem Zimmer. Einmal, als er nachts wach geworden war, beanspruchte er seinen Platz im elterlichen Bett, aber er mußte in der Mitte liegen, und der Vater schnarchte und roch nicht gut.

Sein Dad war ein schweigsamer Mann. Jerry konnte sich nicht vorstellen, woran er dachte oder was ihn interessierte, außer, wenn er unter den Autos lag und herumschraubte. Jerry durfte ihm dann die Werkzeuge anreichen. Damit kannte er sich inzwischen gut aus. Dabei sah er seinen Vater genau an, um in seinem Gesicht abzulesen, ob er ihm wohl zuhören würde. Er hatte schon vieles versucht, zum Beispiel, ihm die Sache mit den Schildkröten erzählt, wovon sogar Mom nichts wußte, weil der Steg ja verboten war, oder allerlei Erfahrungen mit anderen Kindern bei den Besuchen in Milford, aber Dad sagte nie etwas dazu. Nicht, daß er unfreundlich gewesen wäre, aber seine Augen schauten woanders hin. Diese unglaubliche Erfahrung, daß die Gedanken im Kopf sich an einem anderen Ort aufhalten konnten als man selbst, kannte er. Bei Dad war das offenbar fast immer so. Das ertrug Jerry schwerer, als wenn ihn sein Dad Bier holen schickte oder ihm eine blöde Frage stellte, zum Beispiel über das Getriebe, von dem er nur wußte, daß es sich da irgendwo befand, wo Dad schraubte. Einmal war Jerry ärgerlich geworden, als er ihm seinen Schatz, bestehend aus bunten Steinen, die er an entlegenen Stellen gesammelt, und seine Murmeln, die ihm Mrs. Kruger in Milford geschenkt hatte, und die er in einer Zigarrenkiste aufbewahrte, zeigte, und sein Vater nicht einmal einen Blick darauf warf. Aber Jerry ließ sich nichts von seinem Ärger und seiner Enttäuschung anmerken. Er nahm sich dann bei solchen Gelegenheiten vor, es nun umgekehrt genauso zu machen, und den Vater links liegen zu lassen. Aber er hielt nie lange genug durch. Am nächsten Wochenende schraubte der Vater wieder unter dem Auto, und Jerry wartete lange, ob er ihn rufen würde, aber wahrscheinlich bemerkte der nicht einmal, daß sein Helfer heute ausblieb. Also ging Jerry hin. Der richtige Ärger war ja schon während der vergangenen Woche verflogen. Nach einiger Zeit rief der Vater »Ringschlüssel«, und da wußte Jerry, daß er ihn bemerkt hatte und war erleichtert.

Einmal kam ein älterer Mann mit einem großen Hut vorbei. Er sah aus wie ein Sheriff und kaufte einen Ersatzreifen, der auf seinen Wagen paßte. Bevor er wieder ins Auto stieg, sagte er: »Dein Junge sieht dir sehr ähnlich«, aber sein Vater sah ihn nur von unten herauf grimmig an, und nachdem der Mann weg war, murmelte er leise: »Komm bloß nicht wieder, du falsches Arschloch.«

Jerry dachte lange darüber nach, warum Dad das gesagt hatte, und warum der Mann ein falsches Arschloch war. Er wollte seinem Dad auch nicht ähnlich sehen, aber warum mußte der sich so darüber aufregen?

Wenn Jerry schon im Bett lag, konnte er seine Eltern oft streiten hören. Meistens redete seine Mutter. Sie sprach schnell, und obwohl er nichts verstand, wußte er, wie sicher sie in dem war, was sie vorbrachte. Ihre Worte hörten sich wie kurze Schläge an. Er bekam das auch zu spüren, wenn er etwas anstellte, zum Beispiel, als er ihr den Regenwurm zeigte, den er mit einem Stein in fünf Teile geschnitten hatte. Bei diesen Streits, wenn er schon im Bett lag, sagte sein Vater selten etwas, nur ab und zu hörte er seine Stimme, die von seinem Zimmer aus immer ein wenig brummig klang - wie die von dem Bären in der Fernsehserie. Mom ärgerte es noch mehr, wenn er so ruhig blieb, und ihre Stimme wurde immer lauter und spitzer. Danach keiften sie meistens alle beide. Jerry versuchte alles mögliche: sich auf die andere Seite legen, die Ohren zuhalten, an etwas anderes denken. Nutzte aber alles nichts. Einmal hielt er es nicht aus, stand auf und ging in die Küche. Mom sagte: »Du fehlst hier gerade noch« und schob ihn ziemlich heftig wieder raus.

Später ließ sich Mom nie anmerken, daß sie Krach gehabt hatten. Wenn sie ab und zu an Wochentagen im Schaukelstuhl des Großvaters auf der Veranda saß, sah er sie weinen ohne Tränen. Er konnte sich auch nicht vorstellen, wie sie das fertigbrachte.

Als Jerry eines Morgens auf der Schaukel saß und in die Bäume hinaufblickte, kamen ihm Zweifel, ob Gott wirklich da oben sei. Er hatte schon zu oft gewartet und ausgespäht, um ihn zu entdecken, immer vergebens. In den nächsten Tagen strengte er sich besonders an, so daß ihm schon das Genick weh tat, da er immer nach oben blickte, weil er Gott und sich eine letzte Chance geben wollte. Als auch das nichts nutzte, gab er seine Idee auf. Gott mußte entweder einen günstigeren Weg nach unten benutzen, oder er wohnte an einem anderen Ort. Er hätte gern jemanden zu Rate gezogen, aber das war ihm zu riskant. Seine Begegnung mit Gott sollte sein Geheimnis bleiben, und er wollte es mit niemandem teilen, auch mit Maggie nicht. Die würde nur ein neues Spiel daraus machen, zum Beispiel *Wer entdeckt Gott zuerst?* Tagelang überlegte er, denn es war nicht leicht, einen besseren Platz als den in den Bäumen zu finden. Schließlich erwog Jerry alle Plätze seiner Umgebung als Aufenthaltsort von Gott, selbst in Milford hatte er sich umgeschaut, aber dort kam keine Stelle in Frage, und so war nur noch der ferne Hügel hinter dem Maisfeld geblieben. Von dem mußte man einen herrlichen Überblick über das Land haben.

Bei seinen Streifzügen durch das Maisfeld entdeckte er einen schmalen Pfad, der ihm früher nicht aufgefallen war, aber er war auch selten bisher so weit vorgedrungen. Diesen

Pfad probierte er in den nächsten Tagen aus. Er führte geradewegs auf den Hügel zu, aber was ihm Sorge machte: Sein Ziel schien kaum näherzurücken.

Eines Morgens beschloß Jerry, es heute zu wagen. Auf dem Gras lag noch der Tau, als er sich aufmachte. Eine Zeitlang lief der alte Ben jaulend neben ihm her, obwohl ihn Jerry mehrmals aufforderte, nach Hause zu gehen, diese Expedition sei für einen alten Hund zu anstrengend. Schließlich blieb Ben mit hechelnder Zunge zurück, aber sein Blick verfolgte ihn noch lange. Jetzt war Jerry allein am Rand des großen Maisfeldes. Nur die Lerchen hörte er zwitschern. Er betrachtete noch einmal den fernen Hügel, überprüfte kurz seinen Entschluß, dann schritt er kräftig aus. Er war kein bißchen bange, nur voller Erwartung, wie es dort oben aussehen würde, und ob Gott zu Hause war, aber damit rechnete er fest. Jedenfalls kamen ihm nicht die geringsten Zweifel.

Nach einiger Zeit kam es Jerry vor, als sei der Hügel näher. Er konnte sogar einzelne Bäume voneinander unterscheiden. Und als er meinte, der Vormittag sei nun fast vorbei, und seine Beine und Füße etwas weh taten, war er sich ganz sicher, daß es nun nicht mehr weit sein konnte. In Wirklichkeit war er noch nicht einmal eine Stunde unterwegs. Er blickte sich um. Von seinem Elternhaus guckte nur ein Stück des Daches hinter dem Maisfeld heraus. Dann entdeckte er vor sich auf dem Weg ein Squirrel, das an etwas herumknabberte und erst weglief, als er schon ganz nah war. Als er am Fuß des Hügels ankam, ruhte er sich ein bißchen aus, obwohl er es kaum erwarten konnte, hinaufzusteigen. Nicht weit entfernt hörte er einen Bach blubbern. An seinem Ufer wuchsen Weiden mit klobigen Stämmen und dünnen, hellen Ruten. Das Gras war hier ganz weich und moosig, aber Jerry blieb nicht lange sitzen. Fast im Laufschritt erreichte er in wenigen Minuten die Anhöhe. Zwischen Bäumen, die so groß waren wie die

Eiche neben ihrem Haus entdeckte er eine Hütte, die von außen schon etwas baufällig aussah. Hier mußte Gott wohnen. Die Tür stand einen Spalt offen, und Jerry schlüpfte geräuschlos hinein. Zuerst sah er nur den Lichtstrahl, der durch ein kleines Fenster einfiel. Als er sich an die Dunkelheit gewöhnt hatte und sich umschauen konnte, entdeckte er Gott sofort. Er saß auf einem Schemel, und Jerry mußte ihm erst eine Zeitlang zusehen, bis er erkannte, daß Gott aus Weidenruten einen Korb machte. Er trug einen Strohhut, der am Rand schon ausgefranst war, ein wenig schief auf dem Kopf, und eine Latzhose aus dickem blauen Stoff. Das Gesicht von Gott umrahmte ein weißer Bart, nicht so lang, wie Jerry ihn sich vorgestellt hatte. Bisher hatte Gott Jerry noch nicht bemerkt.

Der Junge überlegte. Er wußte nicht, wie er Gott ansprechen sollte. Sagte man Mr. Gott, lieber Gott - nein, so konnte man niemand ansprechen - oder einfach nur Gott.

»Guten Tag«, entschloß er sich dann zu sagen.

Der Alte blickte auf.

»Ei, wen haben wir denn da? Wer bist du, mein Junge, und wo kommst du her?«

»Ich heiße Jerry, Mr. Gott«, sagte er höflich, »und ich komme von da unten.«

Gott hörte offenbar nicht mehr so gut. Er hielt die Hand hinter sein linkes Ohr.

»Wie?«

»Jerry.«

»Sag Dan zu mir«, sagte er dann, stand von seinem Schemel auf, wobei er sich ins Kreuz faßte, und trat vor die Hütte. Gott hieß also Dan. Das wußten bestimmt außer ihm nicht viele Leute.

Sie schauten hinunter, wo Jerry's Elternhaus klein wie ein Spielzeug hinter dem Maisfeld stand.

»Und von da bist du hierher gelaufen?«

Jerry nickte stolz, und der alte Mann fuhr ihm mit seinen knochigen Fingern zärtlich durch die Haare, wie es Mom manchmal tat.

»Dann mußt du der Enkel vom alten O'Reilly sein.«

Als Jerry nicht antwortete, fragte Dan: »Was ist? Er ist doch dein Großvater.«

»Ich weiß nicht«, sagte Jerry. »Meine Mom sagt, er ist vor langer Zeit weggegangen.«

»So, so«, brummte Gott vor sich hin, »der alte O'Reilly ist weggegangen. Der sollte sich mal wieder nach Hause machen, aber mich geht das nichts an.«

Darüber war Jerry etwas enttäuscht. Schließlich brauchte Gott das nur zu befehlen, und der Großvater würde zurückkommen. Vielleicht überlegte er es sich ja noch mal.

»Hast du Hunger, Jerry? Hier, iß einen Apfel und ein Butterbrot.«

Sie gingen wieder hinein, und während Jerry sein Sandwich aß, begann Dan wieder mit dem Korbflechten. Zwischendurch sah er auf und lächelte, als er Jerry einen zweiten Apfel essen sah.

Die Hütte bestand aus nur einem Raum mit festgetretener Erde als Fußboden. Es gab nur das eine Fenster, und deshalb mußte man die Tür auflassen, damit genug Licht hereinfiel. Außer dem Schemel gab es noch ein Stück Baumstamm, auf dem Jerry nun saß. Auf dem Boden lag ein Haufen Weidenruten, die Dan heute morgen am Bach geschnitten hatte.

»Was machst du so den ganzen Tag?« fragte er.

Jerry war überrascht, daß sich Gott dafür interessierte, was er den ganzen Tag machte, und nachdem er sich warmgeredet hatte, sprudelte es nur so aus ihm heraus. Manchmal fragte ihn Dan etwas, aber meistens lächelte er nur. Als die Weidenruten verarbeitet waren, aß der alte Mann auch ein Butterbrot, und dann nickte er auf seinem Schemel etwas ein. Er kratzte sich schlafend am Kopf, und dabei fiel sein zerzauster Hut herunter. Jerry wartete geduldig und sah ihn dabei an. Er freute sich noch immer und war stolz, sein großes Ziel erreicht zu haben.

Als Dan wieder wach geworden war, gingen sie hinunter zum Bach und schnitten neue Ruten. Jerry bekam auch ein Messer und durfte helfen. Einmal schnitt sich der Alte in den Finger und fluchte deshalb leise vor sich hin. Jerry ging zu ihm, aber er konnte nicht sehen, ob es blutete. Götter bluten nämlich nicht, nur Menschen, das wußte Jerry aus der Fernsehserie 'Rächer des Himmels'.

Am Nachmittag verschloß Dan die Hütte. Die Sonne stand schon sehr tief auf der anderen Seite des Hügels, als sie gemeinsam losgingen. Dan nahm ihn bei der Hand, und unterwegs erzählte er ihm von einem Motorrad mit Beiwagen, mit dem er früher zu den Farmern gefahren war, um ihnen Weidenkörbe zu flechten. Auf halbem Weg kam ihnen Ben entgegen, der freudig mit dem Schwanz wedelte, an Jerry hochsprang und kläffte. Als sie am Haus angekommen waren, sagte Dan, er solle mal wiederkommen, und er strich ihm dabei mit seiner knochigen Hand noch einmal über den Kopf.

Mom schimpfte mit ihm, weil er ihr Sorgen gemacht hatte. Aber sie nahm ihn schnell in den Arm und sagte, nächstes Mal solle er ihr sagen, wo er hinging. Von Dan verriet Jerry nichts.

Am Abend schauten sie zusammen 'Rächer des Himmels'. Heute war es besonders spannend, weil Ronald, der Rächer, von Rasputin, dem Chef der Unterwelt, gefangen genommen wurde. Jerry drückte sich eng an Mom, nur so, nicht aus Angst, obwohl sie das nicht glaubte. Schließlich befreite sein Hund Bravo den Rächer, und Rasputin bekam eine ordentliche Abreibung. Jerry beschloß, die Szene mit Ben als Bravo nachzuspielen - er war natürlich Ronald, der Rächer - aber Ben kläffte nur herum und kapierte überhaupt nichts.

In den nächsten Tagen schaute Jerry oft zu dem Hügel hinauf, und er war sich sehr sicher, daß er keinem Menschen etwas von seinem Abenteuer erzählen würde. Sein Vater war gut gelaunt am Wochenende, aber der Junge ließ sich zu keiner unbedachten Äußerung hinreißen, als er ihm die Werkzeuge unter das Auto reichte. Den Grund für Dad's gute Laune sollte er am Montag von seiner Mutter erfahren. Sie würden schon bald in die große Stadt, nach Detroit, umziehen. Jerry traf diese Nachricht wie ein Donnerschlag, und er wußte nicht, was er davon halten sollte.

In den nächsten Tagen überschlugen sich die Ereignisse. Männer in feinen Anzügen und mit Ledertaschen, in denen sie massenweise beschriebene Papiere verstauten, kamen vorbei. Andere Männer, meistens mit Hüten, holten sich Ersatzteile. Sein Dad beachtete sie nicht wie früher, und manchmal vergaß er, von ihnen etwas Geld für die Ware zu fordern. Früher war er wie der Teufel dahinter her gewesen. Es gab Tage, da fragte Jerry seine Mutter unentwegt über die große Stadt aus, wie sie leben, ob sie wieder ein eigenes Haus haben würden, ob es Bäume gebe und einen See, bis es seiner Mutter zu viel wurde, und sie ihn nach draußen schickte. Früher, wenn er etwas über Großvater und den Schaukelstuhl wissen wollte, war sie geduldiger mit ihm gewesen. Vielleicht wußte sie selber nicht viel von der großen Stadt. An anderen Tagen wollte er gar nichts wissen von allem, was auf sie zukam, wollte nicht einmal daran denken, spielte am Weiher sein Spiel mit den Schildkröten und hoffte, es könnte immer heute sein.

Zwei Tage vor dem Umzug starb der alte Ben. Er lag vor seiner Hütte, als schliefe er. Mom weinte sehr, nun richtig mit Tränen, was Jerry sehr verwunderte. Sie begrub Ben eigenhändig unter der Eiche.

Einen Tag vor dem Umzug unternahm Jerry einen letzten Ausflug ins Maisfeld. Als er mit ein paar gelben, reifen

Kolben zurückkam, stand ein merkwürdiger Kastenwagen mit einem selbstgebauten Wohnaufsatz vor der Tür, den er ausgiebig betrachtete. Hinten in diesem Auto stand ein Bett, ein Herd, darauf Töpfe und Pfannen, selbstgeschreinerte Schränke, ein Tisch, eine Bank, Bücher lagen herum, sogar ein Kanarienvogel, der in einem Käfig lebte, welcher an einem der Schränke festgemacht war. Dann erst bemerkte er den alten Mann, der im Schaukelstuhl auf der Veranda saß. Er sah aus wie der Großvater aus 'Tammy, das Mädchen vom Hausboot', nur, daß er nicht so gutmütig blickte. Er saß anders in dem Schaukelstuhl als die anderen Leute, so, als habe er Übung darin. Seine Mom mußte es ihm nicht erklären, Jerry wußte von allein, daß dies sein Großvater war, und er war sich sicher, daß sein Kommen dem alten Dan zu verdanken war.

Er setzte sich neben ihn auf die Veranda, und sie sprachen miteinander, selbstverständlich, wenn auch etwas vorsichtig. Der Großvater war traurig, daß das Grundstück und das Haus, das er gebaut hatte, verkauft wurden, und er war auch etwas wütend auf seine Tochter und seinen Schwiegersohn, aber er versuchte, es sich vor Jerry nicht anmerken zu lassen. Der spürte es aber trotzdem. Er wußte auch, daß Erwachsene es immer vor Kindern verbargen, wenn sie verkracht waren. Jerry stellte viele Fragen an seinen Großvater, aber er fand schnell heraus, daß es besser war, sich damit zurückzuhalten, bis dieser selbst darauf zu sprechen kam. Natürlich wollte er ihn möglichst lange halten, und allein deshalb traute er sich nicht, etwas zu wünschen oder gar zu fordern. Er ahnte schon, der alte Mann würde nicht lange bleiben, und so kam es auch. Am nächsten Morgen half er noch beim Verpacken der Sachen, dann stieg er wieder in seinen Kastenwagen, aber er versprach Jerry, sie im nächsten Frühjahr in Detroit zu besuchen, und dann mit ihm in einem Kanu den Hudson hinunter zu paddeln.

Als der Großvater in den Wagen stieg, mußte Jerry plötzlich weinen. Er wollte es gar nicht, es kam einfach so über ihn, ohne daß er etwas dagegen tun konnte. Weshalb er weinte, wußte er selbst nicht. Er wollte sich schnell wieder beruhigen, aber das ging gar nicht, es wurde immer heftiger, und er bekam sogar noch einen Schluckauf. Sein Dad würde jetzt schimpfen. Aber der stand nur neben seinem Wagen, schaute hilflos und hatte die Hände in den Taschen vergraben. Jerry wußte gar nicht, ob er wegen Großvater weinte, den kannte er ja kaum, oder weil sie von hier weggingen oder aus einem anderen Grund oder wegen allem. Sein Dad fand schließlich einen Himbeerbonbon in einer seiner Hosentaschen und gab ihn Jerry wortlos. Es war einer von diesen großen, die Maggie und er für einen Cent das Stück in Milford kauften. Nach einiger Zeit beruhigte er sich, aber er mußte noch öfter heftig schluchzen, wobei er einmal den Himbeerbonbon in den Hals bekam und ihn heraushustete, aber er hob ihn auf, putzte ihn an seiner Hose ab und steckte ihn wieder in den Mund.

Dann fuhren sie gleichzeitig los, Großvater in die eine, Mom, Dad und er in die andere Richtung.

Die große Stadt war überwältigend. Er drückte sich die Nase am Autofenster platt. So große Häuser, so breite Straßen, so viele Autos, überall blinkte und glitzerte es in der Sonne, so viele Menschen. Sie kamen durch Viertel, in denen nur schwarze Leute wohnten. Jerry konnte nicht glauben, daß dies alles eine einzige Stadt war. Aber nirgendwo sah er Bäume.

Am nächsten Tag schaute er durch die Gitter den schwarzen Jungs beim Ballspiel zu. Es hieß Basketball, weil man den Ball in einen Korb warf, der ziemlich hoch hing. Sie waren alle größer und älter als er, er war ja auch erst fünf. Aber er beschloß, einmal einer von ihnen zu werden, so gut zu spielen wie der Beste von ihnen, und er wollte bald damit anfangen.

Übrigens fand er nie wieder einen Platz für Gott. Er dachte gar nicht mehr an ihn.

Sein Großvater kam nicht, wie versprochen, im nächsten Frühjahr. Jerry ging seiner Mom mit seiner dauernden Fragerei nach ihm auf die Nerven. Sie wußte auch nicht, warum er nicht kam. Aber plötzlich, als er an einem Mittag zur Zeit des Indian Summer vom Basketballspiel mit den Jungs kam, stand der alte Kastenwagen in ihrer Straße zwischen den glänzenden Fords, die hier alle Männer fuhren.

Am nächsten Morgen brachen sie nach Milford auf, Mom gab ihnen mehr Butterbrote mit, als sie in einer Woche essen konnten. Sie paddelten drei Tage den Hudson hinunter bis zu seiner Mündung in den Detroit River.

U-Boot

»Sie ist zu schwer, sie ist herrschsüchtig, und sie leidet an Altersstarrsinn«, sagte sein Chef im Auto, als sie zu Andys erstem Einsatz als Zivildienstleistender fuhren.

Das fängt ja gut an, dachte Andy, aber er hielt es für besser, nichts zu sagen.

»Sie wird sich wahrscheinlich nach kurzer Zeit bei mir über dich beschweren. Das hat sie bei deinen Vorgängern bisher auch gemacht. Daraus mußt du dir nichts machen.«

Andy nickte, und er fragte sich, ob er wohl mit dieser Stelle die richtige Wahl für seinen Zivildienst getroffen hatte.

Der Einsatzleiter hatte einen Schlüssel von ihrer Haustür, den er Andy übergab, nachdem er aufgeschlossen hatte.

»Wer ist da?« hörte er eine energische Stimme von drinnen. »Sind Sie das, Mattmüller?«

»Ja, ich bringe den neuen Zivi mit.«

Inzwischen waren sie in das Zimmer getreten, in dem sich Frau Goldblum aufhielt. Andy fiel sofort auf, wie dick sie war, als er sie in ihrem Rollstuhl erblickte.

»Wie heißt du, mein Junge?«

»Andy«, sagte er brav und fügte innerlich hinzu: Aber ich bin nicht 'Ihr Junge'.

»Wie alt bist du?« fragte sie weiter.

»Zwanzig. Finden Sie mein Alter wichtig für die Arbeit hier bei Ihnen?«

»Nun sei doch nicht gleich eingeschnappt. Es interessiert mich nur.«

»Ich koche uns einen Kaffee«, sagte Mattmüller.

Nach kurzer Zeit hörten sie ihn nebenan in der Küche hantieren.

»Du bist schon mein vierter Zivi«, sagte Frau Goldblum, »bisher bin ich mit allen gut klar gekommen.«

Andy war bereits in Angriffsstimmung.

»Das klingt wie eine Drohung«, sagte er.

Wider Erwarten lächelte sie.

»Nein, es sollte eine Feststellung sein.«

»Und die Bezeichnung 'mein Zivi', ist das eine Art Besitzanspruch?«

Einen Augenblick überlegte sie, ob sie in die Küche rufen und fragen sollte, ob alle Zivis heutzutage so empfindlich seien, aber dann sagte sie lächelnd: »Mein Butler, mein Urinkellner, mein Helfer in allen Notfällen, was ist dir lieber?« Sie lächelte zynisch.

»Zivi, am liebsten ist mir Zivi. Das entspricht am ehesten den Tatsachen.«

»Gut, also - Zivi. Kannst du mich mal aufs Klo bringen, Zivi Andy? Ich kann das nämlich nicht mehr allein. Und deshalb bin ich auf Zivis angewiesen.«

Andy trieb es den Schweiß auf die Stirn.

Mattmüller erschien mit der Kaffeekanne in der Tür...

In den nächsten drei Tagen ging Andy mit einem Zivikollegen zu Frau Goldblum, bis er mit allen pflegerischen und hauswirtschaftlichen Handgriffen vertraut war. Sie wirkte abwesend, gab weder zynische Sprüche von sich, noch stellte sie neugierige Fragen. Als Andy das erste Mal allein zu ihr kam, erwachte sie gerade aus einem Nickerchen.

»Ach, du bist es, Andy.«

»Ich habe eine Zeitung mitgebracht. Soll ich Ihnen etwas vorlesen?«

»Ja, mach das. Warum sagst du eigentlich nicht Hertha zu mir?«

»Ja, warum nicht? Du sagst ja auch Andy zu mir.« Das 'du' kam ihm jedoch schwer über die Lippen.

»Ich glaube, es liegt am Alter. Ich bin es nicht gewohnt, ältere Leute zu duzen.«

»Für wie alt hältst du mich?«

Andy gefiel die Frage nicht. Das war wieder überfallartig.

»Ich überlege, was du denkst, Andy: Frauen älter einzuschätzen, als sie sind, ist nicht gut. Da sind alle Frauen eitel, sogar alte. Aber mich unnötig jünger zu machen, als ich aussehe, paßt dir auch nicht, stimmt's?«

»Ja, so ungefähr kommt's hin. Aber wenn ich dir recht gebe, verleitet es dich vielleicht dazu, weiter in mir herumzuforschen.«

»Kann schon sein. Wir müssen eben aufpassen, daß einer dem anderen nicht zu nahe kommt.«

»Könnte es denn eine Situation geben, wo ich dir zu nahe komme?«

»Sicher, aber bisher hast du diesbezüglich wenig Anstrengungen unternommen.«

»Also... Ich schätze dich, na, sagen wir... siebzig.«

»Dicht vorbei. Drei Jahre jünger. Vielleicht werd' ich's noch erleben. Ich lade dich als meinen ehemaligen Zivi ein.«

»Warum hast du Bedenken?«

Sie hob die rechte Hand.

»Diese Frage ist zum Beispiel zu nah, viel zu nah.«

Andy nahm die Zeitung vom Tisch.

»Aber du kannst mich etwas anderes fragen«, sagte sie schnell.

»Von Mattmüller weiß ich, daß du Jüdin bist.«

»Das ist keine Frage.«

»Warst du mal in Israel?«

»Das ist eine Ausweichfrage. Aber wahrscheinlich nerve ich jetzt, wenn ich die Art deiner Fragen kommentiere.«

»Damit liegst du messerscharf richtig.«

»Ja, ich habe sogar mehrere Jahre in Israel gelebt. Mein Hebräisch ist trotzdem lausig.«

»Was hast du dort gemacht? Vielleicht ist die Frage banal?«

»Aha, jetzt kommentierst du deine eigenen Fragen. Also, ich war verheiratet, und ich habe dort gearbeitet.«

Andy schwieg.

»Auch wenn du nicht weiter fragst, würde ich dir gerne noch etwas erzählen. Ich habe in Israel mehrere Fotoreportagen gemacht - wie die Leute dort lebten, wie sich die neuen Siedler einrichteten, auch über das Leben der Araber, der Nomaden, und zuletzt über den Sechstagekrieg.«

Andy blickte sie erwartungsvoll an.

»Aber vielleicht sollte ich nicht davon erzählen. Wozu auch? Lang vergangene Zeiten. Damals war ich aktiv, und heute sitze ich in diesem verdammten Rollstuhl und kann mich nicht bewegen.«

In den nächsten Tagen war Hertha verschlossen und innerlich abwesend. Andy war unsicher, ob er sie fragen sollte, was los sei, ob er ihr sagen sollte, sie lasse sich gehen, ob er warten sollte, bis sie die Initiative wieder ergriff.

Er las ihr täglich aus der Zeitung vor.

»Vielleicht sollte ich mal was anderes als die täglichen Schreckensmeldungen lesen. Heute gibt's in der Wochenendausgabe einen großen Reiseteil.«

»Ja das ist gut. Lies mir was von fremden Ländern vor, während ich hier in meiner Bude hocke, gefesselt an dieses geschwindigkeitsberauschende Fortbewegungsmittel.«

»Es gibt etwas über den Bayrischen Wald, die Insel Rügen, die Sahara, Mexiko und Australien.«

»Wunderbar. Fang mit der Sahara an!«

Sie hörte still zu, bis er zu Ende gelesen hatte.

»Kennst du Chatwin, Andy?«

»Nein, wer ist das?«

»Er ist tot. Ein verrückter Engländer. Es gibt da eine Stelle in seinem Buch 'Traumpfade'. Er beschreibt eine Nachtwanderung durch die Nubische Wüste. Obwohl es nur wenige Sätze sind, trifft er genau die Atmosphäre.«

»Ich war noch niemals in der Wüste. Wie soll ich es mir vorstellen?«

Sie blickte ihn mit stechenden Augen an.

»Das mag ja sein, aber du stellst dich etwas dumm. Du willst mich locken. Du willst, daß ich eine gute, eine heitere Patientin bin, die keine Schwierigkeiten macht.«

»Du spinnst, Hertha. Was ist nun mit diesem Chatwin oder wie er heißt?«

»Ich weiß nicht, ob ich dich für besonders gewieft halten soll, oder ob du wirklich meinst, was du sagst.«

»Darüber mußt du dir schon selber klarwerden.«

Sie überlegte eine Zeitlang.

Dann sagte sie: »Dort in der Schublade liegt ein Schlüssel. Damit kannst du die grüne Kellertür aufschließen. Es ist der Raum neben dem mit den Pflegemitteln. Dort liegen einige große Fotomappen, auf einer steht 'Sahara'. Du wirst etwas wühlen müssen.«

In dem angegebenen Raum herrschte wirklich großes Durcheinander. Überall lagen Fotomappen mit exotischen Titeln herum, und Andy war geneigt, darin herumzublättern, aber er hielt sich daran, was Hertha gesagt hatte und suchte nur das Saharabuch.

Ihre Stimme klang ganz aufgeregt, als er zurückkam.

»Ja, das ist es. Weißt du, Fotografen können nichts beschreiben. Sie haben nur dieses Bild in ihrem Kopf oder auf ihrem Film. Eine Beschreibung mit Worten wäre wie eine Sezierung.«

»Warst du ganz allein in der Wüste?«

»Nein, Amin war die ganze Zeit bei mir, ein Mauretanier. Also, das Bild, das ich dir zeigen wollte, ist eine Nachtaufnahme, genauer gesagt, eine Dämmerungsaufnahme. Blätter weiter! Ja, das ist es.«

Andy hatte sie noch niemals so begeistert erlebt. Sie atmete schwer und hastig in ihrem massigen Körper. Der zynische Ausdruck um ihre Mundwinkel war verschwunden.

»Siehst du das Blau des Himmels? Solch ein Blau findest du nur in der Wüste, und du findest es nur in diesen wenigen Minuten, wenn die Dämmerung in die Nacht übergeht.«

Auf dem Bild war nichts weiter als ein Haus, ein Kamel, eine Palme, der Himmel und die Wüste zu sehen.

»Es erinnert mich an ein Bild eines amerikanischen Malers. Aber das war eine ganz andere Landschaft. Merkwürdig.«

»Nein, gar nicht merkwürdig, du meinst sicher Edward Hopper: Das gleiche innere Gefühl für Landschaften, für Weite, für Formen, obwohl er niemals in der Wüste war.«

Sie blätterten weiter in der Mappe.

»Ich liebte es, in der Wüste zu fotografieren«, sagte Hertha. »Dort ist nichts überladen, vollgestellt oder verschnörkelt. Ich finde es sehr beruhigend, weil alles bleibt. Menschliche Ansiedlungen verändern sich ständig, das macht mich traurig. Vom Berlin meiner Kindheit ist nichts mehr übrig, es ist eine andere, eine fremde Stadt. Die Wüste ist der einzige Ort, wo man wirklich frei sein kann. Alles andere sind Käfige.«

»Ich glaube, das kann ich auf den Fotos erkennen, oder ich erahne es zumindest.«

»Manchmal halte ich es einfach nicht aus«, sagte Hertha unvermittelt. »Ich fühle mich wie eine Gefangene. Ich kann nicht mehr über mein eigenes Leben bestimmen.«

Andy wußte nicht, was er darauf sagen sollte. Deshalb schwieg er.

Es dauerte wieder mehrere Tage, bis er Hertha dazu überreden konnte, weitere Mappen aus dem Keller heraufzuholen.

»Lenkst du mich wieder ab? Quälst du mich mit Sehnsüchten?«

»Nein, ganz egoistische Motive. Mich interessiert, wie du gelebt, und wo du dich überall herumgetrieben hast.«

»Aber das ist hier dein *Arbeitsplatz*«, sagte sie etwas spöttisch.

Andy hatte schon den Mund geöffnet, um ihr eine Wortsalve entgegenzuschleudern, aber als er sie ansah, grinsten sie beide.

Dann jedoch zögerte sie einen Augenblick.

»Es macht mich traurig, die Fotos anzuschauen. Ich hatte ein aufregendes Leben, viele Freunde, ich war erfolgreich, schlank, ja schlank - glaubst du wohl nicht - und ich konnte tun und lassen, was ich wollte. Und manchmal schaue ich mir die Bilder auch gerne an, weil es gute Fotos sind, weil ich stolz darauf bin - ich habe sie zum Teil unter fast unmöglichen Bedingungen gemacht, einmal wurde ich sogar angeschossen. Aber es ist alles so lange vorbei. Mir bleibt nur die Erinnerung«, sagte Hertha deprimiert.

Am nächsten Morgen erschien Andy mit einem kleinen Koffer.

»Das ist ein Notebook«, sagte er. »Ich wollte dir vorschlagen, deine Biographie aufzuschreiben. Ich hoffe, mein Vorschlag beleidigt dich nicht«, sagte er fast schüchtern.

Für einen Augenblick herrschte eine erwartungsvolle Stille. Dann schüttelte sie den Kopf und lächelte.

»Du bist ein Kindskopf, Andy. Am liebsten würde ich dich mal umarmen, aber das ist dir ja viel zu nah.«

Er kochte Kaffee, und dann machten sie sich an die Arbeit. Andy schrieb auf, was Hertha gerade einfiel. Manchmal stellte er Zwischenfragen über Ort und Zeit, oft sahen sie sich stundenlang Herthas Fotos an, um ihren Bericht daran zu orientieren.

»Bei diesem Foto kannst du genau sehen, warum Amerika das Land der unbegrenzten Möglichkeiten genannt wird. Ich wollte, daß der Betrachter die Hitze des Asphalts spürt, daß er fühlt, er könnte die Person in diesem Auto sein, daß ihn diese Straße, die immer geradeaus geht, bis man sie nicht mehr sieht, magisch anzieht, daß er sich nach dem fernen

Gebirge sehnt, daß er sich in der Unendlichkeit verlieren möchte.«

»Genau so ging es mir vom ersten Augenblick an, als ich das Bild anschaute. Aber ich bin skeptisch, weil es so einfach zu sein scheint.«

»Kennst du 'Paris, Texas'?« fragte sie.

»Ja, ein toller Film.«

»Finde ich auch. Aber im Grunde ist er ein Klischee, ein immer wiederkehrender Traum. Ich möchte wetten, daß Wenders die alten Western von John Ford in- und auswendig kennt. Der zelebriert auch in erster Linie die Weite, die Freiheit und die Wildnis, aber das tut dem Film keinen Abbruch, im Gegenteil, es ist eine Art Reinkarnation.«

»Nicht so schnell. Noch einmal, zum Mitschreiben.«

»Nein, Andy, schreib das nicht auf. Ich trage immer zu dick auf.«

»Macht doch nichts. So bist du eben.«

Er lacht schelmig.

»Ich glaube, ich muß genau aufpassen, was für ein Bild mein Biograph von mir entwirft.«

»Wo sind die Fotos dieser Mappe aufgenommen worden?«

»Tibet.«

»Du hattest wohl immer ein Faible für Weiten?«

»Das stimmt, und es hat auch seinen Grund.«

Der Biograph ging auf diese Bemerkung nicht ein, vielleicht, weil er Herthas Erregung nicht bemerkte, oder, weil er sich mit ihren Erlebnissen in Tibet beschäftigen wollte.

»In diesen Jahren nach der Annexion Tibets durch die Chinesen war es fast unmöglich, in das Land hineinzukommen. Ich wanderte von Nepal aus mit tibetischen Schmugglern, die eine große Yakherde vor sich hertrieben. Auf diesem Foto siehst du meinen Guide, Baba, ein Kerl wie aus einem Abenteuerfilm. Wir waren wochenlang unterwegs, bevor wir die Grenze erreichten. Das war sehr strapaziös, aber es brachte auch diverse Vorteile mit sich, zum Beispiel gewöhnte ich mich an das extreme Klima und an die Höhen. Mehrmals stiegen wir über Pässe, die mehr als 5.000 Meter hoch waren. Seit Beginn des Marsches mußte ich ohne Körperwäsche auskommen. Das hielt die nächtliche Kälte etwas ab, und ich wurde außerdem aufgrund dieser 'Schmutztarnung' nicht so leicht erkannt. In Tibet fand ich ein schreckliches Elend vor. Fast alle Klöster waren zerstört, Menschen, die sich gegen die Chinesen gewehrt hatten, ermordet oder verschleppt, die geistlichen Führer wie der Dalai Lama waren ins Exil gegangen, andere arbeiteten, meist unter Zwang, mit den neuen Machthabern zusammen. Die Menschen waren orientierungslos und verzweifelt.

Das Mädchen auf diesem Foto war seit Wochen auf der Flucht. Ich traf sie in einem Zeltdorf in der Wüste, nicht weit vom Manovaronasee. Schau in ihre Augen, wie starr, wie verängstigt sie sind. Sie war vielleicht zwölf Jahre alt, aber das ständige Leben auf der Flucht in diesem unbarmherzig kargen Land würde sie mit zwanzig aussehen lassen wie eine alte Frau. Später veröffentlichte übrigens Steve McCurry, ein bekannter amerikanischer Fotograf, ein Bild von einem afghanischen Mädchen im LIFE-Magazin. Manchmal glaubte ich bei dieser Reise, es nicht mehr ertragen zu können, ich meine nicht die körperlichen Strapazen, sondern die Schicksale der Menschen, und es schien, als habe die Welt die Tibeter vergessen. Dann ging ich mit meiner Kamera hinaus in die Wüste oder ins Gebirge. Siehst du, das sind diese Aufnahmen.«

»Ich finde diese Art zu fotografieren faszinierend«, sagte Andy. »Mal gehst du ganz nah ran, vor allem, wenn du Menschen aufnimmst, dann wieder suchst du Motive mit dieser unbegrenzten Weite.«

»Ich glaube, das bedingt sich bei mir gegenseitig. Ich kann den Menschen nur so nah sein, wenn ich auch diese Ferne erleben kann, und andererseits, diese Unendlichkeit kann ich nur ertragen, wenn ich sicher bin, daß ich wieder zurückkehre. Einmal wanderten wir vier Tage in einem kargen Gebirge, ohne auch nur menschliche Spuren zu sehen. Dann kamen wir in ein schmales Bergtal. Dort stand ein Kloster, in dem nur noch ein Mönch lebte. Die anderen waren schon vor Jahren fortgezogen. Hier ist sein Foto. Er ist gar nicht traurig, strahlt sogar etwas zurückhaltende Heiterkeit und vor allem Würde aus, findest du nicht auch?«

Andy war heute auch zum Nachtdienst eingeteilt, und er mußte den Notarzt rufen, weil Herthas Herz mehrmals stolperte. Der Mediziner sagte energisch, sie sei zu dick, und sie bewege sich zu wenig. Wenn sie so weitermache, sei sie akut infarktgefährdet.

Andy beschloß, ihre Arbeit zu unterbrechen und zukünftig öfter in den Park zu fahren oder zum Behindertensport, aber Hertha wollte davon nichts wissen.

»Jetzt habe ich Blut geleckt«, sagte sie. »Man muß das ausnutzen, wenn man einen Biographen als Zivi hat.«

In den folgenden Wochen reisten sie mit Hilfe der Fotomappen durch fast alle Erdteile der Welt, in ihre unerforschten Winkel, zu den Menschen, die kein Öl, keine Rohstoffe, kein Land besaßen, durch Wüsten, Steppen und Gebirge. Andy überkam einmal auf dem Weg nach Hause das erste Mal in seinem Leben das Gefühl, etwas wirklich Sinnvolles zu tun.

Hertha überanstrengte sich manchmal, und dann mußte der Arzt kommen, der mit ihr schimpfte. Das war natürlich von keinerlei Nutzen, denn Hertha ließ sich von keinem Menschen sagen, was sie zu tun oder zu lassen hatte. Andy versuchte nicht, sie zu irgend etwas zu überreden, das führte ohnehin nicht zum Erfolg, und natürlich bemerkte er auch, wie sie durch ihre gemeinsame Arbeit täglich mehr aufblühte, wie eine agile Lebendigkeit wieder Besitz von ihr ergriff.

Es dauerte viele Wochen, alle Fotoserien zu durchstöbern, und Andy beschäftigte zunehmend die Frage, wie Hertha gelebt hatte, bevor sie als Fotografin durch die Welt gezogen war, und er ahnte, daß es kein Zufall war, daß sie dieses Thema bisher ausgeklammert hatte. Er sagte sich, er wolle einen günstigen Moment abwarten, um sie danach zu fragen, aber es ergab sich keine Gelegenheit, oder er ließ sie ungenützt verstreichen, aus Angst, sie daraufhin anzusprechen. Hertha selbst kam nicht im entferntesten auf die Idee, daß dieser Teil ihres Lebens zu ihrer Biographie dazugehören könnte. Sie blendete ihn einfach aus.

Andy erinnerte sich an die Szene vor Wochen, als Hertha beiläufig bemerkt hatte, es gebe einen Grund, daß sie immer von den weiten Landschaften fasziniert sei, und mittlerweile nahm er an, daß dies die Gelegenheit gewesen sei, die er ungenützt hatte verstreichen lassen.

Mattmüller benötigte mehr Zivis, um alle Betreuungsaufträge erledigen zu können. Deshalb beorderte er Andy, angeblich als Vertretung für vier Wochen, zu einer anderen behinderten Frau. Andy versuchte, Protest einzulegen, aber es gelang ihm nicht, sich gegen den Chef durchzusetzen. Also ging er widerwillig zu der anderen Frau, die sehr freundlich war, und bei der er nicht viel zu tun brauchte. Nach drei Tagen schickte ihn Mattmüller kommentarlos wieder zu Hertha.

»Na, Zivi Andy, mir entkommst du nicht so leicht.«

»Ja, ich merk's. Gerade fing ich an, die Erholung zu genießen.«

»Mach mir nichts vor. Dir ist es nur nicht gelungen, dich gegen Mattmüller durchzusetzen.«

»Wie recht du mal wieder hast, ich geb's zu. Wie schaffst du es immer wieder, ihn zu überzeugen?«

»Keine Überzeugung! Als alles Reden nichts nutzte, hab' ich einfach ständig in die Hose gemacht. Nicht die feine Art, ich weiß, aber sehr erfolgreich. Dein Vertreter fluchte nur so - tat mir ja ehrlich leid für ihn - und nach drei Tagen schmiß er das Handtuch.«

»Du bist ein schreckliches Luder, Hertha, und deinen Dickschädel setzt du immer wieder durch.«

»Auf den war ich auch immer wieder angewiesen, wenn ich als U-Boot überleben wollte.«

»Wieso U-Boot?« fragte er.

Sie holte tief Luft.

»Nun ist es heraus«, sagte sie. »Jetzt kann ich dir gleich die ganze Geschichte erzählen. Früher oder später würdest du mir mit der Frage danach ohnehin kommen.«

Andy klappte sein Notebook auf.

»Nein, warte damit. Ich will dir zuerst alles erzählen. Später können wir gemeinsam überlegen, was davon wir aufschreiben.«

»Ja, ist okay.«

Sie schnaufte heftig beim Einatmen.

»Also, U-Boote nannten sich die Berliner Juden, die im Untergrund lebten, nachdem die Transporte nach Auschwitz und in die anderen Lager begonnen hatten. Wir meldeten uns einfach nicht, versteckten uns, und warnten uns gegenseitig, wo die Nazis nach uns suchten.«

»Waren sie von der Gestapo?«

»Ja, ihr Hauptquartier war in der Burgstraße. Wer erkannt und dorthin verschleppt wurde, dessen Chancen waren verspielt. Sie folterten dort auch Leute, damit sie Verstecke von anderen U-Booten verrieten. Manche hielten es nicht aus und wurden von den Nazis umgedreht. Sie konnten uns besonders gefährlich werden, weil sie unsere Verstecke und unsere Arbeitsweise kannten. Zum Teil kannten sie uns auch persönlich. Aber ich verfügte über zwei Utensilien, die mir vermutlich das Leben retteten: eine BDM-Uniform, die mir paßte wie auf den Leib geschneidert - blauer Rock, weiße Bluse, Halstuch mit Knoten - und eine Riesenkiste mit Haarfärbemitteln, die ich in einem Versteck vergraben hatte.«

»Wozu brauchtest du das?«

»Die Nazis stellten sich alle Juden dunkelhaarig und hakennasig vor. Dieses Bild wurde jahrelang in der Zeitschrift 'Der Stürmer' karikiert. Ich hätte mir vorher nicht träumen lassen, daß mir dieser Unsinn einmal helfen könnte, nicht geschnappt zu werden. Wie du siehst, habe ich eine Stupsnase, und meine Haare färbte ich blond. Meine Großmutter besaß vor dem Krieg einen Frisiersalon für vornehme Damen, manchmal kamen sogar UFA-Stars. Aus ihren Beständen versorgte ich mich mit dieser Menge an Haarfärbemitteln, noch zu einer Zeit, 44 und 45, wo man sowas nicht mehr beschaffen konnte.«

»Ich habe gelesen, daß Leute monate-, manchmal jahrelang auf engstem Raum versteckt wurden.«

»Das hätte ich niemals ausgehalten«, sagte Hertha heftig. »In meiner BDM-Uniform lief ich in der dichtesten Menschenmenge herum. Dort verdächtigte man mich am wenigsten. Ich fiel niemals auf, war fast drei Jahre eine Streunerin in Berlin.«

»Hattest du keine Wohnung? Und deine Eltern?« fragte Andy zögernd.

»Meine Großeltern wurden schon mit den ersten großen Transporten weggebracht, meine Eltern kurze Zeit später. Ich habe sie nie wiedergesehen. Auch spätere Nachforschungen blieben erfolglos. Meine Großmutter hatte mir all ihr Bargeld gegeben und gesagt, ich solle ins Ausland fliehen oder untertauchen. Ich ließ mir einen Paß fälschen und stromerte in Berlin herum. Ich wechselte ständig die Gegenden, schlief in Gebüschen oder bei Bekannten, auf die ich mich verlassen konnte, später in ausgebombten Häusern, aber ich blieb an keinem Ort länger als drei Tage. Ich kannte alle Verstecke, alle Schleichwege, aber ich wußte auch, wo die Greifer suchten, wer sie waren, und wie sie vorgingen.«

Hertha hielt inne.

»Andy, ich kann dir das nicht alles ausführlich erzählen. Es ist zu lange her - ach Quatsch - das ist ja gar nicht der Grund. Ich weiß es noch so genau, als wäre es gestern geschehen.«

»Ist schon gut.«

»Aber diese eine Sache muß ich dir noch erzählen, damit du das verstehst. Einmal bin ich erkannt worden. Aber ich bemerkte es rechtzeitig und rannte davon. Ich versteckte mich bei einem Freund, einem Halbjuden, der mit einer Deutschen verheiratet war. Er betrieb ein Bestattungsunternehmen. Ich wußte, sie würden systematisch vorgehen. Deshalb war es zu gefährlich, sich irgendwo sehen zu lassen. Er fand kein richtiges Versteck für mich. Deshalb legte ich mich drei Tage in einen der Särge.«

Sie stockte und rang nach Luft, als würde sie noch einmal die Todesangst und die Enge spüren.

»Es war schrecklich. Und ich wußte, sie würden kommen, und so grübelte ich ständig in meiner engen Kiste. Bald wußte ich nicht mehr, was richtig oder falsch war, sinnvoll oder Unsinn. Ich sagte mir nur immer wieder in meiner Verzweiflung: 'Werd nur nicht panisch, dreh nicht durch, sonst machst du Fehler.' Und ich wußte mit einem Mal, daß es kein gutes Versteck war, daß sie in den Särgen zuerst suchen würden. Es war ein makaberer Unterschlupf, reif für eine Filmszene. Hier würden sie zuerst suchen. So phantasielos waren selbst die Nazischergen nicht. Drei Tage lang grub mein Freund einen Schlupfwinkel im Keller aus. Ich mußte mich beherrschen, um nicht meschugge zu werden. Zwei Tage nachdem ich mein neues Versteck bezogen hatte, kamen sie, und ich konnte von unten sogar hören, wie sie ihm befahlen, die Särge zu öffnen.«

Eine Woche lang schrieb Andy alles auf. Danach mußte der Arzt wieder kommen.

Als Andy sich morgens auf den Weg zu Herthas Wohnung machte, durchfuhr ihn plötzlich der Gedanke, es könnte etwas passiert sein, sie könnte sich bei der ganzen Arbeit überanstrengt haben, wieder von einer Herzattacke überrascht worden sein. Vielleicht würde sie jetzt, nachdem sie alles aufgeschrieben hatten, wieder in ihre Lethargie zurückfallen oder die Lust am Leben verlieren. Andy konnte sich die Szene dramatisch ausmalen. Sie hatte alles noch einmal durchlebt, und jetzt konnte sie einen Schlußstrich ziehen. Er beschleunigte seine Schritte, begann zu laufen. Als er die Wohnungstür aufschloß, war er außer Atem, und sein Herz raste. Er lauschte, aber er hörte nur seinen rasselnden Atem.

Sie saß mit dem Rücken zu ihm, mit Blick aus dem Fenster.

»Heute ist schönes Wetter, Zivi Andy. Wie wär's, wenn wir mal in den Park fahren würden.«

Die Insel

Der Regen fiel in gleichmäßig dünnen Fäden. Über dem Gras lag eine Nebelschicht. Karen blickte an der blühenden Fuchsienhecke vorbei auf das flach hingestreckte Meer. Dahinter tauchte schemenhaft die Insel in Form eines gebückten Riesen, der einem den Rücken zukehrt, auf.

»Wieviel Uhr ist es?« fragte Dolores.

»Gleich halb neun.«

»Kannst du die Anlegestelle sehen?«

Karen beugte sich etwas über den Tisch.

»Ja. Das Boot ist noch nicht angekommen.«

Karen goß sich Tee ein.

»Zwei Leute stehen schon da und warten.«

Dolores mußte aufstehen, um sie zu sehen. Es waren zwei ältere Menschen, ein Mann und eine Frau in blauen Regenmänteln, beide nicht sehr groß. Sie blickten hinüber zur Insel.

»Sie sehen aus wie Einheimische«, sagte sie, nachdem sie sich wieder gesetzt hatte. »Die fahren selten auf die unbewohnten Inseln. Meistens trifft man nur Touristen wie uns. Meinst du, wir können das Wohnmobil hier stehen lassen?«

»Ich denke schon.«

Sie frühstückten weiter, und von Zeit zu Zeit beugte sich Karen etwas vor, um zu sehen, was die beiden Alten taten.

Als das Boot anlegte, fanden sich noch ein paar Leute ein, die auch zur Insel wollten.

Die zwei Frauen gingen hinunter zur Anlegestelle. Mit geübtem Griff half ihnen der Fahrer, unschwer an seiner Seemannsmütze zu erkennen, aufs Boot. Es schwankte kaum. Der Regen wollte nicht aufhören, und die Holzbänke waren naß. Der Mann und die Frau hatten sich trotzdem gesetzt. Ihre Hände waren im Schoß gefaltet, als beteten sie still. Der Regen machte ihnen nichts aus.

Von hier unten sah die Insel weiter entfernt aus, unerreichbarer, fand Karen, und nicht mehr wie ein gebeugter Riese. Sie schaute mit dem Fernglas hinüber: ein Flecken heller Strand, ein Stück Steilküste, hügelige Wiesen, anders als der Blick durch das Wohnmobilfenster, wirklicher, erschreckend in seiner Kargheit.

Der Bootsmann ließ den Motor an. Der alte Mann, der das Geld kassiert hatte, warf ihm vom Ufer aus das Halteseil zu. Als sie anfuhren, begann die zerfetzte irische Flagge am Heck müde zu flattern. Aus dem Funkgerät waren krächzende, unverständliche Stimmen zu hören.

Karen schätzte, sie würden nicht einmal eine halbe Stunde bis zur Insel brauchen. Manchmal ragten gezackte Felsen, bevölkert von unzähligen Seevögeln, aus dem Wasser. Sie machten einen Höllenlärm. Einmal fuhr der Bootsmann dicht an einer Sandbank vorüber, auf der Robben dösten, die sich von dem Motorengeräusch nicht beeindrucken ließen. Karen bemerkte beim Blick durch das Fernglas, daß sie nur faul ein Auge öffneten, ohne sich von der Stelle zu bewegen. Die Fahrgäste standen auf, um sie genau ansehen oder fotografieren zu können. Nur die beiden Alten blieben auf ihren Plätzen.

Erst als das Boot die Richtung änderte und die flachere Längsseite der Insel sichtbar wurde, beugten sie sich vor. Man sah einen kleinen, von Felsen umgebenen Strand und einen Fußweg, der zu den verfallenen Häusern am Hang hinaufführte. Die mit Gras und Unkraut überwucherten Felder waren noch von den aufgeschichteten Steinmauern umgeben. Nicht ein einziger Baum ragte aus der Kargheit der Landschaft.

Als sich das Boot dem Ziel näherte, sagte der Bootsmann, sie hätten zwei Stunden Zeit. Er würde hier auf sie warten.

Die alte Frau und der Mann waren als erste ausgestiegen und schon ein Stück den Pfad zu den Häuserruinen hinaufgegangen.

Karen und Dolores brauchten sich nicht darauf zu verständigen, daß sie ihnen in einiger Entfernung folgen würden. Ihre Köpfe schauten zwischen den Mauern aus aufgeschichteten Steinen, die den Pfad zu beiden Seiten säumten, heraus. Sie gingen unerwartet schnell, als wüßten sie genau, wohin sie wollten.

Der Boden unter ihren Füßen quatschte vor Nässe. Es roch wie draußen auf dem Meer, als habe dieses längst Besitz von dem kleinen Eiland ergriffen. Plötzlich kam Wind auf, zerriß die Wolkendecke und jagte ihre einzelnen Teile über den Himmel. Nach wenigen Minuten wagte sich ein Sonnenstrahl für einen Augenblick hervor und tauchte den Fleck auf der Wiese in ein freundliches Hell.

Die Alten vor ihnen waren stehengeblieben und schauten zurück, als lohnte es sich, den Sonnenfleck auf der Wiese zu betrachten. Jetzt mußten sie die zwei Frauen bemerkt haben, und diese blieben auch stehen, als wollten sie ihnen nicht zu nahe kommen, sie sollten nicht merken, daß sie verfolgt wurden.

Im Weitergehen schwiegen sie eine Weile. Sie kannten sich so genau, daß sie wußten, was die andere dachte. Die beiden Alten waren merkwürdig in ihrer Zielstrebigkeit, fast wirkten sie geheimnisvoll. Neugierig und fasziniert folgten Karen und Dolores ihnen, warteten ab, was sich weiter ergeben würde.

Sie gingen durch ein Dorf, bestehend nur aus wenigen Häuserruinen, denen Meeresstürme schon lange die Dächer abgerissen hatten. Die beiden Alten waren auf ein Haus weiter oben auf dem Hügel zugesteuert.

Karen sah alles genau vor sich: die Menschen, die hier gelebt hatten, die Häuser, die Kartoffeläcker. Doch sie mußte sich beherrschen, damit ihr die Wahrnehmung der Realität nicht entglitt, damit nicht eine, wie sie es hämisch nannte, romantische Vorstellung alles mit einem klebrigen Zuckerguß überzog. Deshalb schwieg sie, versuchte auch nicht zu denken, sich nur auf ihre Sinnesorgane zu verlassen. Aber sie hörte ihr Herz schnell und heftig klopfen.

Die zwei Alten waren an dem einzelnen Haus stehengeblieben. Sie standen auf dem Pfad, noch unentschlossen, ob sie eintreten sollten. Auch bei diesem Haus war das Dach eingestürzt und vermodert. Man konnte von außen durch die Tür- und Fensteröffnungen sehen, daß der Boden innen auch mit Gras bedeckt war. An wenigen Stellen zeigte sich noch etwas vom ehemals weißen Putz. Die Holzteile waren längst verfault, von den Einrichtungsgegenständen nichts mehr übrig, nichts, daß für Fremde Aufschluß über die ehemaligen Bewohner geben, kein Gegenstand, der die Phantasie der Betrachter anregen konnte.

Jetzt gingen sie hinein, der Mann voraus. Die beiden Frauen warteten noch etwas, bevor sie ihnen folgten.

Als sie eintraten, war ihnen doch, als würden sie stören, einen privaten Raum betreten. Die beiden Alten standen verlegen herum, als wären sie gerade bei einer verbotenen Handlung überrascht worden.

»Hallo«, sagte Dolores. Sie mußten jetzt ein Gespräch in Gang bringen, sonst gab es keinen Grund, länger in dieser leeren Ruine zu verweilen.

Der Mann drehte sich zum Meer hin und schaute gedankenverloren hinüber zum Festland. Schließlich ergriff die Frau das Wort, weil sie merkte, daß die beiden Frauen ihnen auf der Spur waren. Aber sie sahen freundlich aus.

»Das war einmal unser Haus«, sagte sie. Es klang fast wie eine gewöhnliche Information. »Wo wir jetzt stehen, war die Küche. Und wo Sie stehen«, sie zeigte auf Karen, »war das andere Zimmer.«

Sie ging zwei Schritte.

»Hier war der Herd. Wir kochten über dem offenen Feuer.«

»Wo leben sie jetzt?« fragte Dolores.

»In New York.«

»So weit«, sagte Karen.

Der Mann drehte sich ihnen wieder zu.

»Wir sind 1943 weggegangen. Seit damals waren wir nicht mehr hier.«

Er sagte es ohne jede Regung.

Die Frau durchquerte den Raum in abgemessenen Schritten.

»Hier stand der Tisch, an dem wir gegessen haben: Großvater, Großmutter, Mutter, Vater, Thomas, Kieran und wir beide. Dort stand ein Schrank, über dem das Bild von der Jungfrau mit dem Jesusknaben hing.«

»Sind Sie Geschwister?«

»Ja, Zwillinge. Wir waren keinen Tag in unserem Leben getrennt. - Hier war eine kleine Nische in der Wand.«

Sie fuhr mit der Hand darüber.

»Hier ist sie noch, man kann es genau erkennen. Das war der Platz von Großvaters Konzertina. Jeden Abend nach dem Essen spielte er zwei Stücke. Ich weiß noch genau, wie es damals ausgesehen hat«, sagte sie bestätigend vor sich hin. »Manchmal kann ich nachts nicht schlafen, weil ich mir in allen Einzelheiten vorstelle, wie es ausgesehen hat.« Und dann erleichtert: »Ich habe nichts vergessen.« Sie stockte. »In der Erinnerung ist es wie gestern. Aber das Leben hier... wie in einem anderen Jahrhundert.«

»Hatten Sie nicht oft Heimweh?« fragte Dolores.

»Doch - in den ersten Jahren, jeden Tag.«

»Kommen Sie mit nach draußen. Ich zeige Ihnen, wo unser Kartoffelacker lag«, rief der Mann plötzlich überraschend gesprächig.

»Wir hatten einen Esel. Mit ihm schaffte ich Tang vom Meer herauf, genau diesen Pfad, den wir eben gekommen sind. Wenn man die Felder nicht regelmäßig düngte, gaben sie bald nichts mehr her. Da vorne, links vom Schulhaus, war die Quelle. Ich werde gleich mal hingehen, um zu sehen, ob sie noch da ist. Da unten wohnte Ed O'Cready.

Er war der Geschichtenerzähler der Insel.«

Der Mann lachte.

»Mutter mußte ihm aber erst einen Eßlöffel voll Whiskey geben, sonst wurde es nichts mit der Geschichte.

Hier habe ich oft gestanden und hinunter in die Bucht geblickt. Genau da, wo das Boot liegt, das uns gebracht hat, fuhren die Curraghs der Fischer aus. Als Junge habe ich mir immer gewünscht, ein Fischer zu sein, wenn ich erwachsen sein würde. Aber das war ein gefährlicher Beruf. Viele sind ausgefahren und nicht zurückgekommen. Manchmal war das Meer so friedlich wie jetzt, aber von der einen auf die andere Minute konnte es losbrüllen.«

Er schwieg und schaute hinunter.

»Sind alle Leute damals gleichzeitig weggegangen?« wollte Karen wissen.

»Ja, in zwei Etappen, aber im selben Sommer. Die Regierung hat uns dazu überredet und uns Mittel aus einem bescheidenen Fonds zur Verfügung gestellt, um neu anfangen zu können. Während der Winterstürme waren wir manchmal wochenlang vom Festland abgeschnitten.«

Plötzlich fing er an, in seinen Manteltaschen zu kramen.

»Ich wollte ja noch fotografieren.«

Er lief überall herum und knipste. Dauernd fiel ihm etwas auf, das sich abzulichten lohnte.

»Sollen wir Ihnen noch das Schulhaus zeigen?« fragte die Frau geradezu unternehmungslustig.

Sie gingen ein Stück des Weges zurück. Der Mann knipste unterwegs weiter, beide Wangen gerötet, von der Aufregung und vom Erzählen.

Vom Schulhaus war nicht mehr übrig als von den anderen Gebäuden. In ein paar Jahrzehnten würden Wind und Wetter nur noch ein paar Grundmauern übriggelassen haben.

»Wir gehen jetzt zum Friedhof«, sagte die Frau, nachdem sie ihnen das Schulhaus gezeigt hatten.

»Wir treffen uns dann unten am Boot«, sagte Dolores.

Später auf der Überfahrt saßen die beiden Alten wieder stumm nebeneinander wie zuvor, die Hände im Schoß gefaltet. Karen kam es vor, als wären sie während ihres Aufenthalts auf der Insel gewachsen und gleichzeitig jünger geworden. Jetzt saßen sie wieder auf ihrem Platz, geschrumpft. Der Wind ließ nach, und es begann erneut zu regnen.

In der River Road

Die River Road gehört zu den ältesten Straßen Nairobis im African Quarter. Sie ist die Straße der einfachen Leute, die am Monatsanfang freigiebig mit den Schillingen um sich werfen und gegen Ende vor sich hindarben und keine Freunde mehr haben. Sie ist die Straße der billigen Bars, die auch am hellichten Tag nur im kalten Neonlicht liegen, damit man die Einrichtung nicht erkennt und sich im Dunkeln seinen Tagträumen hingeben kann. Sie ist noch die Straße der indischen Händler, bevor ihre Häuser abgerissen und modernen Betonbauten mit unzähligen Stockwerken Platz machen müssen, Kaufleute, die in ihren Läden auf wenigen Quadratmetern alle Waren, nur nicht die modischen, in einer verwirrenden Systematik bis zur Decke gestapelt haben: Kleider, Haushaltsgegenstände, Gartengeräte, Medikamente, Konserven, überwacht von einem alten Mann, der, auf seinen Stock gestützt, neben der Tür auf einem Holzschemel thront, den Gehilfen Anweisungen gibt, wo sie was in diesem Chaos finden können. Sie ist auch die Straße der in- und ausländischen Nutten, ihrer Zuhälter, der Drogendealer, der Taschendiebe und jugendlichen Straßengangs, der Rip-off-Künstler, die immer wieder neue, tragische, traurige Geschichten erfinden müssen, um den Touristen etwas Geld aus der Tasche zu ziehen. Auch ist sie die Straße der kleinen Restaurants, wo man für ein paar Schillinge so viel von einem südindischen, vegetarischen Gericht verzehren kann wie man schafft.

Sie ist die Straße verheerender Schicksale, kleiner Alltagsfreuden, gewagter Lügen, Gewalttätigkeit und edler Gesten, die sich ausmachen wie einsame Blumen auf einem Schrotthaufen. Für die exotischen Touristen, die sich trotzdem oder gerade deswegen hierher wagen, weil sie für sich eine exotische Umgebung suchen, spricht ein Reiseführer für 'Traveller on the cheap' eine Warnung aus: 'Es ist gefährlich, nachts allein durch die Straßen zu gehen, hauptsächlich in der Gegend um die River Road. Bewaffnete Raubüberfälle sind an der Tagesordnung. Aber das Bier ist billig.'

Jock aus Amsterdam fuhr alle zwei Jahre für vier Wochen nach Nairobi. Er wohnte immer in der New Kenya Lodge. Wie die meisten Unterkünfte in der River Road, war sie etwas schäbig. Jock hatte noch niemals die weiten Savannen Afrikas mit ihren riesigen Herden, den Dschungel oder die Dörfer im Busch gesehen. Er kannte nur das African Quarter von Nairobi, die Gegend um die River Road.

Jock war ein recht häßlicher Mensch. Sein Gesicht war zu lang, und es war übersät mit Pockennarben. Sein schon etwas lichtes blondes Haar trug er immer pomadig und streng zurückgekämmt. Wie sein Kopf zu lang, waren seine Zähne zu groß. Er war spindeldürr, und seine langen Arme baumelten neben seinem Körper herunter wie bei einer Marionette, als seien sie angeschraubt. Aber Jock war immer sehr gepflegt, trug Seidenhemden, Markenanzüge und zweifarbige Schuhe, benutzte teures Rasierwasser, und von seinem Shampoo brachte er reichlich Vorrat aus den Niederlanden mit, weil man es in Nairobi nicht bekommen konnte. Er benutzte Zahnseide und mit einer Pinzette entfernte er wöchentlich die Härchen, die aus seiner Nase wuchsen.

Deshalb fiel Jock in der New Kenya Lodge auf, denn sie beherbergte sonst nur schwarze Nutten aus Uganda, Somalia und Eritrea oder weiße Freaks und Traveller, die auf ihr Äußeres wenig Wert legten.

Nach vorne, zur Straße hin, wohnten die Weißen. Es gab nur Dreibettzimmer, die bettweise vermietet wurden. Das einzige Einzelzimmer nach vorne war schwer zu bekommen, weil es meistens von Spielern gemietet wurde. Manchmal hielten sie es dort mit bis zu zehn Leuten tagelang aus.

Sie kauten die Rinde eines Krauts, das angeblich die Konzentration förderte, damit sie nicht über ihren Karten einschliefen und warteten auf ihre Gewinnchance. Nacheinander gingen sie pleite, und zum Schluß hatten ein oder zwei Leute sämtliches Geld erbeutet. Die Spieler wohnten fast alle im Araber- oder Inderviertel und kamen nur zum Spielen her. Die Schwarzen mieden sie - und umgekehrt.

Neben dem Einzelzimmer war die Rezeption, das Reich von Mr. Dixon, dem Manager und Mann-für-Alles, ein winziges, fensterloses Kabuff. Daneben das einzige Doppelzimmer der Lodge. Hier wohnte Jock bei all seinen Besuchen in Nairobi. Nach hinten, auf der anderen Seite des quadratischen Innenhofs lagen die Einzelzimmer für Dauergäste, welche ausschließlich von besagten ausländischen Mädchen angemietet waren.

Gerade kam eine von ihnen in einem hautengen, geblümten Kleid und grünen Stöckelschuhen die Treppe herauf und führte einen schwarzen Herrn an seiner Krawatte im Schlepptau. Mr. Dixon blickte von seiner Bügelarbeit auf und beobachtete sie. Sie schloß die Tür ihrer Sechs-Quadratmeter-Suite auf, er blieb auf der Schwelle stehen und wartete, bis sie ihn mit einem Ruck an seinem Binder aufforderte und er ihr künstlich stolpernd folgte.

Mr. Dixon lächelte. Er hatte den freundlichsten Gesichtsausdruck, den sich ein Mensch vorstellen kann. Er war hochgewachsen und trug bei der Arbeit immer einen weißen, gestärkten Kittel, auf dem sich niemals auch nur ein Fleck befand, und den er nicht zuknöpfte, so daß er, wenn Mr. Dixon eilig etwas besorgen mußte, wie ein zu weites Nachthemd hinter ihm herflatterte. Mr. Dixon stammte aus einem weit entfernten Dorf im Busch, das er niemals verlassen hatte, bevor er nach Nairobi gekommen war. In der ersten Zeit hätte er vor Heimweh sterben können. Er hatte nicht glauben mögen, daß ein und dieselbe Welt so unterschiedlich sein konnte. Jeden Morgen suchte Mr. Dixon in der Tageszeitung nach Gedichten. Wenn sie ihm gefielen, schnitt er sie aus und hob sie auf. Manchmal gab er sie Jock zu lesen.

Jock stand frühestens am späten Vormittag auf, meistens schlief er jedoch bis zum Nachmittag. Fast immer war ein anderes schwarzes Mädchen in seiner Gesellschaft. Sie öffnete die Tür seines Zimmers, steckte verschlafen den Kopf heraus, vielleicht fragte sie Mr. Dixon, wie spät es sei, und watschelte, ein Bettuch um den Körper geschlungen, zur Dusche. In den Monaten vor der Regenzeit konnte sie Pech haben, denn die gesamte Lodge befand sich im ersten Stock - unten waren Geschäfte -, und es gab kein Wasser.

Jock verließ das Zimmer frühestens eine halbe Stunde später mit dem anderen Laken um die Hüften. Er grinste die Gäste in der Halle an und ging zu seiner Freundin unter die Dusche, wie gesagt, unter der Voraussetzung, es gab Wasser. Von draußen konnte man sie kichern hören. Anschließend verabschiedete sie sich meistens, und er legte sich noch einmal ins Bett. Am Nachmittag hatte Jock ein festes Ritual: Zuerst ausgiebige Körperpflege, dann ein Sonnenbad auf dem Hoteldach, danach plauderte er etwas mit Mr. Dixon, dann schmiß er sich in Schale und ging in die Green Bar.

Dort war es zu jeder Tageszeit duster. Die wenigen Glühbirnen waren dunkelgrün angestrichen und verbreiteten eine Stimmung wie auf dem Grund eines Sees. Es war heiß wie in einem Fiebertraum. Auf den verklebten, ungeordnet im Raum herumstehenden Tischen standen Bierflaschen und übervolle Aschenbecher. Gläser gab es nur, wenn man harte Drinks bestellte. Der Bierausschank befand sich in einer Art Gefängniszelle, damit die Gäste sich nicht selbst bedienten, ohne zu bezahlen. Ein vierschrötiger Mann mit Tätowierungen auf dem Arm reichte die Getränke durch ein Loch, nachdem er das Geld kassiert hatte.

Überall glänzende Augenpaare, die in der Schwärze des Raumes zu schweben schienen, bis sich Jocks Augen allmählich an die Dunkelheit gewöhnten. In der Luft lag eine schwüle Feuchtigkeit, erfüllt mit allen Gerüchen, die schwitzenden Menschen anhaften konnten. Manche von ihnen bewegten sich im Rhythmus der lauten, schrillen Musik, andere kauerten an ihren Tischen, blickten trüb und drogenschwer in die Düsternis oder waren auf ihren Stühlen eingenickt. In der Green Bar mischten sich Penner, Säufer, weiße Freaks und nadelgestreifte Schwarze aus den Bürohochhäusern der Innenstadt. In dieser fremden Welt war man der gewohnten Realität entrückt. Manchmal wirkte es bizarr, düster und unheimlich wie unter einem unerklärbaren Zauber.

Am Eingang saß Mr. Doo-Da-Doo. Er saß immer auf demselben Stuhl, den er nur am Nachmittag verließ, um in der Stadt Geschäfte zu erledigen. Sollte sich in der Zwischenzeit jemand auf seinen Platz gesetzt haben, konnte er fuchsteufelswild werden. Die Stammgäste wußten das, und deshalb warnten sie unbekümmerte Besucher, die sich in den Gepflogenheiten der Green Bar nicht auskannten. Mr. Doo-Da-Doo war ein Weißer, und er war, selbst verglichen mit Jock, der Ausbund an Häßlichkeit: die Beine zu kurz, der Oberkörper zu breit, ohne dabei kräftig zu wirken, der Bierbauch quoll unter dem zu engen T-Shirt hervor, das Gesicht eine Kraterlandschaft, die wenigen Lockenhaare zu einem Pferdeschwanz zusammengebunden. Er war ungepflegt, wurde aber von allen geachtet und beneidet. Im Moment saß ein Mädchen mit schwarzer Lockenperücke und Ohrringen, groß wie Untertassen, auf seinem Knie und prostete ihm zu. Jock schätzte, daß sie höchstens vierzehn war. Damit es nicht auffiel, hatte sie auffallend viel buntes Make-up aufgelegt.

Keiner wußte, wo Mr. Doo-Da-Doo herkam. Ein einheimischer Freund hatte Jock einmal zu erklären versucht, daß alle Mädchen ihn liebten, aber er glaubte, Mr. Doo-Da-Doo sei ein Zuhälter, was der Freund heftig bestritten hatte.

Mr. Dixon hielt die Green Bar für des Teufels. Er hatte sie noch nie betreten. Jock blieb nie lange hier. Er trank ein Bier und schaute sich um. Ein Kikkuyu-Mädchen am Tisch nebenan lächelte zu ihm herüber, aber er reagierte nicht. Jock vermutete, daß sie in Geldnöten war. Er zahlte niemals für Sex, das kränkte ihn, und die Liebe von Gelegenheitsnutten mochte er überhaupt nicht. Professionelle verstanden wenigstens etwas von ihrem Geschäft. Also ließ er sie weiter ihr aufgesetztes Lächeln lächeln und tat so, als bemerkte er es nicht.

Als er sein Bier ausgetrunken hatte, ging er zurück zur River Road. An einem der modernen, großen Gebäude löste sich ein baumlanger Schatten von der Wand und schwang bedrohlich einen Knüppel über seinem Kopf. Zuerst war Jock zu Tode erschrocken.

»Ah, Sie sind das, Mr. Onkollo, immer zu Scherzen aufgelegt.«

»Auch, wenn tagelang nichts passiert, muß man doch immer vorsichtig sein. Aber ich habe Sie schon von weitem erkannt, Mr. Jock, wollte Sie nur etwas erschrecken.«

»Das ist Ihnen auch mal wieder gelungen.«

»Ich sage Ihnen, wenn Sie in diesem Job nicht jede Sekunde aufpassen, machen Sie ihn nicht lange. Die Jungen denken, 'das machen wir mit links', und im Nu sind sie tot oder liegen schwerverwundet im Krankenhaus.«

»Wie lange sind Sie schon Wachmann, Mr. Onkollo?«

»Neunzehn Jahre, und immer in der Nachtschicht.«

Er zeigte grinsend sein gelbes, lückenhaftes Gebiß und ließ stolz seinen Knüppel durch die Nachtluft surren.

»Und niemals Trouble?«

Mr. Onkollo gab Jock seinen Knüppel und schob seine Uniformmütze ins Genick.

»Halten Sie mal fest. Schauen Sie, hier, das ist von einem Streifschuß. Zwei Zentimeter tiefer, und er hätte mir das Hirn weggepustet. Und hier...«

Er krempelte den rechten Ärmel hoch.

»Glatter Durchschuß! Aber ich hab' den Burschen noch erwischt und festgehalten, bis die Polizei kam.«

»Meine Güte«, sagte Jock nur.

Mr. Onkollo öffnete seine oberen Hemdknöpfe.

»Und das hier sind die Spuren eines Schlagrings. Wissen Sie, wir dürfen keine Waffen tragen, nur diesen hier.«

Er nahm seinen Stock wieder in Empfang.

»Nairobi ist voll von Dieben und Mördern. Früher war es eine friedliche kleine Stadt, aber mit den Geschäften kamen die Politiker, mit den Politikern die Geldhaie, und mit den Geldhaien die Verbrecher. Sie haben alle Tricks drauf: Lautloses Anschleichen, Ablenken, indem dich einer in ein Gespräch verwickelt, während der andere einsteigt, Messerstechereien, Schlagringe, Pistolen, Schrotflinten. Die nehmen alles aus: Banken, Kaufhäuser, und selbst in die Hütten der Flüchtlinge und der kleinen Leute vom Land dringen sie ein und klauen ihnen das letzte Hemd. Wenn ich alt bin und nicht mehr arbeiten kann, werde ich zurück in die Kikkuyu-Berge gehen.«

Jock bot ihm eine Zigarette an, und sie rauchten eine Weile schweigend.

»Dann bis morgen, Mr. Onkollo.«

»Bis morgen, Mr. Jock. Ich werde mir was Neues ausdenken, wie ich Sie wieder erschrecken kann.«

Er zog sich in eine Nische zurück, und als Jock zurückblickte, sah er nur noch den Zigarettenrauch in einem schmalen, hellen Lichtkegel.

Jock probierte eine neue Bar aus. Sie war bunt und hell, und sie roch noch nach frischer Farbe. Er traf ein paar Bekannte, mit denen er plauderte, aber es gefiel ihm hier nicht. Gegen Mitternacht zog es ihn ins Lido Hotel, ganz in der Nähe seiner Lodge. Er setzte sich an die Bar und bestellte ein Bier. Nach wenigen Minuten setzte sich ein schwarzes Mädchen in einem grellrosa hautengen Hosenanzug neben ihn.

»Gibst du mir ein Bier aus?«

»White Cap?«

»Gerne.«

»Okay.«

»Wie heißt du?«

»Jock. Und du?«

»Rosy-the-Blooming. Du kannst aber auch 'The blooming Rosy' sagen.«

»Ich sag' einfach Rosy. Und, blühst du denn auch?«

»Zur Zeit nicht. Kann ja noch werden. Erzähl mir einfach was, Jock.«

»Oh, ich bin kein guter Erzähler. Du erzählst besser selbst etwas, wenn du dich nicht langweilen willst.«

»Also gut. Weißt du, wie Inder englisch reden?«

»Du wirst es mir sagen.«

Sie fing an, Befehle in diesem kurzen, hellen, knatternden Tonfall zu geben.

»You come here, you sit down, you don't make trouble.«

Sie amüsierten sich köstlich.

»Das hast du wirklich gut drauf, Rosy. Aber sprich nicht so laut, hier sitzen jede Menge Inder herum.«

»Stört mich doch nicht.«

»Woher kannst du das so gut. Hattest du mal einen indischen Freund?«

»Bewahre. Diese Inder sind geizig und außerdem prüde.«

»Woher weißt du das?«

»Das werde ich gerade dir auf die Nase binden, Mr.Jock.«

Sie nestelte am Verschluß ihres Hosenanzugs.

»Soll ich dir helfen?«

»Ach, diese blöden Sicherheitsnadeln,« sagte sie vor sich hin.

Sie nahm einen kräftigen Schluck.

»Ich stamme aus Kampala, Uganda. Da lebten viele Inder. Aber Idi Amin hat sie alle rausgeschmissen. Hast du schon mal einen Sikh ohne Turban gesehen? Das sieht vielleicht komisch aus.«

»Ich dachte, du kommst aus Nairobi.«

»Nairobi, phh! Sehe ich vielleicht wie eine dieser kuhäugigen Kikkuyu aus?«

»Und was machst du hier?«

»Ich lebe hier mit meiner Mutter.«

Sie beugte sich etwas zu Jock herüber.

»Weißt du, wir sind aus Uganda geflohen. Ich gehöre zum selben Stamm wie Idi Amin. Nachdem der aus Kampala weg war, hatten wir nichts mehr zu lachen. Das, was Idi Amin mit den anderen gemacht hat, haben die nachfolgenden Gangster mit uns gemacht. Nur, weil wir zufällig zum selben Stamm gehörten, haben sie ihr Mütchen an unseren Leuten gekühlt.«

Rosy nahm einen weiteren Zug aus der Flasche, wobei sie Jock mit ihren Blicken festnagelte.

Jock hatte vor ein paar Jahren in einer Nachrichtensendung gesehen, wie Idi Amin in den Folterkellern vorgegangen war.

»Was schaust du mich so an, Mann? Glaub mir, sie sind alle gleich. Gib mir eine Zigarette, Jock!«

»Vom selben Stamm wie Idi Amin«, wiederholte Jock ungläubig.

Sie zündete die Zigarette an einer Kerze an.

»Zu uns war Idi Amin immer gut. Wir haben dasselbe Blut in den Adern. Ich habe ihn in Kampala oft gesehen.«

Sie zog an der Zigarette und grinste in sich hinein.

»Einmal hat er auch mich gesehen. Beim jährlichen Turnerwettbewerb. Ich war sehr gut, bekam eine Medaille. Zur Siegerehrung hat mir Präsident Idi Amin die Hand gegeben.«

Jock dachte an die Propagandafilme der Nazis.

»Du glotzt wie ein kuhäugiger Kikkuyu, Jock. Hat es dir die Sprache verschlagen? Komm, laß uns noch ein Bier trinken.«

Sie spielte mit dem schwarzen Amulett, das sie an einem Lederband um den Hals trug.

»Später kamen die Soldaten aus Tansania. Unsere Befreier!«

Sie lachte bitter.

»Schöne Befreiung war das. Als sie alles befreit hatten, blieben sie gleich da. Sie nisteten sich ein wie Ungeziefer. Nachts liefen sie besoffen durch die Straßen und grölten. Sie klopften an die Fenster. Wenn niemand öffnete, schlugen sie die Türen ein oder ballerten mit ihren Maschinengewehren herum. Wir saßen drinnen und hatten die blanke Angst. Ich dachte, meiner Mutter bliebe das Herz stehen. Wenn man es sich mit denen verdarb, war man so gut wie tot. Sie kamen herein, fletzten sich hin und sagten: 'Du, mach mir einen Kaffee! Gib mir einen Drink! Du hast ein schönes Kofferradio. Das nehme ich mir mit. Zeig mir deine Schwester! Hol mir deine Tochter! Wo hast du sie versteckt?' Unsere Wohnungen waren bald ausgeplündert, die Mädchen und Frauen vergewaltigt. Zuerst kamen sie nur nachts. Später veranstalteten sie ihren Terror auch am hellichten Tag. Man war nie vor ihnen sicher. Die Männer waren im Krieg oder tot, nur wenige konnten ins Ausland fliehen. Unser ganzes Wohnviertel war zertrümmert und verfallen. Oft litten wir Hunger.«

Sie blickte lange auf die bunten Flaschen hinter der Theke.

»Ach Jock, warum erzähle ich dir das alles? Ich sollte besser nicht mehr daran denken. Aber du bist ein guter Mann, glaube ich. Du mußt es deinen Freunden in Amerika erzählen, wie Afrika leidet, wie es blutet. Manchmal denke ich, die Welt hat uns vergessen. Interessiert sich denn niemand dort dafür, daß die Menschen hier hungern, daß sich alle totschießen, daß Kinder auf ihrem Schulweg auf Minen treten?«

Sie nahm einen kräftigen Schluck aus der Flasche.

»Komm, Jock, laß uns über etwas anderes reden, damit ich nicht immer daran denken muß. Dauernd träume ich davon, kann kaum noch richtig schlafen. Erzähl etwas von dir. Wie ist es in deinem Land? Welche Stämme leben dort?«

»Stämme? Bei uns gibt es keine Stämme. Ja, doch, die Molukker vielleicht...«

»Molukker? Das klingt ja lustig. Reden die auch wie die Inder? You come in! You take place! You don't speak!«

Sie stieg von ihrem Barhocker, um die Szene realitätsgetreu nachzuspielen.

»Nein, so reden die nicht.«

»Hast du einen Job in Amerika?«

»Du, Rosy, ich bin kein Amerikaner. Ich komme aus Holland. Das ist ein kleines Land in Europa.«

»Nie gehört. Ist es noch kleiner als Uganda?«

»Viel kleiner, und viel flacher.«

»Hast du einen Job?«

»Ja, ich arbeite bei der Post. Ich sitze hinter einem Schalter und verkaufe, zum Beispiel, Briefmarken.«

»Wie bei uns. Das ist ein guter Job, Jock.«

»Findest du?«

»Ja, klar. Oder werdet ihr oft überfallen?«

»Natürlich, dreimal die Woche.«

»Wirklich? Dann ist es doch kein guter Job.«

»Nein, ich scherze nur. Wir sind noch nie überfallen worden. In Wirklichkeit ist es totsterbenslangweilig. Es passiert nie etwas.«

Rosy schüttelte ungläubig ihren Lockenkopf.

»Nie passiert etwas?«

»Nein, niemals. Man muß sich etwas ausdenken, damit man merkt, daß man noch lebendig ist.«

»Das verstehe ich nicht«, sagte Rosy. Sie richtete vorsichtig mit beiden Händen ihr Lockenhaar, und dabei bemerkte Jock, daß sie eine Perücke trug, die sie mit Spangen festgesteckt hatte.

»Wann fliegst du zurück in dein Land, Jock? Hast du dort ein Haus?«

»In zwei Wochen. Ich habe eine kleine Wohnung in einer großen Stadt mit alten Häusern, die von kleinen Kanälen durchzogen ist. Wir nennen sie Grachten.«

Rosy lachte.

»Grachten, Grachten. Ein lustiges Wort. Ich kann es nicht aussprechen. Sag es noch einmal! Es klingt so lustig.«

»Grachten. Aber es hört sich wunderbar an, wie du es aussprichst.«

»Grachten, Grachten. Es klingt, als ob trockenes Holz zerbricht.«

Sie lachten.

»Du könntest in Nairobi bleiben, Jock. Ein Weißer hat enorme Vorteile hier. Die weißen Touristen haben immer viel Geld. Und sie machen am liebsten Geschäfte mit Weißen. Sie trauen nur ihresgleichen.«

»Mag schon sein.«

»Mag schon sein. Mag schon sein. Natürlich ist es so.«

»Aber ich kann sie nicht leiden, diese Touristen. Sie sind so bleich. Wenn ich sie in den Straßen von Nairobi anschaue, sehen sie aus, als seien sie blutleer.«

»Ich kenne Mädchen, die mögen das gerade.«

Jock sah sie an, und er spürte ein unmittelbares körperliches Verlangen. Es war wie bei einem Verdurstenden, der spürte, wie das Leben aus ihm wich, wenn er nicht bald etwas zu trinken bekam.

»Komm, wir denken uns etwas aus, Jock. Wir hätten ein kleines Haus, sagen wir, draußen am Rande der Stadt, in einer schönen Gegend, mit..., laß überlegen, mit einer Palme im Vorgarten, und..., ja natürlich, mit Bananenstauden. Von denen könnten wir jeden Morgen pflücken und uns einen Brei zum Frühstück kochen. Jeden Morgen würde ich dir ein wunderbares Frühstück machen. Dann gingst du in die Stadt und würdest Geschäfte mit den weißen Touristen machen. Sie würden gar nicht merken, daß du sie nicht leiden kannst, und du würdest es nur für uns tun. Ich bliebe zu Hause und würde die Zimmer fegen und ein Essen für dich kochen.«

»Du hast eine blühende Phantasie«, sagte Jock beherrscht.

»Oh, ich habe noch mehr drauf. Nach ein paar Jahren hättest du es zu etwas gebracht...«

»Also, zum Geschäftsmann eigne ich mich nicht.«

»Handeln kann doch jeder.«

»Das denkst du.«

»Na gut, wir würden etwas anderes für dich finden. Daran sollte es nicht scheitern. Komm, laß uns jetzt gehen, Jock. Ich möchte mit dir schlafen.«

Jock hatte seinen Geldbeutel schon in der Hand, und nach wenigen Sekunden standen sie draußen in der Nachtluft. Sie fühlte sich angenehm frisch an. Er hatte das Bedürfnis, Rosy zu küssen, aber er unterdrückte es, weil er befürchtete, sie würde es hier nicht wollen.

»Du mußt das Licht ausmachen«, verlangte sie, als sie in seinem Zimmer waren.

Jock ahnte, daß sie es nicht wegen ihrer Schamhaftigkeit forderte, sondern weil er die diversen Sicherheitsnadeln nicht sehen sollte, mit denen ihre Kleidung zusammengehalten wurde. Er zog sich schnell aus, und da es nicht völlig finster war, konnte er sie vom Bett aus beobachten. Es dauerte lange wie bei einem Strip. Die von der Dunkelheit verborgenen Details regten seine Phantasie an und erzeugten ein heißes Rinseln auf seiner Haut. Sie schälte sich in umständlichen Windungen aus ihrem Hosenanzug wie eine Schlange, die sich häutete. Zuerst die Schultern, dann der ganze Oberkörper, und dann wurde es sehr eng.

»Was machst du, Jock?«

»Ich liege schon im Bett.«

»Ich komme, ich beeile mich.«

»Nein, nein, nimm dir ruhig Zeit.«

»Kannst du mich sehen?«

»Ja, aber nur wie einen Schatten. Gerade bückst du dich und streifst den Hosenanzug über die Waden. Jetzt bist du mit deinem Büstenhalter beschäftigt.«

»Hör auf, sei ruhig.«

Das Öffnen des BHs erwies sich als ein schwieriges Problem.

»Soll ich dir helfen?«

»Nein, bleib, wo du bist. Ich hab's gleich.«

Er spürte den fremden Geruch, als sie sich neben ihn legte - wie dunkle, feuchte Erde. Er wollte sich darin vergraben.

Er versuchte, zärtlich zu sein, aber sie war sehr direkt. Sie wollte keine langen Vorspiele. Sie bewegte sich kreisend, fordernd, geschmeidig wie eine Katze, während ihre Fingernägel sich in seine Schultern vergruben. Er war skeptisch, ob ihre Leidenschaft nicht gespielt war, obwohl ihr Körper sich nichts anmerken ließ. Im entscheidenden Moment rief sie nach ihrer Mammy, zuerst vorsichtig, dann flehend, schließlich kreischte sie es heraus und drückte sich ihm wild entgegen. Danach lagen sie stumm nebeneinander, blickten in die Dunkelheit und rauchten. Sie schliefen nur kurz, weil dieser Hunger sie immer wieder überkam. Er wollte dieses 'Mammy, Mammy' immer wieder hören, aber er fand nicht heraus, ob es etwas überdeckte oder zum Ausbruch brachte. Doch es erzeugte eine schwindelnde Erregung in ihm, besonders, wenn sie es erflehte. Diese Stimme war wie eine Höhlung, die ihn aufsog, aber er behielt einen Rest von Skepsis, vielleicht war es auch seine Angst vor dieser räumlichen Tiefe.

Als sie sich auf den Bettrand setzte, war es heller Tag draußen, der in schmalen Lichtstäben durch die Ritzen des geschlossenen Fensterladens fiel.

Jock wälzte sich im Halbschlaf hin und her, als Rosy sich ein Laken um den Körper wickelte. Er hatte von diesem schwarzen Amulett, das Rosy um den Hals trug, geträumt. Es war zu einer gräßlichen Maske geworden. Jock wußte, daß viele noch an Voodoo-Zauber und andere irrationalen Dinge glaubten, aber er hielt sich für aufgeklärt und vergaß den Traum schnell.

»Hier gibt es doch bestimmt eine Dusche?«

»Ja, gegenüber, aber ich weiß nicht, ob sie heute Wasser hat.«

Er drehte sich auf den Rücken und öffnete die Augen.

Zehn Minuten später war sie wieder da. Sie lief nackt durch das Zimmer und suchte ihre Klamotten und die dazugehörigen Sicherheitsnadeln zusammen. Dabei summte sie ein Lied vor sich hin, das sie wohl an ihre unbeschwerte Kindheit erinnerte.

»Rosy, ich möchte dir etwas schenken«, sagte Jock vom Bett aus.

»Das ist wunderbar«, antwortete Rosy sofort, ihr Lied unterbrechend, während sie ihren Slip anschaute, um festzustellen, wo vorne und hinten war. »Ich muß jetzt schnell zu meiner Mammy, sie macht sich immer solche Sorgen. Aber heute nachmittag komme ich, und bis dahin habe ich mir etwas ausgedacht, das du mir schenken kannst. Ich werde den ganzen Tag darüber nachdenken. Es gibt nichts, das mir mehr Spaß macht, ich kann mir hundert Dinge vorstellen, außer…«

Sie blickte ihn vielsagend an.

Im Tageslicht sah Rosy noch schöner aus, weil ihr Körper so graziös war, mädchenhaft, ihre Bewegungen unverstellt und selbstverständlich, obwohl er jetzt die Spangen, mit denen ihre Perücke festgesteckt war, viel deutlicher erkannte, ihr rosa Hosenanzug eine Beleidigung für das Tageslicht war. Als schien sie zu ahnen, was in ihm vorging, und als habe sie sich den nächsten Zug bereits genau überlegt, war sie in Windeseile angezogen, drückte ihm, wie einem Ehemann, mit dem sie seit zwanzig Jahren verheiratet war, einen Kuß auf die Stirn, bat ihn um ein paar Münzen für den Bus, rief ihm an der Tür noch ein 'Mach's gut, Liebling' zu und war verschwunden wie ein flüchtiger Tagtraum.

Jock versuchte, noch einmal einzuschlafen, was ihm nicht gelang. Er wurde sich klar darüber, daß sein unbeschwertes Leben in der River Road vorbei war, aber er konnte sich nicht entscheiden, ob er sich darüber freuen oder die letzte Gelegenheit nutzen sollte, sich aus den Umgarnungen zu befreien. Für ihn war es wie in einem Dschungel, der immer enger mit ungeheurer Geschwindigkeit um einen herum zuwächst, so daß man sich zum Schluß nicht mehr bewegen, kaum noch atmen kann.

Jock stand auf und ging duschen. Flüchtig sah er hinunter in den Innenhof. Ein junger Mann und eine junge Frau saßen einander gegenüber und blickten sich lächelnd an. Sie schnipselte grüne Bohnen in einen großen Topf, der wohl für ein Restaurant bestimmt war, er sortierte bunte Frauenkleider in bereitliegende Pappkartons. Als er einen einzelnen Nylonstrumpf hochhielt, begannen beide unwillkürlich zu glucksen, was ihn dazu veranlaßte, den Strumpf langsam durch seine Finger gleiten zu lassen und dabei offenbar ein paar zotige Bemerkungen zu machen. Sie ließ ab von ihren Bohnen, weil sie ein heftiger Lachanfall schüttelte. Dabei blickte sie nach oben und entdeckte Jock, bedeckte für einen Augenblick erschreckt ihr Gesicht mit den Händen und blinzelte dann prüfend zwischen den Fingern hindurch, um festzustellen, ob er sie weiterhin beobachtete. Dabei lachte sie noch immer heftig, während der Mann den Strumpf wie ein Lasso um seinen Kopf schwirren ließ.

Mr. Dixon kam ihm auf dem Rückweg entgegen.

»Mr. Jock, ich muß Ihnen nachher ein Gedicht zeigen. Es handelt von den Gefühlen eines schwarzen Mannes, eines Massai-Kriegers, der sich in eine weiße Frau verliebt hat, die mit ihm nach Europa gehen will. Es wird Ihnen gefallen.«

Eines der Zimmer nach der Straße war eben geräumt worden. Jock ging hinein und blickte durch das Fliegengitter hinunter auf die Straße. Der Geruch der Vormieter hing noch in den Decken. Unten dichter Verkehr, quirlige Menschen, im hellen Vormittagslicht unpassend erscheinende Leuchtreklamen, im Hintergrund die Silhouette der Hochhäuser von Nairobis Neustadt. Unten auf dem Pflaster saß, immer an derselben Stelle an der Ecke Tom-Mboya-Street, der Albino mit seiner dunklen Sonnenbrille, ein Schuster, auf seinem Leinensack und wartete auf Kundschaft. Ein halbes Dutzend Schuhe hatte er um sich herum verstreut, damit man nicht merken sollte, daß er nichts zu tun hatte. Auf der schmalen Grünfläche direkt auf der anderen Straßenseite balgten sich zwei Jungen, während drei alte Männer sie von der nahen Parkbank aus beobachteten. Ein Mann mit einem grünen Hut trat in Jocks Blickfeld. Er versuchte, ein Kofferradio ungeheuren Ausmaßes zu verkaufen. In kurzer Zeit bildete sich eine Traube von Menschen um den Mann, und bald zog er mit einem Bündel Scheine, die er schnell in den Tiefen seiner Hosentasche verstaute, in die eine Richtung davon, während der neue Besitzer sein Radio in der anderen Richtung davonschleppte. Inzwischen hatte der Schuster Arbeit gefunden, schnitt gerade ein paar Absätze aus einem Stück Gummi.

Jock hörte, wie draußen auf dem Flur Dosen geöffnet wurden. Bevor er in sein Zimmer zurückging, sah er noch, wie der Mann mit dem grünen Hut mit einem neuen Kofferradio die Szene betrat. Draußen saßen zwei dicke Araber in den verschlissenen Sesseln und tranken Bier. Die Somali mit dem Engelhaar, die am Ende des Flurs wohnte, saß stumm auf einer Lehne und wartete ab, was sie als nächstes vorhatten. Sie grinsten, als sie Jock in seinem merkwürdigen Aufzug aus dem Zimmer kommen sahen.

Am Nachmittag erschien eine bestens gelaunte Rosy in ihrem rosa Hosenanzug.

»Ich habe den ganzen Tag überlegt«, schmunzelte sie, »oh, das ist ein schönes Hemd, was du da anhast, also, ich möchte, daß du mir eine Hose schenkst. Was hältst du davon?«

»Natürlich, das ist deine Entscheidung«, sagte er steif.

»Eine grüne Jeans, eine ganz besonders grüne Jeans.«

»Warum eine grüne?«

Sie wartete ein paar Sekunden, um es spannend zu machen. Dann zog sie aus einer Plastiktüte eine grellrote Bluse mit fetten schwarzen Punkten.

»Weil eine grüne Hose genau zu dieser Bluse paßt. Du wirst sehen, wie wundervoll das aussieht. Komm jetzt, wir wollen gehen, ich kann es kaum noch abwarten.«

Sie gingen in den anderen Teil von Nairobi, den modernen, dort, wo die weißen und die reichen Leute einkauften. Der Kauf einer grünen Jeans nahm einige Zeit in Anspruch. Damit hatte Jock gerechnet, und er hatte viel Verständnis dafür, legte er doch auf seine Aufmachung ebenfalls großen Wert. Rosy-the-Blooming wußte ganz genau, was sie wollte, und es machte ihr nichts aus, sich den Mißmut der Verkäuferinnen zuzuziehen, indem sie behauptete, das Grün jeder Hose, die sie herbeischafften, passe nicht zu ihrer Bluse. Schließlich fanden sie in einem Kaufhaus das »richtige Grün«. Jock war so gerührt und geschmeichelt über ihre unbändige Freude - sie behielt die Hose gleich an und stolzierte neben ihm her wie Marilyn Monroe in 'Manche mögen's heiß' bei ihrem ersten Auftritt in der Szene auf dem Bahnhof von Chicago, nur eben auf afrikanisch - daß er ihr noch ein Parfüm schenkte, das sich mit dem erdigen Geruch ihres Körpers vermischte und seine Erregung in einem Maß steigerte, daß er es kaum bis zur Lodge abwarten zu können glaubte.

»Das sind wunderbare Geschenke«, sagte sie und machte eine volle Körperdrehung, breitete dabei die Arme aus, als könnte sie die ganze Welt umarmen.

»Und ich habe mir noch was überlegt, Mr. Jock«, sagte sie geheimnisvoll und spitzte ihre Lippen.

»Nanu, warum so förmlich?«

»Wirst du es erraten?«

»Also, sag's schon.«

»Wir sollten heiraten«, sagte sie bestimmt und lächelte dabei ihr überzeugendstes und strahlendstes Lächeln.

»Du sagst ja gar nichts.«

»Ich bin platt wie eine Flunder.«

»Was heißt das? Warum redest du nicht englisch mit mir?«

Rosy machte eine Schnute. »Ich sage, wir sollten heiraten, und du sagst nichts außer diesem unverständlichen Zeug. Schließlich handelt es sich um eine Angelegenheit von einiger Bedeutung.«

»Eben - und wir kennen uns erst seit gestern abend.«

»Aber das bedeutet doch nichts. Wir lieben uns, das zählt. Du bist mir ein Blue Monkey, Jock, aber ich liebe dich.«

Sie hakte sich bei ihm ein, schaute an sich herunter und stellte noch einmal fest, wie gut Hose und Bluse zusammenpaßten.

Jock versuchte noch immer, sich aus Dschungelgezweig, das ihn umspannte wie Stricke, zu befreien und rang nach passenden Worten, aber als er merkte, daß Rosy, very blooming, auf das Thema nicht mehr einging, zerbrach er sich auch nicht weiter den Kopf darüber.

Als sie in der Lodge auf sein Zimmer zusteuerten, sah Mr. Dixon nur kurz von der Zeitung auf, aber sein Blick verriet, im Unterschied zu seiner sonstigen Art, nichts. Als sie drinnen waren, rissen sie sich in wilder Leidenschaft die Kleider vom Leib, und sie steuerten ohne Unterbrechung auf ihr Ziel zu, das erreicht war, wenn sie ungestüm und flehentlich nach ihrer Mammy rief, ohne Unterbrechung auch deshalb, weil sie damit die Selbstverständlichkeit ihres Antrags unterstreichen wollte.

Sie war von dem Gefühl beherrscht, sie habe nicht viel Zeit, und sie dürfe keinen Fehler machen, weil sie ahnte, wie schnell er sich unentrinnbar verstrickt fühlen würde, um dann schnellstens die Flucht anzutreten. Dabei war sie überhaupt nicht der Typ, der berechnend sein konnte, oder die Art ihrer Strategie war so offensichtlich, daß sie gar nicht als solche wahrgenommen wurde, eher als Teil ihres unbeschwert zupackenden Wesens. Sie konnte nicht einmal unterscheiden, ob sie in den Mann verliebt war, den sie für einen Blue Monkey, Europäer würden sagen, einen Kauz, hielt oder in ihren Traum von einem gemeinsamen Häuschen in der Vorstadt, frei von Lebensbedrohungen, Existenznöten und behördlichen Demütigungen.

Jock hörte den Rufen nach dem ersten Wesen ihres Lebens hinterher, dem sie mit ihrer ganzen Lust verbunden gewesen war, und er fragte sich, ob dies deshalb ein unbedingter Beweis für ihre Echtheit war oder ob es sich gerade deshalb um einen besonders geschickten Trick handelte. Er entschied sich schnell für die erste Annahme, nicht, weil er sie für glaubwürdiger hielt, sondern, weil seine eitle Selbstbezogenheit es nicht anders aushielt.

Sie schwiegen eine Weile und schauten an die Decke, und während er noch rauchte, ging sie kurz nach draußen, kehrte mit einer Schüssel voll Wasser zurück und begann, sich in aller Ausgiebigkeit zu waschen, wobei sie sich in einer mitgebrachten Spiegelscherbe betrachtete. Es hatte den Anschein, als wolle sie ihren Körper einer besonders ausführlichen Pflege unterziehen, weil sie jedes zu waschende Körperteil genauestens in der Scherbe ins Visier nahm. Sie summte dabei eine Melodie vor sich hin, und erst, als sie nach mehreren Minuten kurz aufblickte und ihr die Erregung nicht nur in seinen Augen entgegenblickte, machte sie es demonstrativ und sah ihn dabei mit funkelnden Augen und leicht gebleckten Zähnen an. Das ließ ihn wieder schrumpfen, weil er ihr den Vamp nicht abnahm, weil er ihr mißtraute, weil diese Gesten nicht zu ihrem grazilen Mädchenkörper passen wollten. Sie nahm sich zurück, ob aus Enttäuschung oder Desinteresse, konnte er nicht ergründen, und versuchte, zu ihren unschuldigen Waschungen zurückzukehren.

Nach einiger Zeit war sie zu einer Dreizehnjährigen regrediert, die, wie durch Zufall, über die Reinigung ihres Körpers ihre Lust entdeckt hatte. Jock fragte sich nicht mehr, ob Show oder nicht, auf jeden Fall, wenn es denn eine war, verfehlte sie ihre Wirkung bei ihm nun nicht. Sie vermied es diesmal, das zu bemerken und kostete es solange wie möglich aus. Sie dachte auch an die Stellen hinter den Ohren und am Hals, die Kinder oft zu vergessen pflegen und glitt dann mit ihren schmalen, eingeseiften Fingern ganz allmählich an ihrem Körper hinunter. Nach einer für ihn unendlich langen Zeit, winkte sie ihm, aufzustehen und sich ebenfalls ihrer ausgiebigen Körperpflege zu unterziehen. Er setzte sich auf einen bereitstehenden Stuhl und genoß die langwierige Prozedur in all ihren Einzelheiten. Sie wendete dabei alle Möglichkeiten an, die sich für eine intensive Körperreinigung nutzen ließen. Anschließend ließ sie ihn auf seinem Stuhl sitzen und begann, sich mit ihrer beider Körper an den Stellen zu beschäftigen, die der Waschlappen nicht erreichen konnte.

»Jock, wir würden schöne Kinder haben, glaubst du nicht auch?«

»Ach Rosy, meine blooming Rosy, können wir nicht von etwas anderem reden?«

Sie nahm sich eine Zigarette, legte sich zurück auf das Bett, starrte an die Decke und schwieg. Als Jock vom Duschen zurückkam, lag sie noch immer so da.

»Was ist, Rosy?«

»Ich möchte nicht darüber sprechen.«

»Ist es wegen...«

»Nein, mir ist etwas eingefallen, eben, als ich an Kinder dachte, aber es ist schon so lange vorbei, und ich will jetzt nicht mehr daran denken. Aber es kommt immer wieder, es läßt mich nicht los. Meine arme Mammy, ich muß zu ihr. Wenn sie allein zu Hause sitzt, grübelt sie immer nur.«

»Ich verstehe gar nicht, wovon du redest, Rosy. Du kannst es mir doch erzählen.«

Er setzte sich auf den Bettrand.

»Weißt du, damals in Kampala«, begann sie zögernd, »ich habe dir doch von den tansanischen Soldaten erzählt. Sie kamen jede Nacht. Daß sie uns bestahlen, daß sie unser ganzes Wohnviertel zertrümmerten, daß wir Hunger litten, daß sie uns vergewaltigten, daran waren wir schon gewöhnt. Aber eines Nachts kamen sie, eine große Gruppe von Soldaten. Nur meine Mutter, mein elfjähriger Bruder und ich waren im Haus. Sie klopften mit den Gewehrkolben an alle Türen. Sie forderten, daß wir rauskommen sollten. Alle Bewohner des Viertels standen vor den Türen und warteten voller Angst, was geschehen würde. Wir waren nur Frauen, ein paar alte Männer und Kinder. Die jungen Männer kämpften irgendwo im Busch, wenn sie nicht längst tot waren. Der Offizier sagte, alle Jungen zwischen zehn und vierzehn Jahren sollten sich zusammenstellen. Sie wollten mit ihnen eine Militärübung machen. So etwas kam öfter vor, aber ich glaubte ihnen nicht. Ich hielt meinen Bruder am Arm fest und flüsterte ihm zu, er solle sich verstecken, aber als die ersten Jungen sich aufstellten, riß er sich los und stellte sich zu ihnen. Ich wußte, was die Soldaten vorhatten, weil ich fühlte, daß sie selbst Angst hatten. Eines Tages würden diese Jungen alt genug sein, um ein Gewehr zu nehmen. Mein Bruder und ich schauten uns noch einmal an, bevor sie abmarschierten. Ich verfolgte sie in der Dunkelheit bis zum Rand des Dschungels. Die Jungen kamen nie wieder zurück. Keiner von ihnen. Sie sind alle tot.

Keiner hat ihre Leichen jemals gefunden. Eine alte Frau erzählte später, die Soldaten hätten sie von einem Felsen heruntergestoßen, aber ich glaube, sie haben sie im Dschungel erschossen und verscharrt. Es waren über hundert Kinder, und alle sind sie tot.«

Sie blickte noch immer ausdruckslos an die Decke.

»Ach, Jock, warum erzähle ich dir das alles? Du bist ein guter Mann, und du mußt es deinen Brüdern in Amerika und in Holland erzählen, wie Afrika leidet, wie es blutet. Hat denn die Welt Afrika vergessen?«

Er nahm ihre Hand.

»Komm, leg dich zu mir«, flüsterte sie.

Sie legte ihren Kopf auf seine Brust, und nach einiger Zeit schlief sie ein.

Am Abend gingen sie ins Kino und anschließend in ein Lokal, in dem es nach Jocks Geschmack die besten Bratkartoffel der Welt gab. Hier trafen sich Europäer, einheimische Inder und Schwarze, die versessen auf dieses Kartoffelgericht mit der exotischen Soße waren.

Nachdem beide jeweils zwei gigantische Portionen vertilgt hatten, fing Rosy wieder zufrieden an, vom Heiraten zu reden. Sie malte sich alles in den buntesten Farben aus und wartete gar nicht mehr ab, ob ihre Ideen Jocks Zustimmung fanden oder nicht.

Am nächsten Morgen, als sie beim Frühstück im Lido Hotel saßen, war Rosy bester Laune.

»Weißt du, Jock, mein Lieber, in Uganda gibt es Dörfer im Dschungel, da haben die Leute Gorillas als Köche.«

»Können sie auch Auto fahren?«

»He, nimm mich nicht auf den Arm! Das stimmt wirklich.«

»Wer nimmt hier wen auf den Arm? Ein Gorilla, der kochen kann…«

»Du glaubst mir nicht? Ich versichere dir, es stimmt wirklich. Es gibt Frauen, die sie aussuchen und dressieren. Sie nehmen nur die intelligentesten Tiere und immer nur Gorillafrauen.«

»Du willst mir einen Bären aufbinden, meine blooming Rosy, aber hier ist es wahrscheinlich ein Gorilla, den man aufgebunden bekommt.«

»Ich weiß nicht, was du meinst, aber ich sage dir nur, was ich mit eigenen Augen gesehen habe.«

»Und Weibchen sind intelligenter als Männchen. Wolltest du das sagen?«

»Ich weiß nicht, ob Gorillafrauen intelligenter sind. Die Männer nimmt man nicht, weil sie sich nicht zähmen lassen.«

»Ach, so ist das«, sagte Jock in scheinbarem Glauben.

»Manche können sogar etwas sprechen. Und vielleicht können sie sogar hexen, aber das weiß ich nicht genau. Meine Großmutter hatte auch einen Gorilla. Sie hatte ein leichtes Leben, denn sie brauchte ihren Bananenbrei nie selbst zu kochen.«

»Hast du's gesehen?«

»Nicht bei meiner Großmutter, die lebte im Dschungel. Aber ich habe einen Affen einmal Bananenbrei kochen sehen, das kannst du mir ruhig glauben.«

»Du hast eine überkandidelte Phantasie, das glaube ich.«

»Was ist das: überkandidelt?«

Er grinste nur.

»Du glaubst mir also nicht. Gut, kann man nichts machen. Aber du liebst mich doch? Wir werden heiraten, nicht wahr?«

»Nein, das geht nicht.«

»Warum soll es nicht gehen?«

»Weil..., weil, na weil ich schon verheiratet bin.«

»Du lügst. Ich sehe es dir an, daß du lügst. Und selbst wenn du verheiratet wärst, auch kein Problem, würdest du dich eben wieder entheiraten.«

Sie stand auf.

»Ich fahre jetzt zu meiner Mammy. Gibst du mir etwas Geld für den Bus? Wir könnten auch in einem Haus neben den Grachten wohnen, damit ich all die kleinen Schiffe darauf sehen kann.«

Sie steckte das Geld, das er ihr gegeben hatte, in die engen Taschen ihrer grünen Jeans.

»Mach's gut, mein Darling, bis heute nachmittag.«

Sie klapperte in ihren Stöckelschuhen nach draußen, während er das rhythmische auf und ab ihrer Kehrseite mit seinen Blicken verfolgte.

Heute hatte der Schuhflicker viel Arbeit. Jock gönnte es ihm. Neben ihm saßen zwei alte Sikhs auf Klappstühlen, unschwer an ihren Turbanen zu erkennen, und waren ganz in ihr Brettspiel vertieft. Der Mann mit dem grünen Hut war nicht zu sehen. Vielleicht hatte er alle seine Radios verhökert. Auf der Bank, wo gestern die drei Alten gesessen hatte, vergnügten sich heute ein Kikkuyu mit einer Boxerfigur und die Somali mit dem Engelhaar. Sie gab sich ganz zurückhaltend, was den Mann sichtlich erregte, aber es brauchte noch über eine halbe Stunde, bis Jock sie oben auf dem Flur hörte. Er verließ das leerstehende Zimmer und sah gerade noch, wie die beiden in ihrem winzigen Zimmer verschwanden.

Am Nachmittag saß er mit Mr. Dixon auf dem Dach der Lodge.

»Das sieht sehr imposant aus, Mr. Jock, all die Hochhäuser, finden sie nicht auch?«

In seinem Gesicht zeigte sich diese schutzlose Offenheit, dieses reine Lächeln, als würden all die täglichen, menschlichen Niederträchtigkeiten, die bewußt geplanten und unbewußt ausgeführten Bosheiten von ihm abprallen wie von einem Schutzschirm. Als habe er Jocks Gedanken erraten, sagte Mr. Dixon:

»Bevor ich nach Nairobi kam, hatte ich immer bei meinem Stamm gelebt. Ich kannte nur meine Leute. Sie waren wie ich. Wir unterschieden uns nur durch unsere Familien und durch die Anzahl unserer Kühe und Ziegen. Wir kannten alle dasselbe Land: dieselben Berge, denselben Fluß, die eine, große Savanne. Eines Tages werde ich dahin zurückgehen.«

Er schaute verträumt in die Ferne, während seine Hände weiter Handtücher zusammenlegten.

»Haben Sie manchmal Heimweh?«

»Jeden Tag, immer, wenn ich hier sitze.«

»Schreiben Sie auch Gedichte, Mr. Dixon?«

»Ja, manchmal. Aber ich zeige sie niemandem.«

»Sie sollten sie mal einschicken. Die Zeitung wird sie bestimmt drucken.«

»Ja, mal sehen. Sie sagen das so leicht, Mr. Jock.«

Am Abend, in einer Bar, kam Rosy wieder auf ihr neues Dauerthema zu sprechen.

»Du kommst zurück. Wenn du wieder Ferien hast, kommst du zurück, und bis dahin werden wir unser Baby haben.«

»Wir werden kein Baby haben«, widersprach Jock diesmal energisch.

Sie schmunzelte.

»Woher willst du das wissen?«

»Du hast doch nicht...?«

»Doch, ich habe.«

Er blickte forschend in ihre dunklen Augen.

»Du sagst das nur, stimmt's? Du sagst das, weil du mich halten willst.«

»Komm, sei nicht böse mit mir. Ich sehe das Baby doch schon genau vor mir. Es ist nicht weiß, und es ist nicht schwarz. Es wird aussehen wie du, und es wird auch aussehen wie ich. Es wird das schönste Baby von ganz Nairobi sein.«

Für einen Augenblick konnte Jock das Baby auch sehen. Und er war stolz, fühlte sich geschmeichelt, aber dann wischte er den Gedanken schnell wieder weg. Er machte ihm Angst.

»Und es ist ganz gleich, ob wir an den Grachten wohnen oder draußen, wo die feinen Leute von Nairobi leben, oder in der River Road.«

Das Bild ergriff zu sehr Besitz von ihm.

»Nein Rosy, hör auf! Du lebst hier, und ich lebe dort. Es geht nicht.«

»Es geht doch, aber du willst nicht.«

Er bestellte zwei neue Flaschen Bier.

»Komm Rosy, Themenwechsel. Laß uns von etwas anderem reden. Wie bist du eigentlich hierher nach Nairobi gekommen?«

»Warum willst du das denn jetzt wissen?« fragte sie unwirsch, gleichzeitig unsicher.

»Es fiel mir gerade ein. Und ich habe genug von Kindern und vom Heiraten«, antwortete er unschuldig.

»In einem Faß«, sagte sie.

»Wie?«

»Du hast mich richtig verstanden - in einem Faß«, wiederholte sie noch einmal bitter. Sie hätte es eigentlich herausschreien mögen, wenn sie schon daran erinnert wurde. Sie hatte beschlossen, es nie zu erzählen, niemals, weil sie sich schämte, weil sie sich so gedemütigt gefühlt, weil sie solch abgründige Angst verspürt hatte und weil es doch kein Mensch nachfühlen mochte.

»Mein Vater hielt sich versteckt. Wir konnten nur über Verbindungsleute, meist Ausländer, den Kontakt zu ihm aufrechterhalten. Wir sollten so schnell wie möglich raus aus Kampala und aus Uganda, ließ er uns übermitteln. Meine Mutter lehnte das Ansinnen, das uns ein befreundeter kenianischer Lastwagenfahrer überbrachte, sofort ab. Einen Sohn hatte sie verloren, einer hielt sich im Ausland auf, und wir hatten seit Monaten nichts mehr von meinem älteren Bruder gehört, sie wollte sich nicht auch noch von ihrem

Mann trennen. Als habe mein Vater ihre Zweifel geahnt, hatte er dem Mann gesagt, er selbst sei weit weniger in Gefahr, wenn er seine Familie sicher im Ausland wüßte, um sich dann selbst irgendwo auf dem Land zu verstecken. Wir Frauen seien hier weder vor der Regierung, noch vor den schrecklichen Tansania-Soldaten sicher. Meine Mutter weinte immerzu, aber schließlich willigte sie in seine Pläne ein. Mein Vater hatte dem Lastwagenfahrer, der regelmäßig die Strecke von Nairobi nach Kampala und zurück fuhr, Geld gegeben, das er irgendwo vergraben hatte. Bei der nächsten Fuhre teilte er uns seinen Plan mit, den wir nach einigem Zögern akzeptierten.

Meine Mutter und ich versteckten uns in leeren Fischtonnen. Es stank bestialisch. Das gehörte zum Plan des Fahrers. Er meinte, das würde auch die Soldaten an der Grenze zurückhalten. Die Fässer wurden ganz zu unterst verstaut, meine Mammy auf dem Lastwagen, ich im Anhänger. Darüber wurde eine Menge anderes Zeug geladen. Ich konnte mich kaum bewegen, und meine sämtlichen Glieder schliefen mir ein. Meine arme Mammy war früher eine füllige Frau. Seit dieser Prozedur ist sie dünn wie ein Hälmchen, und ich muß sie immer antreiben, damit sie etwas ißt. Wenn Gefahr in Verzug war, gab der Fahrer ein Klopfzeichen. An der Grenze wagte ich kaum zu atmen. Hoffentlich würde meine arme Mammy das durchstehen. Sie standen direkt neben dem Anhänger. Ich hörte jedes Wort, das sie sprachen. Ein Soldat - später erfuhr ich, daß es der Offizier gewesen war - fragte den Fahrer, ob er Flüchtlinge versteckt hätte. Wenn er welche entdeckte, würde er sie gleich umbringen, kündigte er an, bevor er die Soldaten auf den Laster schickte. Ich machte mich in meiner Tonne so klein wie eine Maus und dachte, der Offizier, der direkt neben mir stand, könnte mein Herz schlagen hören, oder ich müßte vor Angst sterben. Der Fahrer blieb cool und plauderte ganz gelassen mit den Soldaten. Ich hörte, wie sie über mir herumräumten, und ich dachte, gleich wird mein Herz aussetzen vor Aufregung. Die Geräusche kamen immer näher. Dann sagte der Chef der Soldaten beiläufig, sie hätten kein Benzin mehr für ihre Fahrzeuge, und der Fahrer sagte, er habe noch eine Reservetonne. Die könnten sie haben. Der Offizier befahl den Männern, das Benzinfaß wegzubringen. Die Gefahr war überstanden, aber ich wagte erst wieder hinter der Grenze richtig durchzuatmen. Mein Herz raste noch stundenlang. Nachher, als wir im Führerhaus saßen, erzählte der Fahrer, sie hätten mit langen Stangen in der Ladung herumgestochert.«

»Meine Güte, Rosy, was hast du durchgemacht«, sagte Jock fassungslos.

»Meine Mammy sprach nicht mehr darüber, niemals. Sie sitzt immer am Fenster. Als mein Bruder verschwunden ist, hatte sie einen Schock, konnte tagelang nicht sprechen. Jetzt wird sie immer dünner und älter, und immer hat sie Angst, wenn ich weggehe. Sie sagt nur: 'Rosy, paß auf dich auf, komm bald wieder.' Dann schweigt sie wieder stundenlang und blickt aus dem Fenster. Ich mag nicht darüber sprechen, Jock, ich fange wieder an zu schwitzen, und oft werde ich nachts wach und habe schreckliche Angst. Ich rieche an mir, weil ich wieder diesen Geruch von verwestem Fisch in der Nase habe, es riecht wie der Tod.«

Als Rosy in dieser Nacht nach ihrer Mammy rief, war es Jock, als wäre es aus Verzweiflung, als würden sie sich beide, aufs engste verbunden, entgegenkeuchen, sich gegenseitig bestätigen, daß sie lebten, mit jeder Faser, daß sie immer nur weiterleben wollten.

»Du mußt mir von deinem Blut geben«, sagte Rosy am nächsten Morgen, am letzten Bissen ihres Frühstücks kauend.

Jock blickte von seinem Teller auf und sie an. Es dauerte einige Sekunden, bis er etwas sagte.

»Was soll das nun schon wieder?«

»Ich brauche etwas von deinem Blut.«

»Ganz abgesehen davon, daß ich dir nichts von meinem Blut spenden werde: Wozu brauchst du es?«

»Ich brauche es eben.«

Natürlich glaubte Jock als moderner Europäer an keine Form von Zauberei, und derartiger Unsinn war geradezu lächerlich. Und doch beschlich ihn ein kaum erklärbares Unbehagen, als er antwortete. »Wozu Rosy? Wozu brauchst du mein Blut?«

»Nun ich... Wenn ich es habe, weiß ich sicher, daß du zurückkommst. Und dann werden wir zusammen wohnen.«

»Ist das wieder so etwas von deiner Großmutter aus dem Dschungel - wie bananenbreikochende Gorillas?«

»Bitte, Jock, ich brauche nur ein paar Tropfen. Hast du etwa Angst?«

»Du spinnst, Rosy. Ich werde doch nicht so einen Schabernack oder Voodoo-Zauber oder Weiß-der-Teufel-was mitmachen. Schlag dir das aus dem Kopf.«

»Na gut. Lassen wir das mit dem Blut. Du hast eben Angst davor.«

»Was redest du da. Mit Angst hat das nun wirklich nichts zu tun.«

»Gut, Jock. Keine Rede mehr von Blut. Aber eine Locke von deinem Schamhaar könntest du mir doch geben, eine Locke nur. Es ist übrigens blond. Ich habe vor dir noch bei keinem Menschen blonde Schamhaare gesehen.«

Am Nachmittag saß Jock mit Mr. Dixon auf dem Hoteldach, der in die Ferne blickte und dabei Bettlaken faltete. Nach einiger Zeit unterbrach der Hotelmanager seine Arbeit und sagte:

»Ich blicke über die endlosen Dächer der Stadt. Sie ist eine Wüste. Ich spüre, wie mich die Einsamkeit von innen auffrißt. Ich habe das Leben hier satt, es drängt mich hinaus in die Savanne, damit ich wieder richtig atmen kann, damit ich wieder mit meinen Leuten reden kann, die wissen, wie

ich fühle. Ich will die Rinde des Affenbrotbaums berühren, das Trommeln der Hufe der wilden Herden spüren, die Mädchen unter dem Mond singen hören. Ich muß zurück, jetzt, ich kann keine Stunde länger warten.«

»Schicken sie das doch ein«, sagte Jock, und Mr. Dixon seufzte leise.

Einige Tage später begleitete Rosy Jock zur Bushaltestelle. Heute würden sie sich trennen. In zwei Stunden startete sein Flugzeug nach Amsterdam.

»Du wirst wiederkommen, ich weiß es jetzt«, sagte sie, als sie sich das letzte Mal umarmten.

Als er ihr aus dem Fenster zuwinkte, lächelte sie, und er bemerkte etwas Kleines in ihrer Hand. Als er genauer hinsah, erkannte er ein Büschel gelocktes Haar, das sie sorgsam in einer Streichholzschachtel verstaute.

»Und wenn ich es verbrenne, wirst du wiederkommen«, sagte sie bestimmt zu sich selber und winkte dem Bus hinterher, bis sie ihn aus den Augen verlor.

Das kalte Auge des Hammerhais

Sind wir uns hier nicht schon mal begegnet?

Nein? Ich dachte. Wissen Sie, ich übernachte alle zwei Wochen von Mittwoch auf Donnerstag in diesem Hotel. Deshalb meinte ich, wir hätten uns hier mal getroffen. Aber in diesen Bars herrscht immer schummriges Licht, da kann man schon mal jemand verwechseln. Sie sind zum ersten Mal hier?

Wissen Sie, ich übernachte die Woche über immer in Hotels, von Nord nach Süd, seit der Wiedervereinigung auch von Ost nach West. Auf die Dauer ist das ziemlich ätzend. Aber an den Hotelbars trifft man manchmal interessante Leute. Vor zwei Wochen habe ich hier eine Frau getroffen, die studierte Luchse, wissen Sie, diese Wildkatzen mit den spitzen Ohren, weil man die wieder auswildern will. Im Bayerischen Wald und im Osten gibt's noch große Wälder, und seit Honecker und Genossen von der Partei nicht mehr alles abballern, wird man der Viecher kaum mehr Herr, Rehe und Hirsche, Wildschweine und sowas.

Und dann war mal einer, den hab ich in München getroffen, auch an der Hotelbar, der hat einen drehbaren Würfel irgendwo aus Asien verkauft, ich glaube, aus Singapur, wissen Sie, so ein Spielzeug mit bunten Quadraten, das man hin und her drehen muß, bis ein bestimmtes Farbmuster entsteht. Der hatte große Koffer voll mit diesen Dingern, und er flog in der ganzen Welt herum und hat sie verkauft. Wir haben die halbe Nacht an der Bar gesessen und versucht, eine bestimmte Kombination zusammenzudrehen. Zum Schluß haben über zwanzig Leute an der Bar gesessen. Ich sage Ihnen, das ist wie eine Sucht. Man will es unbedingt herausfinden. Da dampft einem der Schädel. Wir waren ziemlich besoffen und fingen an zu wetten. Über fünfhundert Mark waren im Jackpot. Wie besessen haben wir rumgefummelt. Zu guter Letzt, es war schon gegen Morgen, und nur noch fünf Leute hatten durchgehalten, nimmt der Typ den Würfel, dreht blitzschnell daran herum, in Nullkommanix hatte er die gefragte Kombination - ganz ohne Tricks. Er kassierte die fünfhundert Mark, und weg war er. Ich weiß bis heute nicht, wie's funktionierte.

Mögen Sie noch'n Bier? Ich mag das nicht. Die meisten Leute schwören drauf, mir ist es zu herb. Ich bin Rheinländer, ich mag's lieber süffig.

Was machen Sie?

Verleger, ah, was verlegen Sie denn?

So. Ich mach was ganz anderes. Kommen Sie nie drauf!

Das ist noch viel besser als Zauberwürfel, und wenn, dann wird es viel notwendiger gebraucht, ha, ha.

Ich sag nur: Dildo.

Na, dämmert's?

Sie schauen aber miesepeterisch.

Wollen Sie etwa sagen, daß Sie nicht wissen, was ein Dildo ist?

Nein, Sie wissen es tatsächlich nicht?

Ein künstlicher Penis, aus Plastik. Es gibt sie mit und ohne Vibrator. Seit neuestem haben wir Modelle, die nicht nur mit Batterie funktionieren. Das Aufladegerät liefern wir gleich mit.

Und Sie wollen also behaupten, Sie haben noch nie was davon gehört?

Es gibt sie in allen Farben, sogar grün. Aber zartrosa wird am meisten bestellt. Morgen, zum Frühstück, bringe ich meinen Modellkoffer mit. Dann können Sie sich die Dinger mal anschauen.

Nein, nein, ich arbeite für den Großhandel, Einzugsgebiet ganz Deutschland.

Im Osten machen wir im Moment die besten Geschäfte. Daher war die Wiedervereinigung für mich das größte Glück.

Deshalb hat's mich gewundert, das Sie nicht wissen, was ein Dildo ist. Sie sind doch aus dem Osten, nicht wahr?

Zuerst war ich mir nicht sicher, weil Sie gar nicht Sächsisch klingen. Aber wenn Sie nicht wissen, was ein Dildo ist...

Natürlich klinge ich nicht bayerisch, ich bin ja auch Rheinländer.

Aber es macht doch keinen großen Unterschied, ob Sie Sachse oder Thüringer sind.

Na gut, wenn Sie meinen. Früher war das für mich alles DDR. Mein Vater sagte immer SBZ. Der hat sich das nie abgewöhnt.

Natürlich weiß ich den Unterschied zwischen einem Staat und, sagen wir, einem Gebiet. Jetzt seien Sie doch nicht gleich eingeschnappt.

Mögen Sie noch ein Bier?

Ja, ja, ich nehme lieber das süffige.

War das denn nicht alles eins? Also, ich meine, dieselbe Meinung, dieselbe Politik, alles eine Firma, alles gleich, dieselbe Sprache, derselbe Dialekt.

Sind Sie schon wieder beleidigt? Sehen Sie, das kommt auch noch dazu: sich immer benachteiligt fühlen, immer die Angst, von uns über den Tisch gezogen zu werden, und immer gleich denken, man wollte einem was.

Sie reden vom Einheitsstaat? Sehen Sie, das wollte ich doch sagen. Da sind wir doch einer Meinung. War alles Gleichmacherei, alles über einen Kamm geschoren, die Diktatur des Sozialismus.

Warum soll es einen Unterschied machen, ob ich es sage, oder ob Sie es sagen?

Natürlich sollte jeder zuerst vor seiner eigenen Tür kehren. Aber wir wohnen doch jetzt im selben Haus.

So, Sie finden das nicht. Aber denen muß man doch auf die Finger gucken, damit die alten Zustände nicht wieder durchkommen.

Das denken sie auch? Freut mich, daß wir da einer Meinung sind.

Jetzt machen Sie aber mal einen Punkt. Das hätten Sie wohl auch nicht gern, wenn ich die DDR mit dem Nazistaat vergleiche. Das ist doch was anderes.

Ich bin ja nicht beleidigt. Sie haben schon recht, die alten Nazis im Westen reißen am weitesten das Maul auf. Ich dachte lange Zeit, die seien ausgestorben.

Aber sagen Sie mal: Sie sind da aber anders als Ihre Kollegen aus dem Osten. Die sind da nicht so angriffslustig. Trotzdem denke ich, es macht keinen Unterschied, ob ich es sage, oder ob Sie es sagen.

Natürlich werde ich den Leuten nicht ins Gesicht sagen, sie seien alte Spanner oder sexuell gehemmt. Wo denken Sie denn hin?

Die Verkaufsstrategien haben wir ziemlich schnell gelernt.

Damit hat das nichts zu tun, meinen Sie? Womit denn sonst?

Sie sind mir ja ein ganz Schlauer. Sowas hab ich mal erlebt. Auf den Malediven. Das sind winzige Koralleninseln im Indischen Ozean. Ihr durftet ja früher nur nach Kuba. Es gibt welche, die können Sie in fünf Minuten umlaufen. Da gibt es nur das Hotel, sonst nichts. Die Einheimischen wohnen auf anderen Inseln. Wissen Sie, ich bin Taucher, leidenschaftlich. Sonst wär's da sterbenslangweilig. Ich war schon dreimal dort, auf sechs verschiedenen Inseln. Ich sage Ihnen, unter Wasser ist es *das* Paradies. Aber ich will Ihnen kein Taucherlatein erzählen. Es gibt nichts Schlimmeres, als Männer, die an der Bar sitzen und Stories von ihren Urlaubserlebnissen zum Besten geben. Da wird aufgeschnitten, daß sich die Balken biegen und gelogen wie gedruckt. Aus einem Fisch von Armeslänge wird ein riesiges Monster. Das kennen Sie auch, was? Da unterscheiden sich Wessis und Ossis bestimmt nicht. Aber das muß ich Ihnen mal erzählen.

Also, das war letztes Jahr Ostern:

Meine Frau und ich lagen am Strand neben einem Ehepaar aus Bayern. Sie lag immer nur auf der Matte, drehte sich alle zwanzig Minuten von einer auf die andere Seite, damit sie gleichmäßig durchgebraten wurde. Konnte man die Uhr nach stellen. Von hinten war sie ziemlich unscheinbar, aber von vorne..., Junge, Junge, ich sage Ihnen. Er war so ein kleiner, drahtiger, lief die ganze Zeit mit der Videokamera herum. Er nahm alles auf, Bäume und Strand, Vögel und Fische - und seine Frau. Aber die wollte nicht, weil sie immer meinte, in der falschen Position zu liegen. Wir kamen ins Gespräch, weil ich auch meine Videokamera dabei hatte, und als ich erzählte, daß ich tauche, fragte er mich, ob wir nicht mal zusammen Schnorcheln gehen könnten. Offenbar traute er sich nicht allein über den Riffkamm. Wir trafen uns noch am selben Tag. Er brachte noch einen anderen mit, den kannte ich auch. Die Inseln und die Hotelanlagen sind so klein, daß spätestens am zweiten Aufenthaltstag jeder jeden kennt. Wir schwimmen also raus, Taucherbrille auf und Flossen an, er vorne weg wie ein Torpedo. Am Riffsaum, also da, wo es auf einmal tief runtergeht, gibt es die meisten Fische zu sehen. Er immer vor meiner Nase. Ich sah nur noch nach unten strampelnde Beine und ein Paar roter Flossen. Es sah aus, als wollte ihm über Wasser einer ans Leben. Alle fünf Sekunden streckte er den Kopf aus dem Wasser und riß sich die Taucherbrille vom Gesicht.

»A Zackenbarsch, a Zackenbarsch, so a Kerl, a Kerl.«

Er war ganz aus dem Häuschen.

»Da, a Napoleonfisch, so ein Bursche, schau dir den an.«

Als könnt' ich den nicht selber sehen.

»Da, noch a Zackenbarsch, jo mei Gott, so a Kerl, so a Kerl.«

Er schnaufte, als habe er einen Marathonlauf gemacht. Dabei war der Typ Radfahrer, hatte eine spitzenmäßige Kondition.

Am Abend an der Bar verkündeten die beiden, jetzt, wo sie schon mal hier wären, wollten sie eine Taucherausbildung machen.

Wissen Sie, man darf da nicht einfach runter. Man muß bei einem Tauchlehrer Stunden nehmen, Übungen machen und eine praktische und theoretische Prüfung ablegen.

Dann kam noch ein Norddeutscher dazu, ein großer, dicker. Wirkte auf den ersten Blick wie so ein gemütlicher Ostfriese, war er aber nicht. Statt Pfeife rauchte er eine Zigarette nach der anderen. Wissen Sie, nach außen die Ruhe selbst, innerlich brodelt es wie in einem Vulkan. So Typen kenne ich vom Verkauf her. Die sind schnell herzinfarktgefährdet, wenn sie nicht aufpassen.

Abends vor dem Essen kamen alle Gäste an die Bar. Der nächste war der Tauchlehrer, ein Österreicher. Wissen's, sehr freundlich, sehr zuvorkommend, küß die Hand. Die haben sich dann gleich für den nächsten Tag verabredet. Ich war mal gespannt.

Am folgenden Abend, gleicher Ort, gleiche Zeit. Der Kumpel unseres bayerischen Hyperventilierers hatte bereits aufgesteckt. Konnte ich gut verstehen. Der erzählte folgendes: Er hatte mal vor zwanzig Jahren auf Malta Urlaub gemacht und sich dort zu einem Tauchgang überreden lassen. Nun stellen Sie sich vor: Er tauchte zum ersten Mal, und die nahmen ihn direkt mit runter auf dreißig Meter Tiefe. Das macht nämlich kein Anfänger, völliger Blödsinn. Aber der Gipfel kommt ja noch. Sie tauchten in eine Höhle, und weil die so tief war, blieben sie lange unten, so daß sie unterwegs die Flaschen wechseln mußten. Können Sie sich den armen Kerl vorstellen? Ich sage ihnen, der Mann muß Todesängste ausgestanden haben. Wenn Sie mal jemals tauchen sollten, dann lassen Sie sich auf sowas bloß nicht ein. Der hatte einen Schock fürs Leben weg. Das war ihm an diesem Tag, bei so einem kleinen Tauchgang, alles wieder ins Gedächtnis gekommen. Wie nennt man das doch gleich? Ein psychologisches Trauma, ja, so hat das einer an der Bar genannt, der sich beruflich damit auskannte.

Dann kam der Dicke. Er sagte gar nichts, rauchte nur die ganze Zeit. Seine Frau saß mit einem Schmöker daneben und las. Die sagte nie was, aber sie paffte auch immerzu.

Nach dem Essen stand ich mit dem Tauchlehrer an der Bar.

»Der verbraucht in einer Viertelstunde eine ganze Flasche Luft in fünf Meter Tiefe«, erzählte der von dem Quirligen. »Ich versteh's net, wie man so schnell atmen kann.«

Am nächsten Abend, gleiche Zeit, gleicher Ort, kam wieder zuerst der drahtige Bayer mit seiner Frau, im Gesicht rot wie eine Tomate.

»Wechselatmung hammer g'macht. I dacht, i komm nimmer hoch.«

Das muß ich Ihnen erklären. Es gibt da eine Übung unter Wasser, da muß einer so tun, als sei keine Luft mehr in seiner Flasche, und sie müssen sich dann zu zweit ein Atemgerät teilen. Einatmen, ausatmen, einatmen. Dann der Partner: Einatmen, ausatmen, einatmen.

»I dacht, i komm nimmer hoch. Der hot mi net dran gelassen. I docht, i krieg ka Luft mehr.«

Er war ganz außer sich und schimpfte wie ein Rohrspatz über seinen Partner, den Norddeutschen, der ihm das Atemgerät nicht gegeben hätte.

»So a Kerl, a großer Kerl, nimmt mir die ganze Luft weg. Das war das letzte Mal. Nie wieder geh i da runter.«

Kurze Zeit, nachdem er weg war, kam der Dicke, schnaufend, zog an seiner Zigarette, als wolle er sie in drei Zügen aufrauchen und erzählte seine Version: »Der ist durchgedreht, vollkommen durchgedreht. Der hing an dem Atmungsgerät wie ein Baby an der Flasche. Da, schau'n Sie mal.«

Er zeigte seinen Unterarm, wo sich vorher drei Finger eingegraben und Druckstellen in allen Farben hinterlassen hatten.

»So hat der an mir gezerrt. Ich dacht, der gibt das Ding nie wieder ab, als er es mal hatte.«

Nach dem Essen stand ich wieder mit dem Tauchlehrer zusammen.

»Das war ein Unterwasserkampf«, erzählte der seine Version der Ereignisse. »Wenn ich net dazwischen gangen wär, die wär'n nimmer hochgekommen.«

Was das mit unserem Gespräch von vorhin zu tun hat? Ach so, jetzt fällt's mir wieder ein. Ich meine, es kommt darauf an, von welchem Standpunkt aus man etwas betrachtet. Es ist eben total unterschiedlich.

Die im Westen könnten gar nicht richtig verstehen, wie es in der DDR wirklich gewesen sei? Aber die Fakten liegen doch auf der Hand. Jetzt kommt doch überhaupt erst raus, wie es wirklich war.

Die Fakten - aber nicht das Lebensgefühl? Ja, ja, das verstehe ich schon. Das prägt. War im Westen ja auch so. Wir haben ziemlich geschuftet, bis wir uns das alles mal leisten konnten.

Sind Sie schon wieder beleidigt?

Die Demokratie? Ja, ja, das war natürlich ein wesentlicher Unterschied. Na klar, freie Wahlen und so.

Natürlich, das war bei uns auch so. Mein Vater sagte immer: 'Des Brot du ißt, des Lied du singst'. Kennen wir, kennen wir alles.

Nein, nein, das dürfen Sie nicht sagen. Es ist doch ein Unterschied, ob es staatlich verordnet war oder ob sich Menschen so oder so verhalten. Außerdem gibt es immer Leute, die den Staat ausnutzen. Da muß man einen Riegel vorschieben.

Die Amerikaner? Nach dem Krieg war ich doch noch ein Jüngelchen.

Ja, ja, Sie haben vollkommen recht. Darüber muß man doch mal reden. Merkwürdig, nicht wahr, dabei sind wir beide Deutsche.

Sie sagen ja gar nichts mehr. Ich erzähle Ihnen die Geschichte noch zu Ende.

Nein, der Bayer ist nicht mehr getaucht. Er sagte, es wäre nichts für ihn, weil er zu viel Luft braucht. Das sagen übrigens viele Taucher, daß sonstige sportliche Betätigung gar nicht gut ist. Der Norddeutsche hat es geschafft. Aber ich halte das Argument trotzdem für Quatsch. Wenn einer viel atmet, liegt es daran, daß er aufgeregt ist und nicht, das seine Lungen so viel Luft fassen. Aber ich wollte Ihnen noch die Geschichte mit dem Hammerhai erzählen.

Sie müssen sich das unter Wasser, in einem Korallenriff, so vorstellen, daß es auch unterschiedliche Landschaften gibt. Es gibt Korallen, die sehen aus wie Bäume, und man taucht herum wie in einem Wald. Andere sind Steinen ähnlich, man schwimmt wie in einem Felsengebirge, es gibt auch Wüsten. Und alles ist voller Fische, Tausende, in den buntesten Farben. Und alles ist glitschig, schmierig, quirlig, weich, bewegt sich mit Flossen, Greifarmen und Tentakeln. Ich weiß ja nicht, was Sie jetzt von mir halten, aber ich muß unter Wasser ganz oft an Sex denken.

Aber nicht bei dem Hammerhai. Wir sind morgens ganz früh mit dem Boot rausgefahren, noch vor Sonnenaufgang. Die Hammerhaie schlafen nachts auf sandigem Grund, ziemlich tief unten. Man hat eine Chance, sie zu sehen, wenn sie wach werden und nach oben schwimmen. Dazu muß man ins freie Wasser. Das war ich nicht gewohnt. Sonst bin ich immer nur in den Riffen getaucht, weil man dort die Korallen und Fische bewundern kann. Hier schwammen wir in einem dunkelblauen Nichts. Es war schaurig. Stellen Sie sich vor, man sieht keinen Grund, keine Wasseroberfläche, und alles in diesem fahlen Dämmerlicht. Das einzige, woran man sich orientieren kann, ist der Vordermann. Irgendwann war ich mir nicht mehr sicher, wo oben und unten ist. Auch das Gefühl für die Zeit geht verloren, weil man ja nichts sieht, noch nicht mal schätzen kann, wie schnell man schwimmt. Zwischendurch dachte ich mal, in Wirklichkeit liege ich noch im Bett und träume das alles nur. Die anderen wurden auch unruhig, das spürt man ja. Zwischendurch drehte sich unser Tauchlehrer mal um, als wolle er sagen: 'Ich weiß auch nicht, wo die bleiben.' Er meinte die Hammerhaie.

Auf einmal, ich weiß nicht, wie lange wir da unten waren und ziellos umhergeschwommen sind, tauchte von unten etwas auf, wurde immer größer. Es war tatsächlich ein einzelner Hammerhai, die sind meistens besonders groß. Er kam ganz nah. Es sieht tatsächlich aus, als habe er einen Hammer am Kopf, auf dem die Augen sitzen. Einen Augenblick lang blieb er im Wasser stehen. Mir war, als schaue mich sein kaltes Auge an. Dann verschwand er wieder in der Tiefe, als seien wir ihm ebenso unheimlich wie er uns.

Gruselig, nicht?

Würden Sie auch mal tauchen?

Auf die Berge, ah so. Ich war mal bei einem Vortrag von dem Messner, kennen Sie den?

Ach ja? Für mich ist es Zeit. Hab Morgen einen schweren Tag vor mir. Vielleicht treffen wir uns mal wieder. Nein, das übernehme ich. Gute Nacht.

Zwei Wochen später.

Wir kennen uns doch. Ich bin sicher, ich hab Sie schon mal gesehen.

In München, ja richtig, an dem Abend, als der Kerl mit diesem Zauberwürfel ankam.

Ja, der Bursche war clever. Da war ordentlich was los. Vor zwei Wochen hab ich hier einen aus dem Osten getroffen, ein öder Abend, die ganze Zeit zu zweit an der Bar. Der hatte vielleicht Ansichten. So ein ewig Gestriger. Kann sich nicht daran gewöhnen, daß es jetzt anders zugeht. Wissen Sie, was deren Fehler ist? Die können sich nicht anpassen. Das unterscheidet die Leute hüben und drüben.

So, so, glauben Sie nicht. Sie meinen, das unterscheidet Ossis und Wessis nicht. Sie sehen da wohl keine Unterschiede. Sie sind wohl Ausländer. Ich möcht' wetten, Ihre Eltern kamen aus Italien, stimmt's etwa nicht? Da können Sie sowieso nicht mitreden.

Woran ich das merke? Kann ich auch nicht sagen. Ich hab da so ein Gefühl. Ich kannte da mal einen, wissen Sie, ich bin Taucher, leidenschaftlich, wir sind zusammen nach Mantarochen getaucht, wissen Sie, die riesigen Dinger, die schwimmen, als würden sie fliegen...

Lancelot

Zur Erinnerung an Nick Drake

Als Martha vom Motorway abfuhr, dämmerte es bereits. Sie bog in eine Landstraße ein, die für kurze Zeit an einem Wiesenfluß entlangführte, auf dem drei Schwäne sich hell vor der nahenden Dunkelheit abhoben. Dann kam sie durch einen Wald, in dem das Unwetter vom Nachmittag kräftig getobt, Äste von den Bäumen gerissen und einige von ihnen sogar entwurzelt hatte. Noch immer fegte der Wind in unregelmäßigen Böen in den Wipfeln der Bäume.

Sie war noch nicht einmal eine Meile gefahren, als sie einen Mann am Straßenrand gewahr wurde, der den Daumen in ihre Fahrtrichtung hielt. Ohne lange zu überlegen, hielt sie an. Während sie den Wagen abbremste, ging ihr durch den Kopf, daß hier wohl selten um diese Tageszeit jemand vorbeikam, und der Mann lange auf eine nächste Mitfahrgelegenheit hätte warten müssen; sie fragte sich, wo er herkommen mochte, bei diesem Wetter, im Wald und weit entfernt von der nächsten Ortschaft.

Als der Mann einstieg, fiel ihr sofort auf, daß er keine Schuhe trug.

Sie fragte nicht, wohin er wollte. Er räusperte sich ein paar Mal, als wollte er Anlauf nehmen, um etwas zu sagen. Er roch nach altem Laub, Rauch und der klammen Feuchtigkeit in seinen Kleidern.

Sie musterte ihn, wenn auch nur kurz, von der Seite, was er jedoch bemerkte und sich deshalb Mühe gab, arglos nach vorne zu blicken. Der Regen hatte aufgehört, aber Martha ließ die Scheibenwischer an, weil der Wind Regentropfen von den Bäumen schüttelte. Wenn er einmal aussetzte, gaben die Wischer ein quietschendes Geräusch von sich, das ihren Ohren weh tat. Der Mann auf dem Beifahrersitz ließ sich nichts anmerken. Sie stellte die Wischer aus, um sie bei nächster Gelegenheit, wenn der Wind erneut an den Ästen rüttelte, wieder anzuschalten.

Bei dem kurzen Blick auf die Seite war ihr aufgefallen, daß die Augen des Mannes wie die eines ängstlichen Wildtieres reagierten, das sich noch nicht zur Flucht entschließen kann. Seine Haare hatte er offenbar selbst geschnitten. Die Rasur sah aus wie mit der Heckenschere bewerkstelligt, überall Schnittstellen und stehengebliebene Stoppeln.

Martha hatte keine Angst vor ihm. Gewalttätig war er nicht, da war sie sich sicher, wenn, dann höchstens gegen sich selbst. Neugierig war sie. Deshalb entschloß sie sich, die Initiative zu ergreifen, direkt, aber mit der gebotenen Vorsicht, damit das Wild nicht zurück in den Wald floh.

»Bis wohin soll ich Sie mitnehmen?« begann sie.

Er schien zu überlegen und räusperte sich dann wieder.

»Bis Thomastown, falls sie so weit fahren.« Seine Stimme war trotzdem belegt, und er hörte sich an, als mache ihm das Sprechen ungeheure Mühe.

»Nein, bis Thomastown fahre ich leider nicht, nur bis in die Nähe von Mayfield, das ist ein kleines Dorf.«

Sie wartete gespannt, wie er reagieren würde.

»Mayfield, das kenne ich. Von dort werde ich bestimmt einen Bus nach Thomastown finden.« Er nickte vor sich hin, wie, um sich selbst zu überzeugen.

»Um diese Tageszeit?« fragte sie vorsichtig.

»Da haben Sie recht«, sagte er nach kurzer Bedenkzeit. »Aber auf einen Tag mehr oder weniger kommt es auch nicht an.«

Sie ging zum Angriff über.

»Wie meinen sie das: Einen Tag mehr oder weniger?«

Er reagierte nicht erschreckt auf die Frage, wie sie eigentlich erwartet hatte, sondern lächelte in sich hinein.

»Nun«, sagte er, »das ist eine lange Geschichte. Ich weiß nicht, ob ich Ihnen das...«

«Nein, nein, erzählen Sie nur«, beeilte sie sich zu sagen.

Aber jetzt reagierte er scheu, duckte sich in den Sitz zurück, und seine Augen begannen wieder ängstlich zu flakkern. Das war zu schnell, dachte sie und ärgerte sich. Ihre Neugier hatte sie dazu verleitet. Der Mann zupfte an den Hosen seines Anzugs herum, der übrigens sehr gut saß - er mochte früher ein paar Kilo mehr gewogen haben -, aber so gar nicht zu seiner verwahrlosten Aufmachung paßte.

»Na ja, wenn ich Sie nicht langweile...«

Er setzte sich zurecht. Sein Blick streifte kurz ihr Gesicht, dann ihre Beine. Ihr Rock war beim Fahren etwas hochgerutscht. Sie unterdrückte den Impuls, ihn zurechtzuziehen.

Er atmete gedehnt und für sie hörbar ein, damit ihm der Mut zum Sprechen nicht ausging, wenn er keine Luft mehr in den Lungen hatte.

»Kennen Sie die Geschichte von den Rittern der Tafelrunde?«

Sie schaltete einen Gang zurück, um Zeit zu gewinnen.

Aha, jetzt bereitete er die Tarnung vor. Als nächstes würde er das Ausweichmanöver beginnen. Sie überlegte, was sie antworten sollte, aber er sprach weiter, ohne ihre Antwort abzuwarten.

»Es geht um die Dreiecksgeschichte von Lancelot, Geneviève und Artus. Ich hatte mir fatalerweise die Rolle des Erstgenannten ausgesucht.«

Martha war überrascht, daß er die Worte 'Dreiecksgeschichte', 'fatalerweise' und 'Erstgenannter' verwendete.

»Er war mein bester Freund, und sie war die Frau meines besten Freundes. Und ich verliebte mich in sie.«

Nach diesem Prolog holte er tief Luft, bevor er weitersprach.

»Jeff und ich waren schon Freunde, seit wir in die erste Schulklasse gingen. Wir sind im selben Ort aufgewachsen, und wir sind beide gleich alt, am Sonntag in der Kirche standen wir nebeneinander. Unsere Lehrerin sagte immer: 'Ihr seid wie eineiige Zwillinge.' Sie meinte das, weil wir immer zusammen auftraten, aber von unserem Charakter her waren wir völlig verschieden. Ich war jähzornig, konnte mich schwer unter Kontrolle halten, er war vernünftiger, zurückhaltender, und er war der ehrlichere von uns beiden.«

Martha fand seine Werte, und die Begrifflichkeiten, die er dafür verwendete, etwas angestaubt, als erzählte er eine Geschichte aus viktorianischer Zeit, die ihn selbst überhaupt nicht betraf.

»Wir studierten beide Physik«, fuhr der Mann fort, »und nach Beendigung unseres Studiums landeten wir, wie Sie sich schon denken werden, am selben wissenschaftlichen Institut. Dort lernten wir zur gleichen Zeit Melanie kennen. Vom ersten Tag an waren wir unzertrennlich. Wir arbeiteten zusammen - einmal veröffentlichten wir sogar eine wissenschaftliche Arbeit gemeinsam - wir gingen zusammen ins Kino, machten zu dritt Wochenendausflüge, eine Zeitlang überlegten wir sogar, zusammen zu wohnen. Ich war vom ersten Tag an in Melanie verliebt, aber ich ließ mir nichts anmerken, weil ich glaubte, das gehört nicht zu den Spielregeln. Eines Tages überraschten mich Jeff und Melanie mit der Nachricht, daß sie heiraten wollten. Ich fiel aus allen Wolken, für mich brach plötzlich eine Welt zusammen.«

Er unterbrach sich.

»Aber Sie haben so etwas sicher schon in diversen Hollywoodfilmen gesehen. Man weiß immer schon, was in der nächsten Szene geschieht.«

Ja, genau das hatte sie eben gedacht.

»Nein, nein, erzählen Sie weiter. Was ist dann geschehen?«

»Ich litt Höllenqualen. Wo sollte ich hin mit meiner Liebe? Den ganzen Tag sah ich sie, und jede Regung in ihrem Gesicht, jede Bewegung ihres Körpers rieben mich innerlich auf. Und heute denke ich auch, ich war voller Enttäuschung und Wut auf sie beide, aber das hätte ich mir damals niemals eingestanden.«

Das denke ich auch, bestätigte Martha innerlich.

»Sie hatten die Spielregeln durchbrochen, sie hatten alles zerstört. Aber ich war nur hilflos und verwirrt. Schließlich habe ich Melanie gestanden, daß ich sie liebe. In einem verzweifelten Moment sprudelte es aus mir heraus. Ich hoffte, wenn sie es nun wußte, könnte ich etwas Abstand gewinnen. Aber es kam anderes. Wir gingen in eine Kneipe, betranken uns und anschließend landeten wir in meiner Wohnung. Was dann geschah, können Sie sich wiederum denken.

Nun war es Jeff, dem ich nicht mehr in die Augen sehen konnte. Er war immer so arglos, so freundlich, so vernünftig. Manchmal haßte ich ihn jetzt dafür, weil er meine Schuldgefühle derart hochtrieb, daß ich es nicht mehr aushalten konnte. Ich konnte doch meine Gefühle für Melanie nicht aus mir herausreißen, und ich wollte es auch gar nicht, denn sie liebte mich doch auch.«

Der Mann schaute vor sich hin, und Martha hörte ein leichtes Schluchzen. Inzwischen war es dunkel geworden.

»Ich wußte keinen Ausweg mehr. Ich suchte mir eine neue Arbeit in Birmingham. Aber es nützte gar nichts, im Gegenteil, es wurde noch schlimmer. Wir vergingen vor Sehnsucht, Melanie und ich, und Jeff rief dauernd an und fragte, was los sei, und wie er mir helfen könne, und warum ich sie nicht besuche.«

Er hielt einige Sekunden inne und suchte nach Worten.

»Schließlich bin ich durchgedreht. Ich bin verrückt geworden.«

Martha blickte ihn von der Seite an, als habe sie ihr Stichwort gehört, aber sie hatte nicht damit gerechnet, daß er so klar sprach. Manchmal gibt es so etwas, fiel ihr ein. Die Anpassung des Patienten geht so weit, daß er sich selbst diagnostiziert. Er redet über sich und seine Probleme, als sei er sein eigener Arzt.

»Was meinen Sie damit: Sie sind verrückt geworden?«

Er blickte zu ihr herüber, aber es war zu dunkel, um in ihrem Gesicht lesen zu können. Also lauschte er dem Tonfall ihrer verklungen Frage nach.

»Wie ich sage: Ich bin durchgedreht, verrückt geworden.«

»Wie lange ist das her?«

»Etwa eineinhalb Jahre.«

»Und dann?«

»Ich bin in diesen Wald geflohen - wie Lancelot. Er hatte es auch nicht mehr ausgehalten in seiner Verzweiflung. Sie kennen die Geschichte?«

»Ja, ich kenne sie.«

Jetzt war sie sich sicher, und sie beschloß, weiter mitzuspielen.

»Sie glauben mir nicht, stimmt's?« fragte er unsicher. Er beugte sich etwas vor und schaute angestrengt auf die Fahrbahn.

»Ich würde es auch nicht glauben, wenn ich Sie wäre. Die Liebesgeschichte...«, er überlegte kurz, »ja, vielleicht, aber nicht, daß einer so lange allein im Wald herumirrt, in England, im ausgehenden zwanzigsten Jahrhundert.«

Martha mußte vor einer Kurve zurück in den zweiten Gang schalten.

»Aber ich bin wirklich in diesen Wald gelaufen. Das einzige, was ich bei mir hatte, war ein Koffer mit Kleidern. In den ersten Tagen irrte ich nur umher. Ich wußte kaum, was ich tat. Nachts schlief ich in Gebüschen.«

»Es war Frühling«, ergänzte er. »Später fand ich eine Höhle, in der ich schlief. Der Eingang war fast völlig von einem Heckenrosenbusch verdeckt.«

»Und niemand wußte, wo Sie waren?«

»Doch. Mein Hausarzt, ein alter Freund unserer Familie. Mein Vater und er hatten zusammen bei der Armee in Indien gedient. Ich weiß nicht, wie ich es fertiggebracht hatte, ihm eine Nachricht zu hinterlassen, jedenfalls fand er mich nach ein paar Tagen hier im Wald, das heißt, er fand nicht mich, sondern eine bestimmte Stelle im Wald, wo er mir eine Nachricht hinterlegen konnte. Ich wollte mit keinem Menschen sprechen, auch mit ihm nicht, war zu beschämt über das alles. Er regelte meine Angelegenheiten nach außen, damit keiner blöde Fragen stellte oder nach mir fahnden ließ.«

»Und er hieß nicht zufällig Merlin?«

Der Mann lachte zum ersten Mal, seit er in ihr Auto eingestiegen war.

»Nein, Miller. Ich sehe ein, daß Sie mir das nicht so einfach glauben können.«

Hinter einer Kurve mußte Martha anhalten, weil Fahrzeuge den Weg versperrten. Menschen liefen hin und her. Scheinwerfer blendeten sie.

»Ich steige mal aus und sehe nach, was los ist«, sagte sie.

»Ja, danke«, sagte er, als würde er das eigentlich als seine Aufgabe betrachten. »In meinem Aufzug lasse ich mich da besser nicht sehen.«

Der Mann im Lastwagen vor ihr sah sie bereits kommen.

»Hallo, können Sie mir sagen, was da vorne los ist?«

»Ja, wir warten schon seit einer halben Stunde hier. Ein vom Sturm umgerissener Baum versperrt die Straße, und die Feuerwehr versuchte, ihn wegzuschleppen. Aber das ging nicht. Gerade sind sie dabei, ihn zu zersägen. Es wird noch etwas dauern, Madam. Da kann man nur Geduld haben. Ich habe auch noch einen weiten Weg vor mir und muß noch jede Menge Sachen ausliefern. Wissen Sie, ich glaube, ich habe eine zu rege Phantasie. Als ich hier ankam und die ganzen Lichter sah und noch nicht wußte, was los ist, kam mir sofort in den Sinn, hier sei ein Mord geschehen, und sie hätten die Leiche gefunden. Merkwürdig, nicht? Heutzutage passieren so viele grauenvolle Dinge. Die Zeitungen sind voll davon. Wenn man das ständig liest, sieht man bald Gespenster.«

»Ja, und dann auch noch in so einem finsteren Wald in dieser entlegenen Gegend«, ergänzte sie.

Sie ging zurück zum Wagen.

»Ein umgefallener Baum versperrt den Weg«, sagte sie beim Einsteigen.

Der Mann auf dem Beifahrersitz saß ganz zusammengekauert.

»Was ist mit Ihnen?«

»Die Menschen, die überall herumlaufen.«

»Ja?«

»Ich bin das nicht gewöhnt. Sie sind der erste Mensch, der mich sieht seit eineinhalb Jahren, der erste Mensch, mit dem ich spreche.«

»Ach so.«

Der Mann in der Reihe vor ihr stieg jetzt von seinem Lastwagen herunter. In der einen Hand hielt er eine Taschenlampe, in der anderen eine Thermosflasche. Er kam auf sie zu. Martha kurbelte das Fenster herunter.

»Ich dachte, Sie wollten vielleicht einen Kaffee, Madam. Ganz heiß ist er zwar nicht mehr...«

Seine Taschenlampe leuchtete suchend ins Innere des Wagens. Geblendet hielt der Mann auf dem Beifahrersitz die Hände vor sein Gesicht.

»Entschuldigung, ich dachte, Sie seien allein.«

Dann hatte die Lampe seine nackten Füße gefunden und verharrte dort.

»Aber es ist Mitte Oktober«, sagte der Lastwagenfahrer schließlich.

Martha fühlte sich verantwortlich, etwas zu sagen.

»Wissen Sie«, sagte sie nach ein paar Sekunden zögernd, »ich bin Ärztin, Psychiaterin. Ich arbeite ganz hier in der Nähe im Psychiatrischen Krankenhaus in Mayfield.«

Der Mann lächelte gezwungen.

»Ist er abgehauen?«

Sie antwortete nicht.

»Aber gefährlich ist er doch nicht? Also Madam, falls Sie Hilfe brauchen, rufen Sie nur. Lassen Sie das Innenlicht an. Ich schaue in den Rückspiegel.«

Er hob die Hand mit der Thermosflasche kurz zum Gruß und schlurfte zurück zu seinem Wagen.

Martha und der Mann schwiegen, bis der Baum zersägt und die Straße wieder frei war. Sie überlegte, wie sie das Gespräch wieder in Gang bringen könnte. Während der Fahrt schien ihr das einfacher zu sein, weil sie sich nicht anzusehen brauchten.

»Sie sind wirklich Psychiaterin, nicht wahr?« fragte der Mann mit belegter Stimme in die Stille.

»Ja. Morgen beginne ich meine Tätigkeit in Mayfield.«

Warum erzählte sie ihm das? Es ging ihn doch gar nichts an.

»Es tut mir leid«, sagte sie. »Ich meine, die Sache mit dem Mann eben. Ich hatte schon Angst, Sie würden wieder in den Wald laufen.«

»Nein, ich habe mich entschieden, zurückzugehen. Mein Entschluß steht wirklich fest.«

»Im Handschuhfach liegt eine Straßenkarte. Würden Sie die bitte herausholen?«

»Ich weiß den Weg. Auf meinen Streifzügen bin ich hier oft vorbeigekommen. Der Wald grenzt an die Mauer der Anstalt.«

Er blickte in der Dunkelheit zu ihr herüber.

»Glauben Sie mir immer noch nicht?«

»Doch, bestimmt«, sagte sie schnell. »Wie haben Sie das eigentlich alles gemacht? Ich meine, wovon haben Sie sich ernährt?«

Wenn es nicht so dunkel gewesen wäre, hätte sie etwas Ähnliches wie ein Schmunzeln in seinem Gesicht sehen können.

»Mich hat gewundert, daß Sie das nicht schon früher gefragt haben«, sagte er. »Die ersten Tage bin ich nur umhergeirrt, wußte kaum, was ich tat. Ich lag in Gebüschen, starrte vor mich hin, merkte nicht, wie die Zeit verging. Hinterher wußte ich nichts mehr, nicht einmal, ob ich an etwas oder jemanden gedacht hatte. Oft habe ich Hunger gelitten, aber ich merkte es kaum. Ich pflückte mir Beeren oder sammelte Pilze, die ich roh verzehrte, je nach Jahreszeit. Dann fand ich diese Höhle. Und alle paar Wochen kam Dr. Miller und hinterlegte mir Kleider und Nahrungsmittel an einer bestimmten Stelle. Manchmal lag ich stundenlang in der Höhle in meinem Laubbett auf dem Rücken, und ich tat nichts, und ich dachte an nichts. Ich wollte nur, daß es aufhörte, in mir zu wühlen. Allmählich rückte mein vorheriges Leben in eine unendliche Ferne. Mein liebster Platz war in dem hohlen Stamm einer Eiche. Es war gerade so viel Platz darin, daß mein Körper hineinpaßte. Durch ein Loch, das wohl einmal ein Specht gehauen hatte, blickte ich nach draußen. Ich konnte stundenlang so verharren.«

Er schwieg und schien für wenige Sekunden das Gefühl zurückholen zu wollen, das er hatte, als er sich in dem Baum aufhielt. Er war ganz bei sich. Vielleicht zweifelt er jetzt an seinem Entschluß, dachte Martha.

»Irgendwann fand ich wieder Interesse an den Menschen. Ich begann, sie zu beobachten, zuerst aus großer Entfernung, aber ich ließ mich niemals selber sehen. Ich beobachtete auch Dr. Miller, wenn er in den Wald kam. Später wagte ich mich in die Nähe menschlicher Siedlungen. Manchmal stahl ich Eier aus den Hühnernestern oder schlief in einer Scheune. Oft schaute ich abends auch in die erleuchteten Stuben, und als ich merkte, daß ich Sehnsucht hatte, in der Nähe der Menschen zu sein, wußte ich, daß ich zurückgehen mußte.«

»Aber was ich immer noch nicht begreife: Warum sind Sie ausgerechnet in den Wald gelaufen? Ich meine, zur Zeit Lancelots mag das eine adäquate Möglichkeit gewesen sein, da waren die Menschen noch eher mit der Natur verbunden, aber heute?«

»Ich kann Ihnen diese Frage auch nicht beantworten. Ein anderer Mensch in meiner Lage wäre vielleicht ausgestiegen und auf eine einsame Insel in der Südsee gegangen. Oder in ein Sanatorium.«

»Und ich bin der erste Mensch, mit dem Sie nach eineinhalb Jahren sprechen?« fragte sie und an ihrem Tonfall war nicht zu erkennen, ob sie zweifelte oder ihm glaubte.

»Ja, und ich bin sehr froh, daß ich Sie getroffen habe. Sie müssen die nächste Straße rechts abbiegen. Können Sie mir einen Gefallen tun? Würden Sie für mich Dr. Miller anrufen? Ich befürchte, ich bekomme am Telefon keinen Ton heraus. Hier habe ich die Nummer aufgeschrieben. Und er möge mir ein paar Schuhe mitbringen. Die hatte er vergessen.«

Martha nickte und steckte den Zettel in ihre Arzttasche, als sie an der Pforte der Psychiatrie anhielten.

»Warten Sie, ich muß von hier aus anrufen, um mich anzukündigen.«

Der Mann wartete geduldig. Er war es gewohnt, daß die Zeit langsam verstrich.

»Sie werden jetzt bestimmt keinen Bus mehr in die Stadt finden«, sagte die Psychiaterin, als sie wieder in den Wagen einstieg. »Bleiben Sie doch einfach diese Nacht hier.«

Das Tor wurde geöffnet, und sie fuhr in den Hof, der von einer hohen Mauer umgeben war.

»Man wird Ihnen ein Zimmer geben, und morgen können Sie sich dann in aller Ruhe auf den Weg machen.«

Sie mußte einige Sachen zusammenpacken und machte deshalb das Deckenlicht an, nachdem sie angehalten hatten. Da bemerkte Martha, daß die Augen des Mannes wieder diesen gehetzten Ausdruck angenommen hatten.

»Kann ich Ihnen vertrauen?« fragte er, und seine Stimme klang ganz brüchig.

Sie antwortete nicht sofort. Zwei Männer in weißer Kleidung kamen über den Hof auf das Auto zu.

»Sie werden Ihnen ein Zimmer geben. Morgen früh komme ich sofort zu Ihnen.«

Der Mann ließ sich ohne Gegenwehr wegführen. Sein Blick, als er sich noch einmal zu ihr umdrehte, war vielseitig deutbar, aber er beschämte sie nur. Sie hatten ihn in die Mitte genommen, als sie auf das Haus mit den vergitterten Fenstern zugingen.

Fünf Minuten später stand Martha im Büro ihres neuen Kollegen, Dr. Wilbur.

»Uns fehlt kein Patient, Dr. Harrison«, sagte dieser. »Ich habe bei allen Stationen angerufen.«

Er kramte in den Papieren auf seinem Schreibtisch.

»Und dieser Mann behauptet von sich, er habe eineinhalb Jahre im Wald gelebt?«

»Genau das behauptet er», sagte Martha.

Sie wollte es sich mit ihrem neuen Kollegen nicht verderben, sonst hätte sie ihn gebeten, zur Sicherheit noch einmal bei allen Stationen anzurufen, ob wirklich kein Patient fehlte.

»Und was ist mit diesem Dr. Miller? Den hat er wohl erfunden?«

Am liebsten hätte sie dort angerufen. Aber sie fürchtete, wenn das schief ginge, hätte sie schon vor dem ersten Arbeitstag ihre fachliche Autorität aufs Spiel gesetzt. Als ob Wilbur ihre Gedanken gelesen hätte, sagte er: »Warum rufen Sie die Nummer nicht an, Kollegin Harrison. Wenn er sie erfunden haben sollte, werde ich es für mich behalten. Falls nicht, sind Sie einen erheblichen Schritt weiter.«

Martha überlegte.

»Ich werde Ihren Vorschlag annehmen, Kollege Wilbur«, sagte sie, griff zum Telefonhörer und wählte die Nummer, die der Mann ihr gegeben hatte. Es klingelte dreimal, dann hörte sie Dr. Miller's Stimme vom Anrufbeantworter.

Bis zum Tod

Vera schaute auf die große Uhr zwischen den Bahnsteigen. Es dauerte noch zehn Minuten bis ihr Zug ankam, falls nicht gleich eine Verspätung über Lautsprecher angekündigt würde. Die Szene des gestrigen Nachmittags, die von einer Minute auf die andere ihr Leben verändert hatte, stand ihr immer wieder vor Augen:

Sie setzten mit der Fähre von Rüdesheim nach Bingen über den Rhein. Emil stieg gerade auf sein Fahrrad. Bis zur Hauptstraße war ein ziemlich steiles Stück über eine Brücke zu bewältigen. Er hätte besser schieben sollen. Aber das mochte er nicht, mußte immer beweisen, wie fit er noch in seinem Alter war.

Er fiel einfach vom Rad. Sie fuhr vielleicht zehn Meter hinter ihm und wußte sofort, was los war. Er schaute sie nur an, als sie bei ihm ankam und sich über ihn beugte, wollte ihr etwas sagen. Seine Lippen bewegten sich, aber er brachte keinen Ton heraus. Mit beiden Händen griff er nach seinem Herz. Der Krankenwagen kam schon nach wenigen Minuten. Als sie im Krankenhaus ankamen, war er schon nicht mehr am Leben. Er hatte sie immerzu angeschaut, bis kurz vor dem Ende. Sein Blick, die weit aufgerissenen Augen wollten ihr alles sagen, was noch mitzuteilen war; sie verstand es genau.

Jetzt saß sie hier auf dem Bahnhof in Mainz und erinnerte sich an ihr gemeinsames Leben. Fast vierzig Jahre war das jetzt her, als sie sich das erste Mal getroffen hatten. Er war mit einem der letzten Züge der Spätheimkehrer 1955 aus Rußland gekommen. Sie war, wie schon so oft vorher, zum Bahnhof gegangen, weil sie sich nicht damit abfinden konnte, daß ihr Wilfried nicht wiederkommen würde. Er war seit Stalingrad vermißt gewesen. Sie stand abseits mit dem vergilbten Bild von Wilfried als einem jungen Mann mit unbeschwertem Lächeln, das sie gar nicht mehr aus ihrer Handtasche herauszunehmen wagte, hinter den anderen Frauen, die den ankommenden, ehemaligen Soldaten der deutschen Wehrmacht die verblichenen Fotos ihrer Ehemänner oder Söhne entgegenhielten, traurig dagegen ankämpfend, daß nun die letzte realistische Möglichkeit zu zerfließen drohte, an die sie seit einiger Zeit nicht mehr glauben konnten. Sie schaute den Menschen zu, die sich nach so vielen Jahren wiedersahen. Manche waren sich weinend um den Hals gefallen, bei anderen war die Freude verhaltener, wortlos begrüßten sie sich, manchmal prüfend einander abschätzend, weil sie sich kaum erkannten, bevor sie sich endlich erleichtert in die Arme fielen. Die Männer sahen ausgezehrt aus, knochig, obwohl man sie bestimmt in Rußland vorher aufgepäppelt hatte, damit nicht jeder auf den ersten Blick sehen sollte, welch verdammtes Leben sie geführt haben mußten. Vera wußte es von anderen Frauen, deren Männer zurückgekommen waren, denn aus vielen der ehemaligen Gefangenen brachte man kaum ein Wort heraus. Sie wollten alles so schnell wie möglich vergessen und von vorne anfangen oder da weitermachen, wo sie vor diesem elenden Krieg aufgehört hatten, wollten möglichst schnell die verpaßten Jahre des begonnenen Wiederaufbaus nachholen.

Die Gesellschaft feierte ihre Rückkehr und den Verhandlungssieg Adenauers, aber es war etwas Verhaltenes in ihrer Freude, weil diese Männer noch einmal die Zeit repräsentierten, die seit zehn Jahren vorbei war und an die man nicht mehr erinnert werden wollte. Man sah das Elend in ihren Gesichtern, und an ihren Kleidern haftete der Geruch von Erbärmlichkeit. Mit diesen Männern war etwas zurückgekehrt, vor dem man sich insgeheim fürchtete, etwas, das man an sich selbst haßte und das man in sich begrub, wie man die Trümmer des Krieges einebnete, um darauf etwas Neues zu bauen, auf diese Weise hoffend, die Dämonen der

Vergangenheit einbetonieren zu können. Die zurückgekehrten Männer begriffen das schnell. Diese Art des Kampfes gegen die inneren Gespenster kam ihnen entgegen, sie wollten sich nur möglichst schnell anpassen. Manche schämten sich gar für ihre Krankheiten, ihre körperlichen Gebrechen, die sie aus der Kälte Sibiriens mitgebracht hatten, oder für ihren schäbigen Aufzug. Viele zogen sich zurück wie verwundete Tiere, ließen sich von ihren Angehörigen eine Zeitlang pflegen und traten dann wie Phönix aus der Asche an das Licht der Öffentlichkeit, tatkräftig, optimistisch zupackend, vorher ein funktionierendes Rädchen der Armee, jetzt eines des Wiederaufbaus und des zu erwartenden wirtschaftlichen Aufschwungs.

Noch heute verbot sich Vera Gedanken dieser Art, aber heimlich schlichen sie sich mit der Kraft lange zurückgehaltener Wut aus gräulichen Winkeln in ihr Bewußtsein, obwohl sie dagegen anzukämpfen suchte. Man sollte doch die Vergangenheit ruhen lassen, nicht alles wieder aufwühlen und durch die Mangel der Kritik drehen. Es nutzte nichts. Der junge Mann neben ihr auf der Bank mit dem Stoppelhaarschnitt und den gefleckten Militärhosen wußte bestimmt nichts von der Nachkriegszeit und den Mühen des Wiederaufbaus.

Als die Menschen damals auf dem Bahnhof sich allmählich verflüchtigten, war Emil geblieben, verzweifelt auf dem Bahnsteig auf und ab gelaufen, suchte seine Leute oder wollte von ihnen gefunden werden. Schließlich, als keine Aussicht mehr bestand, daß ihn noch jemand abholen würde, ging sie auf ihn zu, hatte sich einen Ruck gegeben, nicht nur, weil er ihr leid tat, auch, weil sie nicht wieder allein zurückbleiben wollte, und sprach ihn an. Sie hatte ihn schon lange beobachtet, sich aufgefordert, nicht zu denken, sondern einfach zu handeln. Seit Stalingrad grübelte sie immer, stellte sich sinnlose Fragen, die mit 'warum' begannen, und die Gedanken, die Tage, das Leben verloren allmählich und

Stück für Stück ihre Farbe, bis sie nur noch in unscheinbar gleichmäßigem Grau dahinschwammen.

Sie erinnerte sich bis auf den heutigen Tag, wie sie sich räusperte, wie belegt und brüchig ihre Stimme war, wie er sie anschaute, zuerst beleidigt, sie mit seinem Blick geringschätzig durchbohrend, dann, als würde er sich der Einsicht bewußt, wie allein er war, nur noch traurig, die Schultern hängen lassend, als breche etwas in ihm zusammen.

Er konnte es nicht begreifen, daß seine Frau und seine Tochter nicht gekommen waren, um ihn abzuholen. Immer wieder lief er ungläubig hin und her, durchsuchte Abteile und Warteräume, und schließlich waren sie allein. Vera schlug vor, sich an das Rote Kreuz zu wenden, aber vielleicht fürchtete er weitere unangenehme Nachrichten, denn er lehnte ihren Vorschlag ab.

Der Mann mit seinem zerfransten Bündel unter dem Arm, mit seinen harten, nach innen gerichteten Augen, sie nahm ihn einfach mit.

Die Szene stand ihr wieder klar vor Augen. Sie wollte zwei Sessel im Wohnzimmer zusammenschieben. »Keine Umstände, bin es gewohnt, auf dem Boden zu schlafen.« Bei Wilfrieds blaugestreiftem Schlafanzug waren die Arme zu lang. Er schämte sich. Für alles. Keine Umstände. Sie wollte ihm so gerne sagen, daß sie ihn verstehe, auch seine Scham, wollte ihm sagen, er sei frei, zurück, wollte das Wort 'zu Hause' vermeiden, wollte sagen, sie könnten neu anfangen, aber die Worte erstarben unausgesprochen. Sie schämte sich, für ihn und für ihr Handeln, obwohl sie wußte, daß es menschlich war.

In den nächsten Tagen stellte sich heraus, daß Emil seit Jahren, wie ihr Mann Wilfried, als vermißt galt. Seine Frau hatte inzwischen wieder geheiratet. Man kannte solche Geschichten, und keiner wollte sie mehr hören. Die Betroffenen schwiegen. Als seine ehemalige Frau die Nachricht von seiner Rückkehr erfuhr, wollte sie nichts davon wissen, wollte es nicht einmal zur Kenntnis nehmen. Diesen Teil ihres Lebens betrachtete sie als abgeschlossen, endgültig. Emil erwirkte schnell ein Besuchsrecht für seine Tochter. Das war alles, was er diesbezüglich unternahm. Das Kind war zu diesem Zeitpunkt zwölf Jahre alt. Sie hatten sich noch nie vorher gesehen. Über seine ehemalige Frau sprach er niemals wieder, beklagte sich nicht, keine abfälligen Bemerkungen kamen ihm über die Lippen. So wie sie ihn zuvor totgeschwiegen hatte, schwieg er sie jetzt tot.

Über Lautsprecher wurde Veras Zug pünktlich angekündigt. Sie würden bis Köln am Rhein entlang fahren, Emils alte Strecke, die er jahrelang mit dem Auto gefahren war. Vera saß lieber in den Großraumwagen, die waren moderner, aber die meisten anderen Fahrgäste eilten auch auf diese zu. Die Abteilwagen waren dafür nicht so überfüllt. Sie entschied sich für einen in der Nähe des Zugrestaurants. Sie mochte gern dort essen, während der Mahlzeit aus dem Fenster schauen. In einem Abteil saß ein älteres Paar ganz allein. Sie besetzten die beiden Plätze neben der Tür, ihre Knie direkt gegenüber, berührten sich fast, so daß sie wie eine Schranke wirkten, was die Leute offenbar davon abhalten sollte, ins Abteil zu kommen. Vera tat es trotzdem. Wider Erwarten machten die beiden bereitwillig Platz und lächelten sie sogar freundlich an. Sie nahm sich den Fensterplatz in Fahrtrichtung. Der Platz stellte sich als Nachteil heraus, denn der Zug fuhr auf der linken Rheinseite, und nur über den Gang hinweg konnte sie zum Strom und den Ortschaften am anderen Ufer schauen. Der Mann erhob sich und half, ihre Tasche auf der Gepäckablage unterzubringen. Die Fahrräder würden später zusammen mit dem Sarg, in dem ihr toter Emil nun ruhte, in einem Auto nachkommen.

Das Paar war jünger als sie, war vielleicht Anfang Sechzig. Der Mann saß ihr schräg gegenüber. Er trug einen graublauen Anzug mit gleichfarbener Weste, wirkte von oben bis unten hager. Seine freundlichen Augen schienen nicht zu seinem Raubvogelgesicht zu passen. Die Brille mit dem einfachen Gestell unterstrich noch diese karge Ausstrahlung, verlieh ihm auch etwas Vornehmes oder Gebildetes. Schlohweiß fielen seine Haare wie bei einem jungen Mann in die Stirn. Vera wußte, daß er diese Frisur sein ganzes Leben lang so beibehielt, Gewohnheit, aber auch ein Relikt aus der Jugend, das er nicht missen wollte. Bei Emil war das auch so gewesen. Er wollte, daß immer alles gleich blieb. Auf jede Veränderung, die sein Leben betraf, reagierte er jedesmal mit Jähzorn, auch wenn nur ein Haus in der Nachbarschaft umgebaut oder eine Straße asphaltiert wurde. Zu Hause mußte alles an seinem Platz stehen, unverrückbar, und obwohl er sich in bezug auf die Erziehung ihrer Jungs zurückgehalten hatte, bekam er schon einen Wutanfall, wenn sie einen seiner Bleistifte nicht an die entsprechende Stelle zurücklegten.

Die Frau maß sie kaum mit ihren Blicken. Natürlich, doch unscheinbar wirkte sie mit Dauerwellen, Blümchenkleid und ärmellos Gestricktem. Aber wie bei Emil und ihr: Die Frau achtete darauf, daß der Mann ordentlich daher kam, sie selbst blieb bescheiden im Hintergrund.

Neben dem Mann auf dem Sitz lag ein Büchlein mit einem harten Pappeinband. Vera versuchte, den Titel zu lesen, aber es gelang ihr nicht, zumal das Buch aus ihrer Sicht falsch herum lag. Bücher, die so gebunden waren, gab es vor dem Krieg. Sie versuchte sich vorzustellen, wie es bei diesem Ehepaar zu Hause aussah und darüber gelangte sie zu der Überzeugung, sie kämen aus der ehemaligen DDR.

Nach einem halben Jahr hatten Emil und sie geheiratet. Sie hatte sich nicht in ihn verliebt, wie damals, in diesem Sommer vor dem Krieg, in ihren Wilfried, aber sie sagte sich einfach, er sei ihre letzte Chance, nicht den Rest ihrer Tage als Kriegerwitwe auf dem Abstellgleis des Lebens zu verbringen. Ihre beiden Jungs gingen schon aufs Gymnasium; nach dem Abitur würden sie das Haus verlassen, und dann wäre sie allein gewesen. Vor ihrer Heirat hatte Emil, der ein Häuschen in ihrer Nähe bezogen hatte, sie einmal in der Woche, am Freitag, besucht. Manchmal kam er auch Sonntag nachmittags mit seiner Tochter vorbei. Sie war in dem Alter ihrer Jungs, ein freundliches, zurückhaltendes Mädchen.

Emil machte alle Reparaturen in ihrem kleinen Haus, erledigte schwierige Besorgungen, kümmerte sich um die Kohlen im Keller, obwohl er der Meinung war, das müßten die Buben machen. Aber die plagten sich mit Latein und Mathematik herum, ohne einen Erwachsenen, der ihnen half. Er reparierte das Dach, flickte die angeknabberten Wände der Kaninchenställe, räumte den Schuppen auf und beschnitt die Bäume vor Beginn des Frühjahrs.

Emil sprach nie über seine Kriegserlebnisse und die Gefangenschaft. Manchmal stand er da, zum Beispiel im Garten, auf den Spaten gestützt und starrte auf einen Punkt, ohne daß er es selbst bemerkte. Wenn sie ihn ansprach, schreckte er sofort auf und begann wieder mit der Arbeit, als fürchtete er, sie würde ihn antreiben. »Frag nicht! Es war schrecklich genug, und jetzt ist es vorbei.« Kurz und knapp sagte er das immer, mit einem heftigen Ausdruck seiner harten Augen. Sie gab es mit den Jahren auf, weiter zu fragen oder etwas verstehen zu wollen. In diesem Augenblick empfand sie Angst vor ihm und spürte gleichzeitig seine Angst, die hinter seinen harten Augen lag. Kalt umfing sie das gemeinsame Schweigen.

Vera schaute über den Gang aus dem Fenster. Hier war die Landschaft noch flach, der schönste Teil der Strecke würde hinter Bingen beginnen. Träge und breit floß hier noch der Strom.

Der Mann und die Frau packten Butterbrote aus und begannen zu essen. Dabei blickten sie einander in die Augen wie zwei Verliebte oder eher wie ein Paar, das viele Geheimnisse miteinander teilt und sich seiner unerschütterliche Treue zueinander sicher ist.

Zwei Jahre hatte Emil in einer Fabrik gearbeitet, sechs Tage die Woche, einmal im Monat sonntags, und dann erfüllte er sich seinen Traum, den er sich in den harten Wintern in Rußland, bei den endlosen Märschen, und später in den Bergwerken und im Lager am Ende der Welt immer wieder ausgemalt hatte. Es war wie sein Überlebensschwur gewesen, seine Gedanken daran festklammernd, damit dieses Hungergefühl, das Auszehrende, das ihn innerlich zerfraß und ihm nach dem Leben trachtete, erträglicher wurde.

Er hatte sich ein Auto gekauft, einen großen Opel mit geräumigem Kofferraum. Dieser war gefüllt mit Schuhwichse in allen Farben, Lederfett, Bürsten und Schnürsenkeln. Zum ersten Mal, seit sie ihn kannte, strahlten seine Augen, vor Stolz und Genugtuung, als er ihr seine Errungenschaft vorführte. Aber er hatte sie vorher nicht mit einer Silbe über seine Pläne informiert. Sie erschrak darüber, wie einsam er im Grunde genommen sein Leben gestaltete. Wie immer ließ sie sich nichts anmerken, sondern freute sich mit ihm. Er tat so, als sei es eine Überraschung für sie, als habe er nur auf diesen einen Augenblick seiner Freude für sie oder mit ihr hingearbeitet. Dabei war es umgekehrt - wie bei einem Kind, das seiner Mutter Süßigkeiten schenkt, weil es sie selbst mag.

Von diesem Tag an fuhr er seine Rheinstrecke und verkaufte Schuhcreme und Fette. Nach einigen Monaten kannte man ihn in jedem Ort, auf jeder Straße rheinauf, rheinab, für alle Leute war er der Wichs-Emil. Sein grüblerisches, verschlossenes Wesen legte er nach außen ab. Von nun an verbreitete er überall gute Laune, lieferte regelmäßig und zuverlässig, den Kindern brachte er kleine Geschenke mit, so daß sie ihre Mütter davon überzeugten, ihre Schuhwichse nicht in den Geschäften zu kaufen, obwohl sie dort billiger angeboten wurde. Dafür lieferte Emil beste Qualität direkt frei Haus. Er war die ganze Woche unterwegs, kam am Freitagabend, oft erst am Samstagmittag zurück, bester Laune, oft mit kleinen Geschenken für sie, als Ausgleich für ihre Einsamkeit, die zu verschweigen wie eine Abmachung galt.

Jetzt rauschten sie Bingen entgegen. Der Zug hielt hier nicht. Vera versuchte, die Fähre zu entdecken, mit der sie gestern übergesetzt waren. Emil hatte sie vom Schiff aus auf die Rochuskapelle auf dem Berg aufmerksam gemacht, die sie sich letztes Frühjahr angesehen hatten. Zuerst sah sie die Brücke, auf der es passiert war, unter der sie im nächsten Augenblick hindurch fahren würden. Und plötzlich, als sie die Fähre von Rüdesheim herüberkommen sah, spürte sie, wie ihr die Tränen kamen. War doch egal, was die Leute von ihr dachten. Die würde sie nach dieser Zugfahrt niemals wiedersehen. Es schmerzte, und doch tat es so wohl, wenn sich der Klumpen in ihrem Inneren für eine Weile auflöste. Sie beugte sich nach links, als würde sie aus dem Fenster sehen. Der Mann bemerkte es aber und reichte ihr unbeholfen ein Papiertaschentuch. Er räusperte sich, fragte, ob er etwas für sie tun könne, aber sie antwortete nur »danke« und »ist schon gut«.

Sie blickte bis Niederheimbach, wo das Rheintal allmählich enger wurde, aus dem Fenster. Dann entspannte sie sich, atmete tiefer, wartete auf Bacharach. Der Strom im schmaleren Bett glitt hastiger dahin.

Emil hatte hier jede Straße, jedes Haus gekannt, er hatte sich einfach hierher verpflanzt. Im Wohnzimmer hingen die alten Stiche, die Bacharach, Oberwesel und Boppard, die

Marksburg, die Burg Katz und die Loreley zeigten, der Felsen viel höher und schroffer als er in Wirklichkeit war. Darunter stand der berühmte Satz: »Ich weiß nicht, was soll es bedeuten, daß ich so traurig bin«. Vera war oft traurig gewesen, manchmal wußte sie gar nicht mehr, worüber, Emil nie, er hatte das Gefühl gar nicht gekannt. Er war immer gleich gewesen, nicht traurig, nicht froh, eben immer gleich.

Er legte regelmäßig die selbe Strecke zurück: Von Bonn den Rhein aufwärts bis zur Kaub, setzte dort über, dann bis Bingen und auf der anderen Rheinseite und die entgegengesetzte Strecke wieder retour. Es gab keine Erklärung dafür, warum er seine Route so bestritt. Er machte es immer so. In den späteren Jahren begleitete ihn Vera im Frühjahr, wenn die Obstbäume an den Hängen blühten, oder im Herbst, wenn sich das Weinlaub feurig färbte, für ein paar Tage. Das galt dann als Ersatz für einen Urlaub. Emil nahm sich dann einen Nachmittag frei, und sie besichtigten eine alte Burg oder besuchten einen ihnen bekannten Winzer, um den neuen Wein zu probieren.

Jetzt brauste der Zug durch Bacharach. Vera versuchte, das Auge wohlig über die alten Häuser und Türme gleiten zu lassen; mit diesem Ort verband sie so viele gute Erinnerungen, aber es schnellte alles vorüber. Die Häuser waren zu nah, sie huschten unscharf vorbei. In Sekunden ließ der IC den Ort hinter sich. Gleich würde die Stelle kommen, die ihr immer Angst einjagte, die sie jahrelang in den Träumen verfolgt hatte. In ihrem Kopf ging sie die ganze Geschichte noch einmal von Anfang an durch, als würde sie diese jemandem erzählen.

Es hatte sich im Sommer 64 abgespielt, Emil war an einem Donnerstagvormittag nach Hause gekommen. Das machte er sonst nie. Er war völlig »durch den Wind«, wie sie es nannte, käsebleich, und seine Augen gingen unruhig hin und her. Er setzte sich an den Küchentisch und starrte vor sich hin, ohne einen Ton zu sagen. Sie fragte ihn, was geschehen war, aber er schüttelte nur immer den Kopf oder vergrub ihn minutenlang in den Händen. Nach unendlich langer Zeit, wie ihr schien, flehte sie ihn, schrie ihn an, er solle den Mund aufmachen, und schließlich redete er, in schnellen hastigen Worten, fast jede Information begleitet von dem Satz: »Bestimmt ist er tot. Die hängen mich auf.«

Dann alles auf einmal, herausgesprudelt, wirr, nicht ganz der Reihe nach. Es war eine warme Sommernacht. In der 'Alten Münze' in Bacharach hatte eine frische Forelle gegessen und ein paar Gläser über den Durst getrunken, dann beschlossen, spontan, eine Idee in beschwingtem Weinrausch, kein Zimmer in der Pension zu nehmen, sondern draußen in einem Seitental im Auto zu übernachten. Das machte er um diese Jahreszeit gelegentlich, weil er die frische Nachtluft mochte und dabei auch noch Geld sparen konnte. Als Hornochse bezeichnete er sich und redete ohne Punkt und Komma.

Es gehörte zu seinen Gewohnheiten, immer auf demselben Platz unter einer Linde am Hang hinter den Weinbergen zu parken. Kurz nachdem er eingeschlafen war, klopfte es an die Tür, und ein schäbig aussehender, kleiner Mann mit einem alten Rucksack, einen zerbeulten Hut auf dem Kopf, hielt ihm eine Pistole zum offenen Wagenfenster hinein und forderte ihn auf, schnell alles Geld zu geben. Emil kam dem Befehl nicht unverzüglich nach, obwohl er sofort glockenwach war, und der Mann raunzte ihn nochmals mit zittriger Stimme an, alles Geld zu geben, los, los, schnell. Emil zog seinen Geldbeutel aus der Gesäßtasche, ganz langsam, und der Mann wurde immer nervöser, die Augen flackerten, wie damals die der jungen Kameraden. Das kannte er aus dem Krieg. Können nicht abdrücken. Der Typ wollte auch seine Brieftasche. Er nahm sie aus der Jackentasche, und als er sie öffnete, beugte sich der Mann neugierig vor. Er sah, wie die Hand zitterte, roch seinen vom Fusel säuerlichen Atem, und er merkte, wie der kleine Mann ihn ängstlich von unten herauf anblickte. Warum gab Emil ihm die Brieftasche nicht einfach und fuhr davon? Ja, so viel wußte er aus dem Krieg: Der würde nicht schießen, der war viel zu feige. Emil war wütend. So leicht wollte er sein sauer verdientes Geld nicht hergeben. Und der würde niemals schießen, der nicht.

Kurz entschlossen gab er dem überraschten Kerl einen Schubs, nur so einen Schlag vor die Brust, so daß er nach hinten fiel, damit er selber Zeit hatte, das Auto zu starten und abzuhauen. Der Mann reagierte gar nicht, torkelte und fiel rückwärts, die Pistole flog in weitem Bogen davon. War doch nur ein leichter Schubs gewesen. Emil ließ den Motor an. Er zögerte. Warum zögerte er? Er brauchte nur aufs Gaspedal zu treten. Der Mann blieb regungslos liegen, noch ehe Emil sich davonmachen konnte. Er zögerte immer noch.

Wie, als müsse er sich selbst anschieben, fuhr er dann los. Nur schnell weg hier. Oder brauchte der Mann Erste Hilfe? Stabile Seitenlage? Was dachte er? Nein, so fiel keine Pistole, so leicht war sie nicht, nicht in so einem Bogen, wie ein Spielzeug, ja, wie ein Spielzeug. Nur schnell weg. Oder zurückfahren? Ein Mißverständnis, ja, ein Mißverständnis. Eine Spielzeugpistole. Konnte man nicht sehen bei der Dunkelheit. Der Mond? Ja, er schien hell. Wäre er doch nur in die Pension gefahren. Wie immer. Verrückt, nachts im Auto zu schlafen, seine unsägliche Sparsamkeit. Wenn der nun tot war? Der war bestimmt tot, war so merkwürdig gefallen und gleich liegen geblieben. Eine Spielzeugpistole. Wie hätte er das wissen können?

Vera fragte ihn verzweifelt, warum er nicht zur Polizei ging und alles erzählte.

Nein, nein, käme nicht in Frage. Die glaubten ihm nicht, solchen Handwerksburschen, solchem Gesindel glaubte man heute, die würden ihn verurteilen und aufhängen.

Aber wenn der tot sei. Der könnte doch gar nichts mehr sagen.

Noch viel schlimmer, ein unschuldiges Opfer, würden sie sagen.

Warum er sich denn überhaupt gewehrt hätte? Wegen der paar Kröten? Hätte er sie dem Mann doch gelassen. Warum deswegen ein Menschenleben aufs Spiel setzen?

Wußte er auch nicht. Er war wütend. Sie solle bloß den Mund halten. Sie würde ihn ans Messer liefern, wenn sie nicht den Mund hielte. Bloß keine Polizei! Dann vergrub er wieder das Gesicht in den Händen. Er hatte den Mann doch nicht umbringen wollen.

Mit klappernden Zähnen und Schüttelfrost ging er ins Bett. Sie stellte Wasser auf für die Wärmflasche, und schließlich legte sie sich zu ihm ins Bett, wärmte ihn mit ihrem Körper, damit er sich beruhigte.

Am nächsten Morgen stand er auf, ganz ruhig, als sei nichts gewesen. Ganz überlegt meinte er, er dürfe nichts an seinen Gewohnheiten ändern.

Noch nach Monaten blätterte sie täglich in angstvoller Erwartung die Zeitung durch, jedes Klingeln an der Tür schreckte sie auf, weil sie befürchtete, die Polizei stehe vor der Tür. Sie zermarterte sich das Hirn, warum nichts in den Zeitungen stand. Vielleicht war er gar nicht tot? Oder sie ermittelten heimlich, und eines Tages würden sie die ganze Geschichte beisammen haben und Emil verhaften.

Im nächsten Jahr unternahmen sie eine Schiffstour: von Mainz nach Koblenz und zurück. Hinter Bacharach suchte der Blick beider das Seitental. Die besagte Linde konnte man vom Schiff aus nicht sehen. Sie sprachen nicht darüber, nie wieder ein Wort.

Jetzt fuhr der Zug auf der Höhe von Lahnstein. Auf der anderen Rheinseite würde sie gleich das romanische Kirchlein des Johannesklosters sehen, das sie einmal mit Emil zusammen besucht hatte. Der Pater veranstaltete für sie ganz allein eine Führung.

Die Sonne lugte hinter Wolken hervor, und es sah aus, als würden die hellen Häuserwände das Licht anziehen. Der Rhein floß wieder in breitem Bett dahin. Wetterumschwünge beeinträchtigten ihn nicht auf dem Weg zu seinem fernen Ziel.

Das Ehepaar in ihrem Abteil hatte seine Mahlzeit beendet. Der Mann blätterte in einem Katalog für handgearbeitetes Holzspielzeug, was Vera in ihrer Vermutung bestärkte, sie kämen aus den neuen Bundesländern. Sie wartete noch, bis der Zug in Koblenz anhielt. Dann bat sie das Ehepaar, ihren Platz frei zu halten und begab sich in den Speisewagen. Sie suchte sich einen Platz an einem kleinen Tisch, damit sie möglichst allein sein konnte. Der Kellner nahm ihre Bestellung auf, noch bevor der Zug wieder anfuhr. Sie blieb bis zum nächsten Halt, Bonn, sitzen. Aber es lenkte sie nicht ab, aus dem Fenster auf die Landschaft zu blicken.

Kurz nach der Geschichte mit dem toten Landstreicher war Emil eines Tages mit einem jungen Rottweiler nach Hause gekommen. Vera erinnerte sich jetzt daran, weil sie gleich durch Andernach fahren würden, und er ihn dort von einem Züchter gekauft hatte. Ihr gefiel das Tier sofort. Trotzdem wünschte sie sich, ohne es auszusprechen, daß er mit ihr vorher darüber gesprochen hätte. Aber Emil gab keine Begründung ab, was ihn zu der Anschaffung des Hundes bewogen hatte, und er gab ihr auch keine Antwort, als sie vorsichtig fragte, ob es etwas mit dem Überfall zu tun hätte. Er sagte nur: »Ist doch ein feiner Kerl«, und damit war das Thema erledigt.

Den Hund nahm er nun auf alle Reisen mit. Bald konnte man sich den Wichs-Emil nur noch in Begleitung des Hundes vorstellen. Er dressierte ihn, daß er ihm aufs Wort gehorchte, und nur ihm. Das Tier schien nicht mehr einen einzigen selbständigen Impuls zu haben, wartete nur auf die Befehle seines Herrn und richtete sich prompt danach. Vera wurde das nach einiger Zeit unheimlich, aber sie sagte nichts, denn Emil taute nach dieser schrecklichen Geschichte wieder etwas auf, und sie wollte ihm die Freude nicht verderben.

Von nun an gehörte ihm, bis vor zwei Jahren, immer ein Hund, und zwar ein Rottweiler. Dann wollte Emil keinen mehr, weil er dem Tier nicht zumuten mochte, daß es ihn überlebte. Wenn ihre Kinder mit den Enkeln zu Besuch kamen, spielten sie selbstverständlich mit dem Tier. Anfänglich war Vera besorgt, weil es gefährlich sein könnte, aber der Hund schnappte niemals nach ihnen, ließ sich alle kindlichen Annäherungsversuche geduldig gefallen. Emil kamen da überhaupt keine Bedenken in den Sinn, sein Hund, den er abgerichtet hatte, würde niemals den Kindern etwas tun. Trotzdem sah er es nicht gern, wenn sie mit ihm spielten.

Als sie ins Abteil zurückkam, strickte die Frau, und der Mann las in seinem Buch. Jetzt konnte sie den Titel lesen: 'Deutschland. Ein Wintermärchen' von Heinrich Heine.

Manchmal hatte sie überlegt, sich eine Arbeit zu suchen, als ihre Jungs aus dem Haus waren. Sie brauchte eine Beschäftigung und wollte etwas dazu verdienen. Es kam vor, daß sie an Vormittagen stundenlang über der Zeitung saß, ohne etwas zu lesen. Sie grübelte und bemerkte nicht, wie die Zeit verging. Das zähe Drehen der Gedanken tat ihr nicht gut, blies kleine Sorgen zu großen auf. Emil wollte nicht, daß sie arbeiten ging. Schon das Gespräch darüber ließ ihm die Zornesröte ins Gesicht steigen. Die Leute würden meinen, er verdiene nicht genug. Also ließ sie es, ihm zuliebe. Ihr ältester Sohn Ernst deutete einmal ihr gegenüber in seiner bedächtigen Art an, sie passe sich Emil zu sehr an. Sie wies das sofort heftig zurück, und Ernst unterließ zukünftig jegliche Bemerkungen darüber. Aber es stimmte. Sie konnte sich nie gegen Emil durchsetzen, sie versuchte es nicht einmal richtig. Ihr ganzes Leben paßte sie seinen Vorstellungen an. Aber das durfte sie ihm doch jetzt nicht zum Vorwurf machen.

Schuldbewußt blickte sie zu dem Ehepaar, das so einträchtig beisammen saß.

In den siebziger Jahren begannen mit der Ölkrise die schweren Jahre. Die Leute drehten die Mark zweimal um, bevor sie diese ausgaben. Sie gingen nun in den Supermarkt einkaufen, und an der Haustür wollte man niemandem mehr etwas abnehmen. Emil verschwieg ihr monatelang, wie schlecht die Geschäfte gingen. Auch diesmal lehnte er wieder schroff ab, daß sie mitverdiente, wurde laut, als sie ihm den Vorschlag unterbreitete. Es wäre besser, mit ihr über dergleichen nicht zu reden, sagte er energisch. Nach fast zwanzig Jahren hallten ihr seine Worte jetzt noch im Ohr. Zwei Jahre ertrug er den Zustand noch, und sie grämte sich, weil sie sah, wie er darunter litt, mit ihm nicht reden konnte und nicht wußte, wie sie ihm helfen sollte. Er wurde immer schweigsamer. Selbst vor dem Fernseher war es nicht mit ihm auszuhalten, weil er alles und jedes mit seinen bitteren Bemerkungen kommentierte.

Dann traf Emil eine für ihn schwere Entscheidung und gab sein Geschäft auf. Nun fuhr er seine alte Strecke ab und füllte Zigarettenautomaten. Die ersten Wochen mußten höllisch für ihn gewesen sein. Vera merkte das nur an seinen Andeutungen und zynischen Bemerkungen. Er fühlte sich gedemütigt und herabgesetzt. Als das Schrecklichste empfand er, wenn ihm Bekannte bei der Arbeit begegneten. Der Wichs-Emil füllte jetzt Zigarettenautomaten. Aber nach und nach gewöhnte er sich an die Arbeit, bezeichnete sie als krisensicher. Die Leute hätten selbst im Krieg geraucht, obwohl sie kaum was zu beißen gehabt hätten, sagte er. Und seine Unabhängigkeit konnte er auch behalten. Er könnte fahren, wann und wohin er wollte, Hauptsache, die Automaten wurden gefüllt. Viel verdiente er zwar nicht dabei, aber sie brauchten auch nicht viel. Sie leisteten sich nichts Besonderes, und Schulden hatten sie auch nicht.

Er brachte ihr häufig kleine Geschenke mit, wenn er nach Hause kam, war überhaupt sehr aufmerksam und nahm sie öfter mit auf Reisen als früher. Manchmal war seine Arbeit am Mittag erledigt. Dann spazierten sie zu einer Burg hinauf oder kehrten bei einem Winzer ein. Emil begann auch wieder, sich für die Geschichte seiner Strecke zu interessieren, besorgte sich Bücher darüber und manchmal begleitete sie ihn in Zeitungsarchive. Sie begriff nicht, was daran so wichtig war, ob das Unwetter, das die Weinernte fast völlig zerstörte, im Sommer 64 oder 65 stattfand, oder in welchem Jahr die neue Brücke über den Rhein in Koblenz einstürzte.

Vera blickte aus dem Fenster und riß sich aus ihren Gedanken. In Köln mußte sie aussteigen. Ihre Enkelin Nadia würde sie mit dem Auto abholen. Das beruhigte sie, denn sie wollte nicht allein zu Hause ankommen. Sie konnte jetzt nichts Zusammenhängendes mehr denken. Die Vergangenheit mit Emil blieb für eine Zeitlang hinter Bonn zurück. Sie mußte nun an die nächsten Tage denken, die Organisation der Beerdigung, wen sie heute noch anrufen mußte, was es noch auf den Ämtern zu erledigen gab.

Der Mann war über seinem Buch eingenickt. Seine Frau betrachtete ihn lächelnd, ohne ihre Strickarbeit zu unterbrechen. Vera nahm, möglichst leise, ihre Tasche von der Gepäckablage und verabschiedete sich freundlich mit einem Kopfnicken von der Frau. Als sie die Abteiltür wieder schloß, sah sie, daß der Mann doch aufwachte, und ihr nach kurzen Sekunden der Orientierung zum Abschied zunickte.

Als sie ausstieg, sah sie Nadia schon auf dem Bahnsteig. Sie kam ihr entgegen, sie fielen sich in die Arme, und es tat Vera unendlich wohl, sich hemmungslos gehen zu lassen. Als sie im Auto saßen, überkam sie ein unstillbares Redebedürfnis. Das kam oft vor, wenn sie mit Nadia allein war. Niemanden wünschte sie sich in diesem Augenblick mehr als ihre Enkelin. Zu Hause erledigte Nadia alle Formalitäten für sie. Sie richtete es sich auch so ein, daß sie über Nacht bleiben konnte. Das war gut, denn Vera hatte Angst allein.

Am nächsten Morgen, nachdem Nadia zur Uni gefahren war, stand Vera im Wohnzimmer, in dem seit zwanzig Jahren keine Veränderung vorgenommen worden war. Sie wußte genau, an welcher Stelle die Sonne in einigen Minuten ins Fenster hereinscheinen, welche Gegenstände sie beleuchten würde. Trotzdem wartete sie geduldig darauf. Dann ging sie im Zimmer herum und schaute sich alles an, als würde sie es zum ersten Mal betrachten: Die Drucke von den Rheinstädten, die Ansichten der Loreley, die eher einer romantischen Phantasielandschaft als dem tatsächlichen Felsen glichen, das Bild von den Zechern im Weinkeller. Vor Emils Schreibtisch blieb sie lange stehen, schaute sich die alten Fotos an, bevor sie die Schublade aufschloß, um die sie sich nie gekümmert hatte. Den Schlüssel hatte Emil immer in seinem Geldbeutel aufbewahrt. Vera hatte gestern daran gedacht, weil sie seine Papiere brauchen würde.

Es war ihr unangenehm, in seinen Sachen zu wühlen. Wie schnüffeln, dachte sie, gleichzeitig betrachtete sie jedes Papier, als suche sie wirklich etwas, obwohl sie Paß und Geburtsurkunde schon beiseite gelegt hatte.

Sie fand ein Foto, das höchstens zwei Jahre alt war: Emil und sie bei einer Fahrradtour. Sie betrachtete es liebevoll. Die letzten Jahre waren vielleicht die schönsten ihres Lebens gewesen. Emil gehörte nicht zu den Männern, die sich gehen ließen, wenn sie nicht mehr arbeiten konnten. Im Gegenteil, endlich nahmen sie sich mal Zeit für all die

Unternehmungen, die sie sich schon lange vorgenommen hatten. Und immer am Rhein entlang. Vera wäre ja auch mal woanders hingefahren, aber Emil hatte die Rheinstrecke so gern, konnte sich gar nichts anderes vorstellen.

Sie blätterte weiter zwischen den Papieren. In einem alten Personalausweis fand sie einen mehrmals zusammengefalteten, vergilbten Zettel. Zuerst tanzten die gebrechlichen Buchstaben, Worte und Sätze vor ihren Augen, als seien sie lange Zeit eingesperrt, zu Leblosigkeit verdammt gewesen, und nun würden sie entschwirren wie ein Geist aus der Flasche. Aber allmählich beruhigte sie sich, und die Buchstaben kehrten an ihren Platz zurück.

Wir tun doch nur unsere Pflicht, aber es ist eine schreckliche Pflicht. Und obwohl ich hier nichts tun muß, außer Wache zu schieben, wäre ich doch tausendmal lieber an der Front. Aber von hier aus ist das leicht zu sagen, die meisten sind aus Stalingrad nicht mehr zurückgekehrt. Trotzdem nehme ich mir jeden Tag vor, mich zurückzumelden. Aber einer muß doch auch die Arbeit hier machen. Ich kann gar nicht erzählen, was hier geschieht. Es würde mir keiner glauben. Ich würde es selbst nicht glauben, wenn ich es nicht täglich sehen würde. All die vielen tausend Menschen. Jeden Tag denke ich: Jetzt muß es vorbei sein. Das ist der letzte Waggon. Aber es kommen immer wieder neue. Hunderte, tausende Menschen ziehen stumm an mir vorbei, Frauen, Männer, Kinder.
Es ist meine Pflicht. Ich muß

An dieser Stelle hatte er nicht mehr weitergeschrieben.

Pressemeldung

Carlos lehnte sich entspannt zurück. Heute war Samstag - sein Tag. Er brauchte nicht zu arbeiten. Keinerlei Verpflichtungen hinderten ihn, in diesem Bus sitzenzubleiben bis zur Endstation am Meer.

Er schaute aus dem Fenster und blickte in die Eingänge der Läden, sah die Menschen auf den Parkbänken, sah sie auf den Bürgersteigen hasten, ihre hektischen Bewegungen, mit denen sie sich gegen ihr unsichtbares Schicksal stemmten. Aber er war heute frei von seinem Schicksal. Er ahnte die Seeluft voraus, eine frische Brise, die ihn automatisch tiefer durchatmen ließ, dazu den leichten Salzgeschmack auf der Zunge, der für ihn zum Inbegriff für Freiheit geworden war.

Er genoß die Busfahrt, machte sich ein Spiel daraus, zu tippen, ob und wieviel Leute an welcher Station ein- und ausstiegen, welche Läden schon geschlossen hatten, kostete dazu die Vorfreude auf sein Ziel aus.

Als der Bus an der letzten, seiner, Station anhielt, stieg er aus, lief ein paar Meter weg von dem Dieselgeruch, atmete tief und schaute über den schmalen Strand, über das Meer, bis zu der Stelle, wo es den Himmel berührte. So stand er mehrere Minuten, schaute, schmeckte und fühlte seinen gleichmäßigen Atem. Er war zwanzig Jahre alt.

Carlos zog seine Schuhe aus und grub bei jedem Schritt seine Füße durch die heiße Oberfläche in den kühlen Sand darunter. Dann riß er sich die Kleider vom Körper, nahm Anlauf und stürzte sich in die Fluten.

Hinter dem Wellenaufschlag begann er zu schwimmen. Seine Bewegungen waren ruhig und gleichmäßig, sein Blick auf den Horizont gerichtet. Der Atem beruhigte sich wieder. Er nahm seinen Körper wahr wie eine Maschine - von immerwährender Kraft. Er spürte seine Muskeln, die Sehnen, spürte sein Herz schlagen, sogar, wie das Blut warm durch seine Adern floß.

Er dachte an nichts mehr, hatte alles zurückgelassen. Er legte sich auf den Rücken und sah hinauf in das bleierne Blau. Nichts sonst. Die Arme bewegten sich von selbst, wie Mühlräder, die, angetrieben von der Strömung, gar nicht anders konnten. Der flüchtige Blick zurück ließ die Häuser hinter dem Strand wie Spielzeug erscheinen.

Carlos mochte die Zeit vergessen, ewig weiterschwimmen. Aber er gemahnte sich. Wie wohltuend er auch die Kräfte seines Körpers spürte, er wußte, sie waren begrenzt. Er gab sich noch einige, kräftige Züge. Dann drehte er um.

Er ließ sich Zeit, wechselte die Schwimmstile. Mal entlastete er die Beine, dann die Arme. Dazwischen ließ er sich treiben und schaute in den Himmel hinauf.

Zur Abwechslung nahm er mal wieder die Häuserreihe hinter dem Strand ins Visier. Täuschte er sich, oder war sie noch kleiner geworden? Er konnte schwer einschätzen, wie lange er sich schon auf dem Rückweg befand. Carlos suchte einen Anhaltspunkt, um festzustellen, in welcher Richtung er sich bewegte. Er beobachtete einen kleinen Ast, der auf dem Wasser trieb, und daran merkte er, daß eine starke Strömung aufs Meer hinaus ging. Er beschleunigte seine Schwimmbewegungen, um festzustellen, wie schnell er vorwärts kam. Er konnte den Ast noch lange sehen, und als er die Schwimmbewegungen für kurze Zeit aussetzte, trieb er schnell wieder auf den Ast zu.

Er spürte sein Herz und seinen schnelleren Atem, und er sagte sich: Nur jetzt nicht panisch werden. Du befindest dich in einer Strömung, die dich aufs Meer hinaustreibt. Du mußt herausfinden, ob du aus eigener Kraft zurückschwimmen kannst. Du darfst deine Kräfte nicht sinnlos vergeuden. Du mußt vernünftig sein.

Es nutzte nichts. Wie hätte er es unterlassen können, sich gegen das Schicksal aufzulehnen? Er konnte doch nicht ruhig abwarten bis durch Zufall etwas geschah. Kein Schiff war auf der weiten, blauen Fläche zu entdecken. Nur nicht denken jetzt. Das macht nur panisch.

Carlos verschrieb sich Gelassenheit und versuchte, quer zu Strömung zu schwimmen. Er spähte auf die Häuserreihe, die winzig geworden war, kleiner als Streichholzschachteln. Er machte kräftige, ausdauernde Bewegungen. Im Inneren seines Ohrs hörte er überlaut, wie seine Zähne aufeinanderschlugen.

Er schwamm so lange weiter, bis er die ersten Anzeichen von Erschöpfung in seinen Oberarmen spürte. Häuser, Strand, Straße, von hier aus war es nur noch ein schmaler Landstreifen, der bald ganz aus dem Blickfeld verschwinden würde.

Carlos ließ sich treiben. Was sollte er jetzt weiter tun? Er konnte sich doch nicht einfach seinem Schicksal überlassen. Ohne Hilfe von außen würde er zugrunde gehen. Er würde grausame, gemeine, kleine Tode sterben, sein Körper Stück für Stück erlahmen. Er würde verdursten. Zuletzt das Gehirn. Er würde seinem eigenen Tod zusehen.

Ihm blieb nur eine Möglichkeit: Er mußte seine Kräfte so lange wie möglich sparen. Keine unnötigen Bewegungen, kein heftiges Atmen, das Herz schonen. Nicht einmal denken. Das macht einen trockenen Mund, belastet das Herz, läßt das Blut zu schnell fließen.

Also trieb er dahin, wie das Stück Holz, keine Richtung, kein Ziel. Bald fühlte er sich jenseits des Daseins, weit entfernt von allem, das ihn und sein Leben ausgemacht hatte. Kein Auflehnen, kein Ankämpfen, Anstemmen, nicht pulsieren, um sich zu spüren, um zu wissen: Ich bin es. Ich lebe.

Er wußte nicht, wie lange er trieb. Aber die Sonne sah er noch immer weit oben am Himmel. Und wenn er nun sterben mußte? Wenn er ohnehin verloren war? Wenn der Tod sein unsichtbares Zeichen gesetzt hatte? Nur wenige Stunden würden ihm bleiben. Lieber sollte er sie nutzen, sie leben, statt wie ein Stück Holz dahinzutreiben, als sei er bereits tot. Er sollte sich erinnern. Zwanzig Jahre Leben. Noch war Zeit. In der Erinnerung sollte alles noch einmal vorbeiziehen: die Monate, Tage, Minuten, ein flüchtiger Windhauch, ein Blick, eine Berührung, ein Kuß.

Kein Land mehr, keine Orientierung des Blicks, wie beim Blindekuhspiel im Kreis gedreht. Der Himmel so blau wie das Meer. Kein Oben, kein Unten. Wurde er jetzt verrückt? War es schon unter Wasser? Lebte er überhaupt noch?

Jetzt erst bemerkte er sie. Fünf Rückenflossen. Sie umkreisten ihn, waren schon ziemlich nah. Nein, keine Haie. Delphine. Ja, Delphine. Manchmal sah er ihre weichen, glatten Rücken. Jetzt sogar die Köpfe, die Augen, die langen Mäuler. Sie kamen immer näher. Jetzt waren sie unter ihm. Er spürte sie. Er spürte sie. Jetzt wieder. Unter seinem Rücken. Unter seinem Po. Unter den Achseln. Seine rechte Hand griff nach einer Flosse. Er bewegte sich. Nein, sie bewegten sich, und er bewegte sich mit ihnen. Er spürte Wind in seinem Gesicht. Salzige Tränen liefen in seinen Mund.

Sie schubsten ihn. Er sollte mithelfen. Sie konnten das nicht allein. Auch ihre Kräfte waren begrenzt. Ja, ich komme. Ich will ja. Ich werde leben. Zwanzig Jahre. Alles, jeder Atemzug, jeder Pulsschlag.

Sie steuerten genau auf das Boot der Küstenwache zu. Der Mann an der Reling hatte sie mit dem Fernglas im Visier. Ganz sicher. Plötzlich spürte er, wie sie ihn losließen. Konnte er allein weiterschwimmen? Konnte er allein leben?

War es sein altes Leben? Nein, er war noch einmal geboren. Er hatte ein neues Schicksal.

Frankfurter Rundschau vom 02. Februar 1996:

Peru: Delphine retten jungem Mann das Leben

Lima, 1. Februar (dpa). Fünf Delphine haben einem jungen Mann vor den Küsten Perus das Leben gerettet. Wie Medien in der Hauptstadt Lima berichteten, war der 20jährige Carlos Reyes beim Schwimmen im Pazifik in der Nähe des Badeortes Paracas in eine Strömung geraten, die ihn seewärts zu treiben drohte. Wie durch ein Wunder tauchten den Angaben zufolge fünf Delphine auf, die offenbar die Heldentaten ihres Serien-Artgenossen 'Flipper' nachahmen wollten. Mit ihren Körpern hätten die Tiere den jungen Mann wieder in Richtung Küste geschubst, bevor ein Motorboot der Küstenwache ihn aufnahm, hieß es. Augenzeugen bestätigten die Schilderungen.

Stoppelfelder

Er geht langsam um das Auto herum, den Pinsel noch in der Hand, und betrachtet sein Werk. Mit sich ist er zufrieden - seine Hände haben kaum gezittert - mit dem Ergebnis weniger. Blödsinn, die Radkappen mit dem Pinsel zu lackieren, das macht keiner, und es ist augenfällig kindisch. Er setzt sich auf den Schemel unter dem Baum und zündet sich eine Zigarette an. Seine Frau beobachtet ihn durch das Küchenfenster. Ihr Blick ist, wie immer, stumpf, nichtssagend. Aber seine Arbeit gefällt ihm: Ein rabenschwarzes Auto mit einem kirschroten, durchbrochenen Punkt, bestehend aus vier käseeckenförmigen Dreiecken, auf jeder Radkappe. Ja, es gefällt ihm. Er nickt und lächelt vor sich hin.

Früher fuhr er neue, teurere Wagen als diesen uralten, runden Benz. Die Autos heute sind überall eckig. Das ist nicht sein Geschmack. Er zählte einmal zu den wenigen Leuten im Dorf, die es sich leisten konnten, ein neues Auto zu fahren. Jetzt ist alles weg. Nur an der Garagentür zeugt noch ein Schild von der Baufirma, die zuerst seinem Vater, dann ihm gehörte.

Nachdem er aus dem Krankenhaus entlassen worden war, mußte er etwas für sich tun. Er wollte sich und den anderen beweisen, daß er noch da ist, daß sie mit ihm rechnen müssen. Er entdeckte den Wagen bei einem Händler im Nachbardorf, auf einer Wiese, bei den Gebrauchtwagen ganz hinten, und kurz entschlossen griff er zu. War ja nicht teuer. Der Junge seiner Schwester ließ sich überreden, mal nach dem Motor zu sehen. Die Dieselmotoren halten ewig.

Paul muß husten, einen lange dauernden, röchelnden Husten. Früher hatte er den nur nach dem Aufstehen, weiter nichts Besonderes, alle Raucher husten, jetzt hat er ihn immer.

Er ist Anfang Fünfzig, eigentlich kein Alter. Aber als er ins Krankenhaus gekommen war, jagte ihm das einen gewaltigen Schrecken ein. Mach dir nichts vor, sagt er sich. Du fühlst dich fertig, krank. Wie oft bist du stehen geblieben, als du das Auto lackiert hast, weil du nicht mehr konntest, nach Luft gejapst hast? Wie oft hattest du einen Hustenanfall? Und den Pinsel konntest du kaum halten, so hast du gezittert. Aber das Ergebnis ist nicht schlecht. Die Ränder der kirschroten Dreiecke sind schön gerade.

Seine Frau ruft ihn zum Essen. Er wartet noch ein paar Minuten, bis sie noch einmal an die Haustür kommt. Dann geht er hinein.

»Strengst du dich auch nicht so sehr an?« fragt sie mit diesem leeren Blick und einer Stimme, als würde sie ihn nach der Uhrzeit fragen, als er vor seinem Teller sitzt.

»Nein«, erwidert er nur und holt sich eine Flasche Export aus dem Keller.

Mehr sprechen sie nicht miteinander.

»Wie sind Sie hergekommen?« fragt der Arzt in der Klinik.

»Mit dem Auto.«

Man sieht ihm an, daß er es mißbilligt, aber er sagt nichts weiter.

»Ihre Leber und Ihr Magen sind ziemlich kaputt, und auch die anderen Organe arbeiten nicht, wie sie sollen.«

Der Arzt beäugt ihn mit geschäftsmäßigem Blick, sieht ihn niemals richtig an, ihn als Person, nur seine Gesichtsfarbe, seine zitternden Hände. Die Haare des Arztes sind, wie seine eigenen, glatt zurückgekämmt, aber bei ihm sieht es strenger aus, vielleicht auch deshalb, weil der Kittel, den er trägt, weiß und gestärkt ist - wie in einer Fernsehwerbung. Jetzt erst bemerkt Paul Flecken an seiner Hose, die ihm beim Losfahren nicht aufgefallen sind. Der Arzt wirkt glatt, fast ohne Alter, nur die Tränensäcke unter den Augen sind etwas geschwollen. Das tröstet Paul. Er unterdrückt ein Husten, was ihm nur unzureichend gelingt.

»Sie sollten mit dem Rauchen aufhören«, meint der Arzt prompt. »Und vor allem, lassen Sie das Trinken. Auch kein Bier.«

Als Paul sein Hemd wieder anzieht, fällt sein Blick auf die Schuhe des Arztes, weiße Slipper. Wahrscheinlich raucht er auch, wenn die Patienten es nicht sehen, und wahrscheinlich führt er privat ein ausschweifendes Leben - Paul ertappt sich bei diesem Gedankensprung. Er selbst trägt cremefarbene Schuhe mit golden aussehenden Schnallen. Sie waren nicht teuer, und er ist sich sicher, daß man das erkennen kann. Dafür schämt er sich.

Als er wieder draußen steht, auf der obersten Stufe vor dem Gebäude und auf den Parkplatz mit den in der Sonne silbrig glitzernden Wagen sieht, ist so etwas wie ein freiheitliches, beschwingtes Gefühl in ihm, das aber gleich schwindet, als er leichtfüßig die Treppe hinunter will und der Husten wieder hochkommt.

Sie haben früh geerntet in diesem Jahr, denkt er, als er von der Autobahn über die Stoppelfelder schaut. Es war ein heißer Sommer, da wurde das Getreide früh reif, obwohl kaum was drin ist in den Hülsen. Einzelne Wolken hängen am Himmel und sehen aus, wie Kinder sie bei ihren ersten Versuchen malen. Der Dieselmotor läuft gleichmäßig. Man könnte auch einen Backstein aufs Gaspedal legen, denkt er und läßt den rechten Ellenbogen aus dem Fenster hängen. Früher war das seine Haltung, als er in seinem ersten Wagen durch die sonntäglichen Dörfer fuhr, wenn Kirmes war. Einen 'flotten Hund' nannten ihn die Leute. Das Leben, ein paar Jahre nach dem Krieg, als wieder Geld da war, erschien wie neu erschaffen. Zuerst hatte er es bedauert, nicht der Generation anzugehören, die es miterlebt hatte. Noch heute unterscheidet er bei Männern Kriegsteilnehmer und Jüngere, und er hat, auch heute noch, eine gewisse, nicht näher zu beschreibende Achtung vor dem, was sie erlebt hatten. Aber er mochte sie nicht beneiden oder gar als Helden verehren. Die suchten sich ein Mädchen, die meisten heirateten sogleich.

Er und die Jungs waren da anders. Sie wollten ausprobieren, sich amüsieren, im Sommer von einer Kirmes zur anderen, in der ganzen Gegend kannte man sie. Er könnte jetzt noch alle seine Mädchen mit Namen aufzählen, auch die, mit denen er nur einen Sonntag ausgegangen war: ihre Gesichter noch in Erinnerung, ihre Figur, besonders die Beine, ihre Bewegungen beim Tanzen, und wie sie sich dabei um die Hüften anfühlten, die grelle Farbe des Lippenstifts, geblümte Sommerkleider. Und immer wieder war die rote Sonne bei Capri im Meer versunken. Manchmal haben sie es auch übertrieben. Er war der Wildeste. Da wurde schon mal hingelangt. Einmal hatte er einen Zahn verloren, ein andermal einen ausgeschlagen. Und ein Auge, das an jedem Wochentag eine andere Farbe annahm, bis es sich am Samstag schließlich blau färbte, war nach einer Kirmes nichts Ungewöhnliches. Selbst seine Mutter, der er am nächsten Tag alles zu erklären versuchte, war nicht auf seiner Seite gewesen. Er wäre schon als Kind ein Giftbolzen gewesen, sagte sie immer, niemand, auch nicht der Vater, hätte ihn bändigen können, wenn er sich in diese Raserei hineingesteigert hätte.

»Das nimmt mal kein gutes Ende mit dem Jungen«, betete sie ständig runter wie eine Litanei. Es machte ihn bitter, daß sie nicht an ihn glaubte, es war viel schlimmer, als für einen Giftbolzen gehalten zu werden.

Auf einmal legt sich eine Müdigkeit steinschwer über ihn. Er fährt am nächsten Parkplatz raus, dreht die Lehne zurück und schläft sofort ein. Sein Schlaf ist tief wie in einer Nacht, hingebungsvoll in der Erschöpfung. Dann träumt er: Er ist wieder jung und will mit dem Auto, einem nagelneuen Benz, aus der Garage zurückstoßen. Seine Eltern stehen oben auf dem Balkon und schauen zu. Er fährt gegen die Wand. Es kracht und scheppert. Er fährt vorwärts, wieder gegen die Wand. Seine Mutter schimpft von oben, geifert, schreit zornig hinunter. Das neue Auto. Er stößt wieder zurück, wieder gegen die Wand, wird immer panischer. Alles ist eng, scheint auf ihn zuzukommen, läßt ihm keinen Platz. Immer wieder versucht er es, und immer wieder stößt er an. Das Auto ist inzwischen überall zerbeult, nur noch ein Schrottklumpen. Die Stimme seiner Mutter kreischt immer lauter, schriller, sie überschlägt sich. Er will sich die Ohren zuhalten. Schließlich kommt er frei, kracht aber wieder rückwärts voller Wucht gegen die Hauswand. Sie tobt weiter, immer unerträglicher. Er steigt aus dem Auto. Keine Panik mehr, nur noch blanke Wut. Als er nach oben brüllt, spürt er seinen Haß, spürt ihn messerscharf, blankes Eisen durch seinen ganzen Körper hindurch, dieser Haß, der wie ein Dämon von ihm Besitz ergreift. Er will sie packen, schütteln. Er betrachtet seine Hände.

In diesem Augenblick wird er wach. Sein Herz rast wild, Schweiß läuft in Bächen über seinen Körper. Er glaubt, geschrien zu haben und schaut sich prüfend um, aber da sitzt nur eine Familie an einem Holztisch und kaut an ihren mitgebrachten Butterbroten. Er bleibt erschöpft liegen, bis sein Herz sich beruhigt hat. Dann öffnet er die Wagentür und läßt die Beine an der Seite heraushängen. Er hat Durst, findet aber im Handschuhfach nur einen Flachmann. Er spült den Schnaps in einem Ruck hinunter. Die Zigarette bringt ihn wieder zum Husten. Er schaut über die abgeernteten Felder und wartet, bis sich der Dämon in seine dunkle Ecke verzogen hat. Dann fährt er weiter.

Bald kommt das Autobahnkreuz. In dieser Gegend hatten sie früher viele Aufträge. In den Sechzigern gab es viele Angebote, er brauchte sich nur die günstigsten herauszusuchen. Manchmal waren sie die ganze Woche unterwegs, kamen erst am Samstagnachmittag zurück. Das mochte er immer. Die Leute waren entweder beim Autowaschen, oder sie kehrten die Straße, wenn er und seine Männer durchs Dorf gefahren kamen. Da wußte man, was man geschafft hatte. Dann in die Wanne, und anschließend konnte er sich einen genehmigen. Sie schufteten wie die Verrückten, zwölf, manchmal vierzehn Stunden am Tag, und immer draußen, meist auf dem Gerüst, in der Sonne, im Regen, bei Frost. Ein verrückter Schaffer wäre er, sagten die anderen immer, ein Hering. Kein Gramm Fett, aber zäh wie Jute.

Das Autobahnkreuz - er muß rechts abfahren, aber er bleibt auf seiner Spur und fährt geradeaus weiter. Früher stellte er sich das oft vor, einfach fahren, nicht nachdenken, ganz gleichmäßig den Fuß auf dem Gaspedal. Immer weiter. Ohne Ziel. Natürlich stellte er sich das immer nur vor. Jetzt macht er es einfach, und er denkt noch nicht einmal darüber nach.

Die Stoppelfelder fließen an ihm vorbei, dann Plantagen mit Apfelbäumen, Ortschaften, Kiefernwälder. Er fährt ab zum Tanken und besorgt sich Getränke, Zigaretten und Lebensmittel. Zurück auf der Autobahn wühlt er immer wieder in der Plastiktasche auf dem Beifahrersitz, ohne den Blick von der Fahrbahn zu nehmen. Er fährt nicht schnell, aber gleichmäßig, das mögen die Dieselmotoren. Nur zum Überholen der Lastwagen drückt er das Gaspedal etwas durch. Für kurze Zeit versucht er, nachzudenken, wohin er fahren, ob er seine Schecks, sein Geld, das er bei sich hat, zählen, seine Frau, oder irgend jemand anderes anrufen soll, aber er wischt diese Gedanken aus seinem Kopf. Sie nehmen ihm dieses Gefühl, das von einer angenehmen Leichtigkeit - beim Denken ist es fast schwerelos - gekennzeichnet ist. Wie die Landschaft fließen die Bilder, Stationen seines Lebens, in seinem Hirn vorbei. Er will nichts planen, nichts beschließen, einfach weiterfahren.

Auf der rechten Seite der Fahrbahn ist das Land eben, mit hineingestreuten Dörfern oder einzelnen Gehöften, auf der linken Seite ein Gebirge, dem sich die Autobahn mal mehr, mal weniger nähert.

Paul denkt an die Skatspiele am Sonntagmorgen. Sie trafen sich um zehn Uhr in der Kneipe, fast immer die selben Leuten. Nach seiner Heirat war dies sehr bald zu seinem einzigen Vergnügen geworden. Er verpaßte über Jahre keinen Sonntagmorgen. Schon während der Woche malte er sich beim Mauern den Spielverlauf aus. Am Anfang dachte er nie dabei ans Trinken, später stellte er es sich in einer gemütlichen Stimmung vor, so wie bei Weintrinkern. Aber in seiner Gegend trank man keinen Wein, sondern Bier und Schnaps. Zuletzt nahm er sich immer vor, nicht mehr so viel zu trinken, aber wenn er dann am Spieltisch saß und die ersten Runden gegeben wurden, waren seine Vorsätze schnell zum Teufel. Und auf keinen Fall wollte er sich lumpen lassen, er mußte immer als der Großzügigste gelten, und diesen Ruf hatte er über viele Jahre zu Recht. Seine Frau schickte eines der Nachbarkinder, wenn er nicht zum Mittagessen kam. Nichts haßte er gründlicher. Die anderen zogen ihn damit auf, für ihn ein Anlaß, eine neue Runde zu bestellen und immer noch mehr zu trinken. Oft saß er noch, wenn die anderen bereits nach Mittagsschlaf und Nachmittagskaffee zurückkamen. Es gab Tage, an denen er kaum noch allein auf seinen zwei Beinen stehen konnte. Manchmal schlug er sie dann, aber hinterher wußte er nie mehr etwas davon.

Dabei fing alles immer so gut an. Eine weiße Tischdecke, ein neues Blatt Karten, das sich noch nicht so gut mischen ließ, eine Chance, keinen Fehler beim Spiel zu machen, die Konzentration geschärft, vorsichtige, wohlgemeinte Kommentare. Dann erste Unvorsichtigkeiten beim Reizen, Vorwürfe über falsche Abspiele, immer lauter, mit gröberen Worten, der Alkohol machte waghalsig, später nur dumpf.

Ein vergorenes Gespinst heftig ausgestoßener Worte in blauem Dunst ließ schließlich alles schal werden. Die Köpfe auf den Karten schienen ihn anzugrinsen. Ist doch egal, was du spielst, du verlierst sowieso. Später wollte er nur noch schlafen, schlafen, bis er alles vergessen hatte, um dann wieder ganz von vorne anzufangen.

Paul ist jetzt satt von dem gleichmäßigen Dahingleiten auf der Autobahn. Er fährt ab und schlägt eine von einer Allee gesäumte Landstraße ein. Er mag Alleen und die dicken, weißen Striche auf den Stämmen. Sie erinnern ihn an seine jungen Jahre. Manchmal ist er ihnen in nächtlichem Rausch nur um Haaresbreite entkommen. Die Dörfer in der Hitze strahlen angenehme Belanglosigkeit aus. Nach eineinhalb Stunden passiert er die französische Grenze. Der Mann in der Uniform winkt ihm müde hinterher. Paul fährt weiter, meist durch Dörfer. Größere Städte meidet er. An einem Bistro am Straßenrand hält er und trinkt mehrere kleine Tassen von diesem starken Kaffee. Er muß lange warten, bis die Bank aufmacht, damit er Geld umtauschen und bezahlen kann. Dann fährt er weiter, bis er in eine Gegend mit Weinbergen kommt. Auf einem Dorfplatz parkt er und setzt sich auf eine Bank unter Platanen.

Er bemerkt, daß er seine Ruhe verliert, wenn er nicht fährt. Er beginnt wieder, Gedanken zu drehen, Pläne zu machen, dabei hat er nicht die geringsten Vorstellungen, was und wohin er will, und dieser Gedanke ist ihm peinlich. Er kann doch nicht immer weiterfahren. Oder doch? Weiterfahren - nicht daran denken, was danach kommt - ob es überhaupt ein Danach gibt. Im Krankenhaus machte er sich viele Gedanken um seine Zukunft. Er lag nächtelang wach, betrachtete das Lämpchen über der Tür, lauschte auf die Schritte der Nachtschwester in den Gängen. Er nahm sich vor, eine Arbeit zu suchen, sich mit seiner Frau zu vertragen, nicht mehr zu trinken. Nur sein Skatspielen am Sonntagmorgen wollte er beibehalten. Er konnte nicht auf alles verzichten, was ihm etwas bedeutete, das konnte keiner von ihm verlangen. Er mußte sich vorstellen, wie sie ohne ihn spielten. Der schlimmste Gedanke dabei war, daß sie ihn gar nicht vermissen würden.

Am Nachmittag zieht eine Gruppe alter Männer über den Platz. Man merkt, daß sie jeden Tag hierher kommen, daß ihre Gespräche sich nicht sehr voneinander unterscheiden. Sie sehen aus, wie man sich Franzosen vorstellt. Paul verließ Deutschland bisher nur einmal, zu einem Urlaub mit seiner Frau in Österreich. Es dauert einige Zeit, bis ihn einer anspricht. Paul macht eine hilflose Gebärde, deutet an, daß er sie nicht versteht. Sie tuscheln eine Weile. Dann stoßen sie einen Mann mit einer Baskenmütze in den Vordergrund, der ihn auf deutsch mit diesem melodiösen Akzent anspricht.

»Ich hab es seit dem Krieg nicht mehr gesprochen«, sagt er. Paul denkt an Jean-Claude, den Kriegsgefangenen, der seinen Großeltern zugeteilt worden war, und der mit ihnen am selben Tisch aß. Sie arbeiteten zusammen auf dem Feld. Jean-Claude war zehn Jahre älter als er, aber sie waren richtige Freunde geworden. Einmal ging er ihm nachts nach und beobachtete, wie er sich mit einem Mädchen aus dem Dorf traf. Er verriet niemandem etwas, nur Jean-Claude gegenüber machte er eine Bemerkung, daß er etwas wußte. Jean-Claude grinste nur. Er konnte phantastisch grinsen, mit einer Zigarette im Mundwinkel. Wie lange übte Paul, es so hinzukriegen, auch später gelang ihm das nie so wie Jean-Claude.

Noch Anfang der sechziger Jahre kam Jean-Claude immer mal wieder zu Besuch, aber dann war die Freundschaft versickert, weil Paul sich nie zu einem Gegenbesuch entschließen konnte.

Die Männer auf dem Dorfplatz wollen alles mögliche, alltägliche Dinge, von ihm wissen. Einer der Männer begleitet ihn und besorgt ihm ein einfaches Zimmer in einer Pension nicht weit weg von dem Dorfplatz. Am Abend treffen die Männer sich wieder an derselben Stelle und nehmen ihn in einen Keller mit, wo sie den Wein aus Fässern in kleine Gläser abfüllen. Paul ist schnell betrunken, er meint, es liegt daran, daß er das Weintrinken nicht gewohnt ist. In dieser Nacht schläft er ein, ohne viel nachdenken zu müssen. Er träumt, er reitet auf einem Pferd durch eine hügelige Wiesenlandschaft.

Paul bleibt drei Tage im Dorf. Morgens spaziert er durch die Weinberge. Am Mittag sitzt er unter den Platanen im Schatten, und manchmal nickt er dabei etwas ein. Dann kommen die Männer und nehmen ihn auf ihren Streifzügen mit. Sie nennen ihn scherzhaft Menjou, weil er dieses schmale Oberlippenbärtchen hat. So sieht kein Deutscher aus, sagen sie. Er ließ es sich im Krankenhaus stehen, als er merkte, daß es ihm ganz egal sein kann, was man über ihn denkt.

Dann packt ihn wieder die Unruhe. An einer Tankstelle kauft er sich eine Straßenkarte von Frankreich. Er läßt sich vom Klang der Namen von Ortschaften, Regionen, Flüssen, Gebirgen inspirieren und fährt drauflos. Meist schläft er im Auto, manchmal leistet er sich ein Zimmer in einer billigen Pension. An einem Tag, an dem es zum ersten Mal, seit er aufgebrochen ist, regnet, fühlt er sich nicht wohl. Er hustet ununterbrochen, spuckt blutigen Schleim, und in seinen Eingeweiden zerrt und brennt es. Als sei es ein Zufall, entdeckt er auf der Karte den Namen der Stadt, in der Jean-Claude wohnt. Ja, warum soll er ihn nicht besuchen? Das wird eine große Überraschung. Aber dann kommen ihm Bedenken. Kann er denn nach all den Jahren einfach so hinfahren? Ob Jean-Claude überhaupt noch lebt? Quatsch, auch wenn er zehn Jahre älter ist, muß Paul so etwas nicht annehmen.

Als er in der Stadt ankommt, blättert er im Telefonbuch und verzweifelt fast, weil er Jean-Claudes Familiennamen nicht buchstabieren kann. Er sucht eine halbe Stunde, bis er endlich fündig wird, während draußen heftiger Regen an die Scheiben der Zelle klatscht. Paul ruft jedoch nicht an, schreibt nur die Adresse auf und kämpft sich durch den Verkehr. An jeder zweiten Kreuzung muß er das Fenster hinunter kurbeln und eilige Leute mit Regenschirmen nach dem Weg fragen. Sie schauen ihn skeptisch an in seinen dünnen Klamotten, mit seiner merkwürdigen Aussprache und dem unaufhörlichen Husten. Am späten Mittag steht er vor dem Haus.

Er wartet, weil er sich etwas überlegen will, zum Beispiel, wenn er gefragt wird, wo er jetzt gerade herkommt, oder, warum er so überraschend gekommen ist. Er versucht, in seinen Gedanken unvorhersehbare Szenen durchzuspielen oder sich einen Fluchtweg zu sichern, falls etwas undenkbar Peinliches passieren sollte. Aber es fällt ihm gar nichts ein. Er nimmt einen ausgiebigen Schluck aus dem Flachmann, schaut kurz prüfend in den Spiegel, kämmt sich über die nassen Haare und geht die drei Stufen zur Haustür hinauf.

Er läutet. Bange Sekunden vergehen, bis er gemächliche Schritte im Flur hört, und obwohl er nicht weiß, wer ihm öffnen wird, ist er mit einem Mal ganz ruhig, fast gleichgültig.

Es öffnet ihm ein Mann in den Sechzigern. Paul grinst breit. Ja, es ist Jean-Claude selber.

»Guten Tag, Jean-Claude.«

Das Gesicht des Begrüßten erhellt sich allmählich.

»Ich habe so lange nicht mehr deutsch gesprochen. Bist du das, Paul?«

Er spricht seinen Namen wie früher aus, weicher als die Deutschen. Und Paul bemerkt, wenn auch nur einen Anflug, dieses Grinsens von früher.

Er nickt.

»Wo kommst du denn jetzt her? Komm rein! Mensch, ist das eine Überraschung! Wir feiern gerade den Geburtstag meiner... wie heißt das? ...also, der Schwester meiner Frau. Sprichst du immer noch kein Französisch?«

Paul schüttelte den Kopf.

»Meine Güte, wann haben wir uns das letzte Mal gesehen?«

»Zweiundsechzig, glaube ich.«

»Mon Dieu, das ist sechzehn Jahre her. Und ich kannte dich, als du noch ein Junge warst.«

Am Ende eines langen Flurs betreten sie das Wohnzimmer, das ebenfalls lang und schmal ist. Der schlauchartige Eindruck wird noch verstärkt durch zwei aneinander gestellte Tische, an denen ein Dutzend Leute aller Altersstufen sitzen.

Die Gespräche verstummen, als sie eintreten. Paul unterdrückt sein Husten. Er hat den Geschmack von Blut im Mund.

Jean-Claude erklärt den Leuten etwas in seiner Sprache und stellt ihn vor. Dann nennt er ihm die Namen der Gäste. Seine Frau, seine betagte Mutter, einer seiner Söhne, zwei seiner Enkelkinder und natürlich seine Schwägerin, die Geburtstag hat, sind darunter. Der Sohn stellt Paul einen Stuhl an den Tisch. Der Hauptgang ist gerade beendet worden. Auf den Tellern liegen abgenagte Hühnerknochen. Die Leute nehmen ihre Gespräche nicht wieder auf. Jean-Claudes Frau eilt in die Küche, um für Paul etwas Eßbares zu finden. Alle bestaunen ihn stumm, und er denkt an den Fluchtweg, den er sich im Auto zurecht gelegt hat, aber bei aller Beklemmung und trotz des unpassenden Augenblicks fühlt er sich auch geborgen, als habe er die Verantwortung für sein Leben an Jean-Claude wie an einen älteren Bruder abgegeben. So war es auch im Krieg, als das Flugzeug über ihnen hinweggedonnert war, während sie in den Furchen des Ackers lagen, Jean-Claude über ihm. Asgar, das Pferd seines Großvaters, war nachher nur noch ein großer, unförmiger Klumpen Fleisch.

Jean-Claude bringt die Gespräche wieder in Gang, das erkennt Paul, obwohl er nichts versteht. Er zuckt, wie um Entschuldigung für den unangekündigten Gast bittend, mit den Schultern und rudert mit den Armen. Dann setzt er sich zu ihm.

»Nun sag schon, wo kommst du jetzt her?«

Paul hatte sich eine Antwort auf diese Frage überlegt, aber sie fällt ihm nicht mehr ein.

»Ich bin schon seit längerem unterwegs«, erklärt er nach einer Weile.

»Wo ist Elvira? Warum ist sie nicht mitgekommen?«

Jean-Claudes Frau stellt ein Glas und einen Teller vor ihn auf den Tisch.

»Sie fragt, ob du Wein trinken möchtest?«

Paul wird es auf einmal ganz übel. Ein heftiger Husten schüttelt ihn, dann wird ihm schwindelig. Er merkt noch, wie er seitlich wegkippt.

Als er kurze Zeit später für einen Moment aus seiner Besinnungslosigkeit erwacht, sieht er in die entsetzten Gesichter der Verwandten, die ihn in einer Traube umstehen und anglotzen.

Er hat kein Gespür, wieviel Zeit vergangen ist, als er wieder zu sich kommt. Mit tiefer Zufriedenheit nimmt er wahr, daß es still um ihn herum ist. Die Verwandtschaft ist inzwischen gegangen.

Als er wieder die Augen aufschlägt, sieht er Jean-Claude, der neben ihm in einem Sessel sitzt und ihn direkt anblickt.

»Bist du wieder da? Du hast uns Sorgen gemacht. Der Arzt war da.«

Paul blinzelt ihn an, hat nicht das Bedürfnis, etwas zu sagen.

»Kannst du sprechen?«

»Ja. Ich wollte...«

Er bricht den Satz ab.

Sie schweigen eine Weile. Dann sagt Jean-Claude:

»Ich habe mit Elvira telefoniert. Sie läßt dich grüßen. Mit deiner Mutter habe ich auch gesprochen. Der Arzt sagt, du bist wahrscheinlich reisefähig. Morgen kommt er dich noch einmal untersuchen. Dann fahre ich dich nach Hause.«

Jean-Claude hält inne.

»Verstehst du mich?«

Paul nickt.

»Und - was hältst du davon? Machst dir wohl Sorgen um deinen...Wie heißt das gleich?...Zustand. Kann ich gut verstehen. Ich mach dir erst mal die Suppe heiß.«

Nach kurzer Zeit kommt Jean-Claude mit einem Teller klarer Suppe und einem Stück Baguette zurück. Paul steht vom Sofa auf und ißt am Tisch. Zufrieden stellt er fest, daß er körperlich nicht beeinträchtigt ist, nur etwas wackelig auf den Beinen, aber das wird sich geben. Die Suppe wärmt ihn innerlich. Nach dem Essen wird er wieder müde, legt sich hin und schläft schnell ein.

Als er aufwacht, ist es Nacht. Er überzeugt sich davon, daß er allein ist. Dann steht er auf, findet den Lichtschalter einer Stehlampe. In einer Schublade entdeckt er Papier und Stift und schreibt Jean-Claude einen kurzen Abschiedsbrief, worin er sich für dessen Gastfreundschaft und Hilfe bedankt. Wie ein Dieb schleicht er sich nach draußen und steckt den Brief in den Briefkasten draußen am Eingang.

Paul versucht, möglichst leise den Wagen zu starten und nimmt eine Straße nach Westen. Er fährt bis zur Morgendämmerung. Als die Sonne sich hinter einem Hügel zwischen zwei Bäumen hochschiebt, biegt er vor einem Kanal, der sich gerade wie ein Strich durch die Wiesenlandschaft zieht, von der Hauptstraße ab. An einer schönen Stelle etwas oberhalb eines Schleusenwärterhauses an einem Staubecken, das mit Kirschbäumen eingefaßt ist, hält er, dreht den Sitz zurück und schläft nach kurzer Zeit ein.

Es ist Sonntag, und als die warmen Sonnenstrahlen ihn wecken, haben sich überall am Ufer des Kanals Paare und

Gruppen zum Picknick niedergelassen. Es ergibt ein idyllisches Bild, fast wie auf den Bildern der französischen Maler, die Paul im Treppenhaus eines früheren Auftraggebers gesehen, und die ihm spontan gut gefallen haben. Er schaut eine Zeitlang zu, dann schlendert er ins nächste Dorf, um etwas zu essen. Als er zurückkommt, hat sich das Bild kaum verändert. Er setzt sich in den Schatten seines Wagens und beobachtet die Szene.

Sein Blick haftet lange auf einem jungen Paar in seiner Nähe. Aus lauter Verliebtheit bemerken die beiden nicht, was um sie herum vorgeht. Paul denkt an Ursula, eine Freundin seiner Jugendzeit, mit der er oft im Sommer in den Wiesen auf dem kleinen Hügel hinter dem Dorf lag. Seine Mutter redete ihm zu, mit der Heirat noch zu warten, und Paul stimmte zu, weil er sich selbst nicht sicher war, ob er seine Freiheit aufgeben sollte. Irgendwann wollte Ursula nicht mehr warten, und es ging auseinander. Das setzte ihm monatelang zu, obwohl er sich das nicht eingestehen wollte. Dann leitete seine Mutter die Sache mit Elvira in die Wege. Sie arbeitete im Haushalt einer befreundeten Familie, und sie war tüchtig, verstand etwas von einem Geschäftshaushalt - und vor allem, sie hatte keine Flausen im Kopf, wie seine Mutter immer wieder betonte. Außerdem glaubte sie, Elvira würde ihn durch ihre vernünftige und häusliche Art aus den Wirtshäusern fernhalten, aber das Gegenteil war der Fall.

Es ging von Anfang an schief. Er konnte nichts mit ihr anfangen, sie war keine Frau für ihn, keine, die er wirklich wollte, mit der er sich sehen lassen konnte. Er schämte sich sogar, sie zu seinen Freunden mitzunehmen. Wenn er sich recht erinnerte, waren sie niemals zusammen ausgegangen, höchstens mal zu Verwandten, aber das war etwas anderes. Nichts wünschte sie sich sehnlicher als Kinder, und als sie, schon nach mehreren Ehejahren, einen Arzt aufsuchten, stellte sich heraus, daß sie keine bekommen konnte. Von diesem Zeitpunkt an, ging sie kaum noch aus dem Haus, und es war zwischen ihnen nur schlimmer geworden. Er versuchte, sich ganz auf sein Geschäft zu konzentrieren, was ihm der Vater kurz nach der Heirat überschrieben hatte, und es klappte ein paar Jahre auch hervorragend. Aber er wurde mit der Zeit immer unzufriedener. Er fühlte sich an sie gekettet und wußte nicht warum. Sie hatten nichts gemeinsam - nicht mal ein Kind. Das war ihm verzweifelt klar geworden. Er konnte nicht mal mit ihr reden. Und diese Verzweiflung, diese Ausweglosigkeit, er spürte sie immer, wollte sie aber nicht wahrhaben. Was hätte er auch tun können? Allmählich haßte er sie, ihren schleifenden Gang, ihre Art zu reden, besser gesagt, nicht zu reden. Was sie kochte, schmeckte ihm nicht, ihr traniger Blick machte ihn wild. Am schlimmsten war es im Bett. Sie sagte nichts, sie tat nichts, sie lag wie ein Brett.

Dann versuchte er, so oft wie möglich weg zu sein. Deshalb nahm er alle Aufträge an, egal, wie weit entfernt es auch war. Schließlich wurde sie ihm gleichgültig. Er spürte nichts mehr, auch den Haß nicht. Manchmal schien es ihm sogar, er habe sich und sein Leben vergessen. Nicht nur sie, alles war ihm gleichgültig geworden, und er sich selbst am wertlosesten. Zuerst hielt er sich für einen schlechten, undankbaren Kerl, kämpfte zwischen Jähzorn und Schuldgefühlen. In dieser Zeit schlug er sie bestimmt im Suff, er wußte es nicht mehr. Er hatte nichts tun können, war gefangen gewesen wie eine Fliege in einem Spinnennetz.

Als es wieder dämmert, sitzt Paul noch immer an seinem Platz an das Auto gelehnt. Die letzten Sonntagsausflügler haben sich auf den Heimweg gemacht. Er fühlt sich gleichmütig jetzt, geradezu in Frieden mit sich selbst. Zum ersten Mal seit Jahren hat er klar bis zu dieser Stelle gedacht. Er bleibt noch sitzen und erfreut sich an der Abendstimmung, betrachtet das letzte Licht auf dem Kanal.

Als das Mädchen der Schleusenwärterin am nächsten Morgen zur Schule ging, entdeckte es zuerst das schwarze Auto, dann den Mann auf dem Fahrersitz. Sie lief schnell zurück nach Hause und holte ihre Mutter. Die sah mit einem Blick, daß der Mann tot war. Damit kannte sie sich aus.

Ins Auge gesehen

Sie trat in einen großen Raum mit hoher, stuckverzierter Decke, in dem nur zwei Schreibtische standen, ein kleinerer direkt neben der Tür, der andere vor einem lederbezogenen Sessel an der gegenüberliegenden Wand.

Sie entdeckte sofort den Krug mit Wasser, stürmte, ohne lange zu überlegen, darauf zu und trank ihn in einem Zug leer. Dann erst drehte sie sich zur Seite und wurde auf den Polizeiinspektor in Uniform aufmerksam, der am Fenster stand. Der Polizist mit dem Maschinengewehr entfernte sich wieder und schloß die Tür hinter sich.

»Frau Keiner, nicht wahr?« fragte er scheinheilig, denn er kannte ihren Namen und ihre Akte schon lange.

»Ich will sofort mit meiner Botschaft telefonieren. Sie haben nicht das Recht, mich hier festzuhalten.«

Er ging einen Schritt auf sie zu. »Mich interessiert nicht, was Ihr Recht ist. Ich frage mich, ob Sie sich darüber im klaren sind, in welcher Lage Sie sich befinden?«

»Oh doch, das weiß ich. Ich habe mehrmals über Folter und Mord durch die Polizei Ihres Landes berichtet.«

»Und da haben Sie keine Angst? Oder tun Sie nur so? Ich könnte den Polizisten rufen, der Sie eben hergebracht hat. Er würde nicht zögern, eine brennende Zigarette auf ihrem Körper auszudrücken oder Sie hier auf meinem Schreibtisch zu vergewaltigen. Für so einen Menschen halten Sie mich doch?«

»Ja, für so einen halte ich Sie. Und deshalb versuche ich, ruhig zu bleiben, damit Sie meinen Angstschweiß nicht riechen, der ihre scheußliche Phantasie in Gang setzen könnte.«

»Was macht Sie so sicher, daß mich Ihre Worte nicht gerade provozieren, Ihnen sofort sämtliche Knochen brechen zu lassen.«

»Ich halte Sie für berechnend. Ich hätte nichts unter der Folter zu gestehen oder zu widerrufen, wie die Menschen, die zur Minderheit in ihrem Land gehören, oder die eine Meinung vertreten, welche Ihnen nicht paßt, weshalb sie diese quälen und töten lassen. Keine unnötigen Spuren.«

»Ich bin enttäuscht von Ihrer schwachen Argumentation. Erstens bin ich skrupellos. Ihr armseliges Leben, auch mit diesem Paß, ist keinen Pfifferling wert. Zweitens sind wir Meister unseres Fachs. Auch wenn wir skrupellos sind, hinterlassen wir keine Spuren, oder wir verwischen sie sorgfältig. Kostprobe gefällig?

Sie antworten nicht? Haben Sie Sorge, ich könnte Ihren Angstschweiß riechen und mich davon hinreißen lassen?«

»Wozu haben Sie mich überhaupt festnehmen lassen, wenn Sie so skrupellos sind? Warum stört es Sie, wenn ich von den grausamen Machenschaften Ihrer Diktatur berichte?«

»Ich habe moralische Einwände: sowohl gegen Ihre Interpretationen als auch gegen Ihre Beweggründe. Außerdem - das sollten Sie inzwischen wissen - wir haben eine gewählte Regierung.«

»Ihre Einwände sind nicht nur lächerlich und aufgeblasen. Ich glaube sie Ihnen auch nicht. Sie haben Angst, daß die Finanzspritzen der demokratischen Länder versiegen, wenn die sich noch länger ihr grausames und menschenverachtendes Regime ansehen müssen. Deshalb bin ich eine Gefahr für Sie. Und jetzt möchte ich nicht mehr länger mit Ihnen diskutieren, sondern meine Botschaft anrufen.«

»Leider werden Sie die Diskussion mit mir fortführen müssen, weil Sie mich amüsieren, und so lange Sie mich amüsieren, haben Sie eine vorübergehende Überlebenschance, und mit Ihrer Botschaft kann ich Sie bedauerlicherweise nicht telefonieren lassen. Die haben dort jetzt Mittagspause. Und ich würde es nicht zulassen, wenn Sie dabei stören würden. Also reden Sie weiter, sonst muß ich noch annehmen, es gingen Ihnen die Argumente aus.«

Er lehnte sich an seinen Schreibtisch und schlug die Beine übereinander.

»Sagen Sie mir doch, Frau Keiner, oder soll ich Sie lieber mit Ihrem Zeitungspseudonym, Lioba Steffens ansprechen, warum Sie sich ausgerechnet unser Land für Ihre schmutzigen Recherchen ausgesucht haben? Hätten Sie nicht auch genug vor Ihrer eigenen Tür zu kehren gehabt?«

»Es geht um Menschenleben. Es geht um menschenwürdiges Leben. Mehr kann ich Ihnen dazu nicht sagen, weil Sie das nicht verstehen würden. Wer Menschen so verachtet und behandelt wie Sie und Ihresgleichen, der versteht das nicht, weil er sich im Grunde selbst verachtet.«

»Oh, nun kommt sie mir mit moderner Psychologie. Ich glaube, wenn ich Ihnen nicht bald wenigstens eine aufs Maul haue, halten Sie mich noch für pervers, für einen, der sich gern so verachtende Scheußlichkeiten sagen läßt.

Sie sagen nichts? Das überlegen Sie sich wohl lieber zweimal, ob Sie mir das bestätigen. Aber zurück zu Ihren biederen, kleinbürgerlichen Argumenten, die Sie wohl im Grundschulreligionsunterricht aufgeschnappt haben.«

»Ich ahne es schon, zu billig, Herr General: Jetzt kommen Hitler und die Deutschen, stimmt's?«

»Sie haben recht, aber ich bin keineswegs verblüfft. Nur, weil Sie geahnt haben, was kommen mußte, so ist mein Argument doch stichhaltig. Im Gegenteil: Würde die Karte nicht stechen, wären Sie mir nicht zuvorgekommen. Also ich sage: Sie versuchen, mit Ihren miesen, kleinen Berichten abzulenken von den Verbrechen, welche die Deutschen begangen haben. Wo war denn Ihr Vater in dieser Zeit?«

»Das geht Sie überhaupt nichts an.«

»Warum nicht? Sie schnüffeln doch auch hier herum, und es geht Sie auch nichts an.«

»Gerade weil wir Deutschen diese schreckliche Vergangenheit haben, gilt es, wachsam zu sein, nicht zu vergessen, und die Machenschaften solcher Regime wie das Ihrige anzuprangern. Man kann es gar nicht laut genug in die Welt hinausschreien.«

Sie hielt erschreckt inne, weil sie für einen Augenblick den Polizeiinspektor und die grausame Wirklichkeit, die er verkörperte, aus dem Blick verloren hatte.

»Die sechs Millionen Juden werden davon nicht wieder lebendig. - Kein Gegenargument?«

»Kein Gegenargument.«

»Ich möchte Sie in aller Freundlichkeit warnen, Frau Keiner. Das Amüsement an unserer Diskussion läßt schnell nach bei mir. Ich lasse mich nicht gerne ausnutzen, da bin ich empfindlich.

Also, ich sage es Ihnen noch einmal: Ihr Deutschen habt sechs Millionen Juden umgebracht. Das werden wir mit vollem Recht euren Kindeskindern noch sagen, auf daß es in ihren Ohren klingele. Überlegen Sie sich, was Sie darauf antworten, Frau Keiner. Hoffentlich fällt Ihnen zu Ihren eigenen Gunsten etwas ein. Es könnte Ihr Leben retten. Ich sagte es Ihnen bereits: Wenn Ihre Argumente mich nicht mehr amüsieren, lasse ich Ihrem Leben ein schnelles Ende machen.«

Er legte eine kleine Pause ein.

»Ich will Ihnen noch etwas sagen. Wir räumen mit unseren unerwünschten Objekten früher auf. Wir warten nicht so lange wie die Deutschen. Das erfordert weniger radikale Maßnahmen. Leben und leben lassen.«

»Nein, es zeigt viel eher, daß Sie sich selbst nicht trauen. Ihr Motiv ist Haß, Habgier und...« Sie unterbrach sich.

»Wollten Sie 'Angst' sagen? Ja, das wollten Sie, aber dann haben Sie selbst welche bekommen. Gerade begannen Sie, mir wieder zu gefallen. Ich habe es gerne, wenn Sie ehrlich zu mir sind. Ich kann auch verstehen, wenn Sie Angst haben. Ich bin schließlich kein Unmensch. Oder denken Sie wieder, Ihr Angstschweiß verrate sie, Ihr Angstschweiß sei Ihr Todesurteil.«

»Ja, genau das denke ich. Sie haben mich erkannt. Das ist eine verdammte Folter, die Sie hier mit mir veranstalten. Eine Folter mit Worten, das Zynischste und Gemeinste, was ich jemals erlebt habe.«

»Ich nehme an, auf diese Weise schreiben Sie auch Ihre Artikel. Sie setzen einfach eine Behauptung in die Welt, die Sie nicht beweisen können, ein Gefühl, das ihre entrüstete Leserschaft mit ihren weißen Westen ihre moralischen Zeigefinger erheben läßt.«

»Es gibt auch Tatsachen, die nicht beweisbar sind. Aber deshalb bleiben sie immer noch Tatsachen. Die Wahrheit läßt sich nicht vertuschen. Und man kann es nicht anders bezeichnen: Sie betreiben hier im Augenblick Terror mit mir, schmutzigen, widerlichen Terror. Ich bin Ihnen völlig ausgeliefert. Sie können mit mir machen, was Sie wollen. Und da erwarten Sie, daß ich ehrlich zu Ihnen bin. Das ist ja wohl das Perverseste, was ich je gehört habe.«

»Ich habe niemals behauptet, es sei etwas anderes. Das sollten Sie mir nicht vorwerfen. Aber als pervers würde ich es nicht bezeichnen. Ich möchte Sie höflichst bitten, das zurückzunehmen. - Sie schweigen. Nun, dann sind wir an diesem Punkt eben unterschiedlicher Meinung. Das soll unter Menschen mit wahrer Größe vorkommen.«

Er zündete sich eine Zigarette an.

»Oh, entschuldigen Sie! Darf ich Ihnen auch eine anbieten?«

»Nein, danke.«

»Rauchen Sie nicht oder befürchten Sie weitere Abhängigkeiten von mir?«

»Ich rauche nicht. Lassen Sie doch diesen albernen Quatsch.«

»He, warum so unhöflich?«

»Lassen Sie mich jetzt dafür foltern?«

»Jetzt werden Sie aber albern. Ich möchte Ihnen ein Geschäft vorschlagen, Frau Keiner. Sie nehmen den Inhalt des Artikels zurück, und ich lasse Sie sofort frei.«

»Sie haben meine Post abgefangen?«

»Oh, hatte ich vergessen, Ihnen das zu sagen? Ihre Recherche - was ich davon halte, hatte ich Ihnen bereits gesagt - liegt dort auf meinem Schreibtisch. Das Original und die Übersetzung.«

»Und was soll nun das ganze Theater?«

»Ich wiederhole mich nur ungern: Ich schlage Ihnen vor, wir vergessen das Ganze, was Sie dort über die Menschen in den Gebieten der Minderheiten oder der Befreiungsbewegung, wie Sie es nennen, aufgeschrieben haben.«

»Aber Sie können doch ohnehin damit machen, was Sie wollen. Sie haben die Macht. Wozu wollen Sie meine Zustimmung? Das ist doch eine Farce.«

»Das kann ich Ihnen erklären: Ich will, daß Sie sich schämen, weil Sie diesem Deal mit mir zustimmen werden. Ich will, daß Sie sich selbst erniedrigen und verspotten.«

»Sie sind ein Scheusal.«

»Ich weiß, was Sie von mir halten. Sie sind ein Nichts, ein Garnichts.«

»Noch habe ich Ihrem Deal nicht zugestimmt.«

»Aber Sie werden es tun.«

»Ich werde es nicht.«

»Soll ich Sie für eine Selbstmörderin halten? Wollen Sie wegen Ihrer Eitelkeit sterben? Sie wissen, ich bin skrupellos.«

»Ja, ich weiß. Aber wenn ich mich vor Ihnen erniedrigt habe, bringen Sie mich erst recht um, weil das Spielzeug wertlos für Sie geworden ist.«

»Sie beginnen zu begreifen. Trotzdem gebe ich Ihnen mein Ehrenwort.«

»Sie haben keine Ehre. Also haben Sie auch kein Wort.«

»Oh, das haben Sie kühn gesagt. Sie beginnen mich wieder zu amüsieren.«

Er trommelte einen Marschrhythmus auf der Schreibtischplatte.

»Sie werden sich noch bei mir bedanken. Ob aus Überzeugung oder aus berechnendem Kalkül, ob Sie sich damit eine Chance ausrechnen oder nicht, wird Ihnen egal sein. Das einzige, woran Sie denken werden, ist, Ihr jämmerliches Leben zu retten.«

»Haben Sie es auf die Kopien meines Artikels abgesehen?«

»Ach, Frau Keiner! Sie nehmen sich und Ihre lächerliche Arbeit viel zu wichtig. Und mich nehmen Sie wohl nicht ernst? Trauen Sie mir nicht zu, daß es mir nur eine Freude ist, Sie zu quälen? Der reine Psychoterror, wie Sie eben meinten.«

»Jetzt weiß ich, was Sie wollen. Sie wollen mich einschüchtern, damit ich Ihnen und Ihren Spießgesellen in Zukunft nicht mehr in die Quere komme.«

»Sie überschätzen sich schon wieder. Ich glaube, ich muß Ihnen beweisen, wie ernst ich es meine, in dem ich einen meiner Männer rufe, der Sie durch den Schraubstock dreht. Sie wollen Beweise für das, was ich Ihnen gesagt habe, sonst glauben Sie mir nicht.«

»Damit würden Sie gar nichts beweisen. Doch, Sie würden beweisen, daß Sie politisch dumm sind. Daß Sie eigennützig handeln und damit eine Gefahr für Ihr System sind. Daß Sie sich in Ihrem Haß gehenlassen. Daß Sie ein gemeiner Folterer sind und nichts weiter. Daß Sie ungeeignet sind für Ihre Aufgabe.«

»Wenn Sie so gut wissen, wie ich meine Arbeit zu machen habe, dann seien Sie doch vernünftig und kommen mir etwas entgegen.«

»Was soll ich tun?«

»Ich sage es Ihnen nicht zweimal. - Sie zögern?«

»Hiermit widerrufe ich den Inhalt meines Artikels. Wo muß ich unterschreiben?«

»Sie müssen gar nichts unterschreiben. Ich sagte es Ihnen bereits mehrmals: Sie nehmen sich zu ernst. Und ich sage es Ihnen nicht noch einmal.«

»Verdammt noch mal! Was wollen Sie eigentlich? Sie machen mich total verrückt.«

»Ich möchte Sie von Ihren hirnspinstigen Vorstellungen über unser Land, über unsere Polizei, über das Militär befreien, und die Art und Weise, wie wir mit Andersdenkenden, Oppositionellen und sogenannten rassischen Minderheiten umgehen. Ich möchte, daß Sie unser Land mit seinen landschaftlichen Schönheiten sehen, unsere touristischen Attraktionen, die freundlichen Menschen. Das wollen die Leute in Ihrem Land hören, sonst würden sie nicht hierher reisen, sich nicht bei uns ein Ferienhaus am Strand kaufen.«

»Das kann ich nicht tun. Das ist unmöglich. Das können Sie nicht von mir verlangen.«

»Sehen Sie, das meine ich. Sie sind unvernünftig, unrealistisch und eitel. Und - Ihre Argumentationen amüsieren mich nicht mehr.«

»Was soll ich denn, um Himmels willen, tun?«

»Fragen Sie mich das nicht. Ihr Leben hängt an einem seidenen Faden. Ich hoffe für Sie, daß Sie meine Aussage nicht in Frage stellen.«

Der Polizeiinspektor ging zum Fenster und rauchte.

»Ich gehe auf Ihr Angebot ein. Ich werde in aller Form widerrufen. Ich bekunde hiermit...«

»Warten Sie, Frau Keiner. Ich möchte, daß meine Leute das hören. Die haben in ihrem grauen Dienstalltag nicht viel Gelegenheit, einmal etwas Helles, etwas Erfrischendes, kurz gesagt, die Wahrheit zu hören. Und ich möchte Ihnen nicht drohen, Frau Keiner, glauben Sie das bitte nicht, aber wenn Sie mich vor meinen Männern enttäuschen, und ich bekenne freimütig, da bin ich äußerst leicht zu treffen, zögere ich keinen Augenblick, Sie diesen gleich mitzugeben. Die wüßten etwas mit Ihnen anzufangen. Da können Sie sicher sein.«

Er ging zur Tür und rief einen kurzen Befehl hinaus. Eine Minute später standen zwei Dutzend uniformierter Männer im Raum.

»Frau Keiner, ich möchte Sie bitten, nacheinander in Ihrer und unserer Landessprache zu uns zu sprechen.«

»Ich möchte Ihnen sagen..., ich sage Ihnen hiermit, daß ich alles, was ich in diesem Bericht geschrieben habe, widerrufe. Meine Aussagen sind frei erfunden. Sie entsprechen in keinem Teil der Wahrheit. Alle Menschen in diesem Land, Einheimische, auch die sogenannten Minderheiten, werden gut und gerecht, ausländische Personen als willkommene Gäste behandelt. Menschen reisen gern hierher: Sie sind beeindruckt von der landschaftlichen Schönheit, den touristischen Attraktionen und den freundlichen Menschen.«

Auch nach der Übersetzung blickte sie in leere Gesichter.

»Viele Menschen finden das Land so schön, daß sie sich ein Ferienhaus am Strand kaufen. Sie sind beeindruckt von der hohen Kultur, den Bauwerken aus vergangenen Zeiten, den günstigen Preisen...«

»Nun, meine Herren! Sind Sie nicht der Meinung, diese Ausführungen seien einen Applaus wert?«

Seinen Worten folgte donnernder Beifall.

»Ich danke Ihnen, meine Herren. Begeben Sie sich zurück auf Ihren Posten.

Nun, Frau Keiner, wie fühlen Sie sich jetzt? Ich wollte Ihnen diese intime Frage nicht vor allen Leuten stellen.«

»Ich bedanke mich für Ihre Rücksichtnahme. Ich fühle mich zum Kotzen.«

»Wie ein Häufchen Dreck, nicht wahr? Wertlos. Ein Nichts. Aber entschuldigen Sie. Es ist nun an mir, mich an mein Versprechen zu halten. Sie sind frei.«

»Gestatten Sie, daß ich mit meiner Botschaft telefoniere und mich abholen lasse.«

»Sie sind sehr mißtrauisch, Frau Keiner.«

»Ja, das bin ich. Ich möchte nicht irgendwo in einer Seitengasse auf dem Rückweg erschossen werden.«

»Ich mache das für Sie. Ich rufe sofort in Ihrer Botschaft an.«

Er nahm den Telefonhörer und wählte die Nummer eines Mitarbeiters der Botschaft. Er sagte nicht seinen Namen. Man kannte ihn dort bestens.

»Wir haben hier die Journalistin, Frau Keiner. Es ist nur eine Routineangelegenheit gewesen. Kann Sie jemand abholen. Einen Augenblick, Sie können selbstverständlich mit ihr selbst sprechen.«

Er gab ihr den Hörer.

»Ja, hier ist Keiner. Mit wem spreche ich? Ach, Sie sind es, Herr Schmidt. Wir haben uns vor etwa drei Wochen kurz in Ihrem Büro unterhalten. Erinnern Sie sich? Würden Sie mich bitte abholen lassen. Danke. Auf Wiederhören.«

Sie reichte ihm den Hörer, und der Polizeiinspektor legte ihn zurück auf die Gabel.

»Und wie fühlen Sie sich jetzt?«

»Prächtig.«

»So möchte ich Sie nicht in Erinnerung behalten, gehen Sie.«

»Also dann. 'Auf Wiedersehen' sage ich lieber nicht. Das werden Sie verstehen.«

»Warten Sie. Ich begleite Sie nach draußen.«

Zehn Minuten später sah er vom Fenster aus, wie sie in das Auto der Botschaft einstieg.

Die Journalistin Dorothee Keiner wurde vierzehn Tage später auf offener Straße erschossen. Der Mord wurde niemals aufgeklärt.

Dealer und Buddhas

Ich wohnte damals in Peshawar Cant. im Khaiber Hotel, einer billigen Absteige. Mit dieser Entscheidung verbanden sich unterschiedliche Gründe: Der simpelste war der, daß ich Geld sparen wollte, denn ich war schon viele Monate unterwegs und wußte nicht, wie lange ich noch in der Welt herumziehen wollte. Außerdem lag diese Bude in der Nähe des Bahnhofs. Der wichtigste Grund aber war, daß hier noch andere Rucksackreisende wohnten, und außerdem konnte man dem Personal trauen.

Cant. ist die Abkürzung für Cantonment. Es handelt sich um das ehemalige Garnisonsviertel der Engländer, einem eher langweiligen Stadtteil. Wie überall im damaligen Indien, hatten sie nach ihrem Motto 'Devide and Rule' gehandelt, abseits und streng abgeschirmt vom Kern der alten Handelsmetropole und weit weg von der Armut und den ihnen fremden Eigenarten der eingeborenen Massen ihre eigene Stadt aufgebaut. So konnten sie mitten in Asien den ihnen gemäßen, typischen Lifestyle pflegen. Heute war der koloniale Glanz verblichen, und nur noch die weitläufigen Anlagen und breiteren Straßen erinnerten an bessere Tage. In die einstmals vornehmen Häuser mit den hohen Decken der protzigen Zimmer, Gemächer wie für Fürsten gebaut, waren provisorische Wände eingezogen, damit möglichst viele Personen hier unterkommen konnten. Manchmal hatte auch ein hoher Militär ein Haus erstanden und mit der nötigen finanziellen Grundlage für den Erhalt gesorgt.

Zu meinen praktischen Erwägungen, in diesem Viertel zu wohnen, paßte das Gefühl, daß ich die Enge und das Gedränge der Kernstadt in meinem europäischen Distanzbedürfnis als aufdringlich empfand, und, was ich mir damals nicht eingestehen mochte: Ich hatte Angst. Nachts ließen mich ungewohnte Geräusche sofort aufschrecken, oder es quälten mich Alpträume. Die Vorstellung, daß in diesem Land Menschen von der Straße verschwanden, die nie wieder gesehen wurden, erfüllten mich mit Grauen. In Karachi war diese Angst allgegenwärtig gewesen. In Lahore würde sie später zurückkehren. Hier in Peshawar verließ sie mich mit jedem Tag mehr, obwohl die schrecklichen Träume mich weiterhin gefangen hielten. Schon am ersten Tag, als ich durch den Basar in der Altstadt geschlendert war, konnte ich es beobachten: Die Menschen gingen aufrecht. Sie blickten mich auf der Straße oder im Teehaus offen an, keine Angst in ihren Mienen, und manche lächelten sogar. Denn Peshawar war die Stadt der stolzen Pushtos, für die Kabul oder Islamabad gleich weit entfernt lagen. Sie akzeptierten die Grenzen ihres Stammesgebiets, Staatsgrenzen jedoch interessierten sie nicht.

In Karachi, von wo ich vor einigen Tagen gekommen war, erzählten Traveller furchterregende Geschichten, zum Beispiel, daß ein Hotelangestellter Opium oder Heroin im Gepäck eines Reisenden versteckte, anschließend einen Polizisten rief, mit dem er zusammen arbeitete, und diese dann gemeinsam den Touristen erpreßten, indem sie ihm drohten, ihn wegen illegalen Drogenbesitzes ins Gefängnis werfen zu lassen.

Mit dieser Vorwarnung kam ich eines Tages, noch in Karachi, in mein Hotel zurück, und ein Mann in europäischer Kleidung erwartete mich, auf meinem Bett sitzend. Mir schwante bereits, was geschehen würde, noch ehe er mir zur Begrüßung seine Polizeimarke unter die Nase hielt. Trotz dieser klaren Einschätzung der Situation oder gerade wegen der deshalb ausbleibenden Unbekümmertheit, die gewöhnlich mein Handeln bestimmten und mir durch Spontaneität - vielleicht auch Naivität - und Humor aus manch brenzliger Situation herausgeholfen hatten, spürte ich den Schrecken in allen Gliedern. Aber ich würde mir eine verhängnisvolle Blöße geben, mir dies anmerken zu lassen.

Möglicherweise täuschte ich mich auch in meiner Selbsteinschätzung, und gerade dies Unbekümmerte entlarvte sich als der anerzogene Anspruch, an das Gute im Menschen zu glauben, dies gar als missionarische Fahne vor mir her zu tragen. Bei genauerer Betrachtung hatte mir dies auf der Reise einige Scherereien eingetragen und mich, wenn ich es nicht lassen konnte, gerade im unpassendsten Moment meinen moralischen Zeigefinger zu heben, in gefährliche Situationen hineinmanövriert.

Als er begann, meinen Rucksack zu durchsuchen, brach mir der kalte Schweiß aus, und ich überlegte fieberhaft, wie zu reagieren sei, falls er das zu erwartende Rauschmittel aus einer der Rucksacktaschen hervorzauberte. Die sich breitmachen wollende Angst unterdrückend, versicherte ich ihm mit fester Stimme, es gebe keine Schwierigkeiten, innerlich darauf vertrauend, daß Frechheit siegt, und ihm weiter mit falscher Selbstsicherheit verkündend, ich sei bestens über sämtliche Tricks informiert, wie Hotelangestellte harmlose Reisende hierzulande zu beeindrucken versuchten. Die Mitwirkung gewisser Polizisten zu benennen, unterließ ich wohlweislich, um ihn nicht zu provozieren, während der moralische Zeigefinger in meiner Hosentasche mit den anderen Fingern eine Faust bildete. Zu meiner Verwunderung drehte er sich um, nachdem er mir eine Zeitlang lächelnd eindringlich in die Augen gesehen hatte und verabschiedete sich freundlich. Ich setzte mich aufs Bett und horchte noch einige bange Minuten, ob er nicht doch noch einmal zurückkommen würde.

Die Bitterkeit und das Mißtrauen, das nicht allein auf dieses Erlebnis zurüchzuführen war, verdichteten sich mit Vorurteilen über orientalische Verschlagenheit, die ich mir schon in jugendlichem Alter bei Karl May angelesen hatte, und führten in mir einen Kampf, der mich verwirrte, einen Kampf gegen mein Bild vom guten Menschen, das ich trotzig aufrecht zu erhalten suchte.

Jeden Tag auf meinem Weg in die Old City von Peshawar besuchte ich die Buddhas. Sie beruhigten mich, zeigten sich erhaben über Sorgen und Ängste, die mir zu schaffen machten. Ihre Gesichter makellos, der Blick durchschaute die Welt bis zur Leere des Nirwana. In dem Faltenwurf ihrer griechischen Gewänder glaubte ich - eine sentimentale Vorstellung - meine ferne europäische Heimat, wenn auch nur in diesem ausschließlich kunstgeschichtlich bedeutsamen Detail, wiederzufinden. Ich bildete mir doch tatsächlich ein, es könnte mir Sicherheit geben, oder anders gesagt, ich dürfte weiterhin an die Überlegenheit westlicher Kultur glauben, die sich in mir, mehr oder weniger verschlüsselt, durch Geschichtsbücher meiner Schulzeit eingenistet hatte. Während ich durch das alte Haus wandelte, das bestimmt nicht für museale Zwecke gebaut war, sondern als Wohnhaus gedient hatte, igelte ich mich, allein auf den knarrenden Holzdielen zwischen verstaubten Repräsentanten versunkener Kulturen, vom Lärm der Straße abgeschirmt, in meine Einsamkeit ein.

Das Haus war vollgestellt mit Altertümern, ohne Übersicht lieblos zusammen gewürfelt, als habe Größe und Anzahl der Vitrinen die Zusammenstellung der Kunstgegenstände bestimmt. Meine besondere Aufmerksamkeit erregten ein 'fastender Buddha', durch seine anatomisch genaue Darstellung die Fertigkeiten der Renaissancekunst vorwegahnend, und 'Siddharta in Meditation'. Unter seinem Baldachin sitzend, in vollkommener Haltung, schien er sich nach längerer Betrachtung, als Zeichen seiner nahenden Erleuchtung, in die Lüfte zu erheben.

Immer wieder blieb ich lange vor den Glaskästen stehen und nachher, auf meinem weiteren Weg, schrieb ich im Kopf eine Geschichte von der hinter dem Khaiber-Paß zurückgelassenen Armee Alexanders des Großen und der Gründung des buddhistischen Reichs Gandhara, bis ich die ersten, quirligen Gassen des Basars erreichte, und in eine neue, mir fremde, deshalb distanzierend als exotisch bezeichnete Welt, eintauchte.

Der Glanz dieses alten Handelszentrums war lange vergilbt. Oder existierte er nur im verkitschten Hirn des hollywoodverdorbenen Europäers? Nein, das waren stattliche Häuser mit Türmchen und Erkern, Rund-, Spitz- und Hufeisenbögen, vorspringenden, reich verzierten Gesimsen, holzgeschnitzem Gitterwerk, Perlmuttintarsien, buntem Mosaik und Keramikplatten, auf die Koransuren geschrieben standen, deren Maler den Pinsel kühn zu schwingen imstande gewesen waren.

Aber häufig waren die Platten gebrochen, die Holzteile verfault und durch Wellblech oder häßlichen Beton ersetzt, die Mosaiken teilweise herausgefallen oder stümperhaft geflickt, auf die Dächer neue Stockwerke aus ärmlichen Materialien gebaut, welche die Bewohner auf dem Basar und in der Umgebung zusammenlasen.

Keine reich beladenen Kamelkarawanen bevölkerten mehr die Straßen, aber auf den Basargassen tummelten sich noch immer zwischen den kreischenden und hupenden Gefährten der Neuzeit Packesel, die gemächlich ihren Weg trotteten, Pferdefuhrwerke und einzelne Dromedare, die erhaben ihre langen Hälse zwischen schnellebigem Verkehr herausstreckten und sich nicht durch furchterregendsten Lärm in ihren Zeitlupenbewegungen stören ließen. Mancher Lastwagen im Gewühl präsentierte sich als Gesamtkunstwerk, an jeder freien Stelle bunt bemalt, mit Koransuren verziert oder mit tausend golden und silbern blinkenden Nieten beschlagen.

Fast ausschließlich Männer und Kinder bevölkerten die Gassen, und wenn ich Frauen begegnete, waren sie häufig verschleiert. Neben Pakistanis in den üblichen weiten Hosen und gleichfarbenen Hemden traf ich turbantragende Afghanen oder Pathanen, nicht selten mit Dolchen im Gürtel und mit Enfield-Gewehren über der Schulter, die sie, wie ich von meinem Freund Jim aus Kenia wußte, selbst in ihren

Dörfern in der Nähe des Khaiber-Passes herstellten. Jim war indischer Abstammung, und als er eines Tages das Geld für den Flug zusammen hatte, war er nach Pakistan geflogen. Das Leben der Pathanen begeisterte und besonders ihr kriegerisches Gehabe faszinierte ihn. Am liebsten wäre er dageblieben, aber als Kenianer hatte er nur ein begrenztes Visum erhalten und mußte nach einigen Monaten zurück.

Manchmal forderten mich Leute in den Straßen einfach auf, sie zu fotografieren. Ab und zu sah ich auch Männer aus der Nordprovinz, die meist Wollkleidung und ihre typisch runden Mützen trugen. Dann dachte ich grollend an Johnson aus Karachi, der vorgegeben hatte, mein Freund zu sein, und der mich so schmählich betrogen hatte. Oft saßen wir beim Tee zusammen, und er schwärmte mir von einem wunderbaren Tal vor, dem Swat, weit oben im Hindukusch, wo die Menschen lebten wie im Paradies, wo man die Stille hörte und eins war mit der Natur. Im Sommer würden wir uns aufmachen, verkündete er immer wieder in den ausgesuchtesten Worten und mit Glanz in den Augen. Der verdammte Hund! Tagelang hatte er mich mit seinem verlogenen Geschwätz eingewickelt, um mich dann mit einem Taschenspielertrick hinters Licht zu führen.

Ich spazierte durch die Gasse der Schuhmacher, ein Laden neben dem anderen. Alle Geschäfte waren zur Straße hin offen, so daß man den Handwerkern bei der Arbeit zuschauen konnte. Manchmal blickten sie von ihrem Schaffen auf, bedeuteten mir, hereinzukommen, mir ein Paar Schuhe oder Sandalen auszusuchen oder ein Glas Tee mit ihnen zu trinken. Die Läden einer Handwerkerzunft lagen immer nebeneinander in einer Gasse. Ähnlich muß es in mittelalterlichen europäischen Städten auch organisiert gewesen sein. Es gab die Gasse der Kupfer- und Messingschmiede, den Textilbasar, das enge Viertel der Goldschmiede, den Früchte- und den Vogelbasar und sogar einen Basar der Geschichtenerzähler.

Ein Einheimischer bot mir seine Dienste an, die darin bestanden, die Leute auf ein bestimmtes Dach im Häusergewirr zu führen, um ihnen den schönsten Blick auf die pittoreske Mahabat Khan-Moschee zu zeigen. Dazu erzählte er die fürchterliche Geschichte von der Herrschaft der Sikhs in Peshawar, die jeden Einwohner, der aufbegehrte, an den Zinnen des Minaretts aufhängen ließen.

An einem Regentag, der die Gassen des Altstadtviertels aufgeweicht hatte, begegnete mir eine Gruppe Bettler. Wie die Handwerker waren sie offenbar zu Zünften zusammengeschlossen. Blinde gingen zwischen Verkrüppelten, die sich nur kriechend im Schlamm vorwärts bewegten, andere fuhren auf niedrigen Holzwägelchen, die sie selbst anschoben, oder, wenn sie das aufgrund ihrer Behinderung nicht konnten, von Hunden gezogen wurden, wieder andere humpelten auf Krücken, manche hatten auf häßlichste Weise deformierte Gesichter. Und alle sangen sie, laut und klar, voller Inbrunst, die Augen, auch wenn sie nicht sahen, gegen den Himmel gerichtet. Mich schauderte, und als sie nach wenigen Sekunden vorbeigezogen waren, meinte ich, irgendeinen der Menschen auf der Straße ansprechen zu müssen. In ihren Gesichtern deutete nichts mehr auf diese Begegnung hin, und ich war mir nicht sicher, ob diese Szene nicht Teil eines wirren Traumes gewesen war, an den ich mich plötzlich erinnert hatte.

Wenn ich die Reizüberflutung dieser prallen, fremden Welt nicht mehr aushielt, zog ich mich in eines der einfachen Teehäuser zurück, setzte mich auf den Boden und genoß den grünen Tee aus China. Oder ich lehnte mich draußen an eine Hauswand neben dem Samowar, beobachtete die Kellner und die Gäste.

Ich beschloß, zum Khaiber-Paß hinaufzufahren, aber als ich mich im Touristenbüro nach dem Weg erkundigte, informierte mich eine europäisch gestylte Pakistani, das Betreten des ganzen Gebiets sei für Touristen, wegen des Kriegs in

Afghanistan und der damit verbundenen Gefahren, gesperrt. Ich ließ mich davon nicht abhalten, und am nächsten Tag, dem 1. Mai, erkundigte ich mich auf meinem üblichen Weg in die Old City bei Einheimischen nach einem Bus, der nach Landi Kotal, einem Dorf auf dem Paß, fuhr. Warum ich trotz Verbot und meiner nicht unbegründeten Furcht an meinem Vorhaben so beharrlich festhielt? Ich weiß es nicht mehr. Es war nicht nur Abenteuerlust. Vielleicht war es ein Versuch, die ungewohnte Angst und das Mißtrauen durch waghalsiges Handeln abzuschütteln.

Und weil es der 1. Mai war, erinnerte ich mich beim Weitergehen zum Busbahnhof an die üblichen Maitouren meiner Kindheit im Westerwald. Warum ich bei der folgenden Szene hängenblieb, mag ebenfalls kein Zufall sein: Ich ging noch nicht zur Schule. Mein sechs Jahre älterer Bruder Hermann nahm mich damals oft mit, und darauf war ich besonders stolz, denn unter seinen Kumpels war es nicht gerade beliebt, einen kleinen Balg im Schlepptau zu haben. Deshalb gab ich mir besondere Mühe, nicht hinderlich zu sein oder herumzuquengeln. Sein Freund Walter und er versicherten mir zu Beginn, ich müsse sehr mit meinen Kräften haushalten, denn die Strecke sei für Größere bemessen. Diese Mahnungen spornten mich jedoch eher an, als daß sie mich bewogen aufzugeben, was die beiden sich vielleicht insgeheim erhofft hatten. Mit Walter kam ich gut aus, aber ich führte es darauf zurück, daß er nur zwei ältere Schwestern hatte. Es sollte nach Zehnhausen gehen zu Tante Annie. Die Strecke bis Nentershausen kannte ich gut. Dann zog sich der Weg etwas hin bis zur Kreuzung, wo wir geradeaus weiter mußten statt rechts ab nach Pütschbach, wo Tante Babette und Onkel Adolf wohnten. In Steinefrenz war ich noch nie vorher gewesen und daher ungeheuer beeindruckt, zu Fuß in eine unbekannte Welt eingetaucht zu sein. Unterwegs zu sein, faszinierte mich seit diesem Tag so sehr, daß ich bei den künftigen Cowboyspielen mit meinen Freunden immer ein ganz bestimmtes Rollenfach besetzte. Ich war ein Trapper, immer unterwegs, kein Zuhause. Und Angst war ein Gefühl, das ich in dieser Rolle nicht kannte.

Zehnhausen war noch nicht in Sicht, und obwohl die ersten Ermüdungserscheinungen sich anmeldeten, wanderte ich tapfer und ohne ein Wort der Klage weiter. Bei Tante Annie wurden wir gastfreundlich aufgenommen, und nach einem kräftigen Mittagessen zeigte sie uns einen Weiher hinter dem Dorf, der in einer ausgebeuteten Tongrube angelegt worden war. Noch tagelang war ich begeistert von den Tausenden silbriger, kleiner Fische und wollte immerzu meiner Mutter davon erzählen. Auf dem Weg nach Hause war ich plötzlich unendlich erschöpft, und Hermann und Walter trugen mich die letzten zwei Kilometer abwechselnd auf dem Rücken. Sie waren nicht böse darüber, und das beruhigte mich sehr, weil ich mich anfangs schämte, daß meine Beine mir einfach den Dienst versagten. Sie lachten nur, und Walter meinte, für einen kleinen Stops wie mich wäre das eine reife Leistung, so weit zu laufen.

Jetzt, über zwanzig Jahre später, blühte diese Faszination für das umherschweifende Nomadenleben noch genauso, stand ich mitten zwischen Menschen, Haustieren, Gepäck und Autobussen und erfragte mir meinen Weg zum richtigen Fahrzeug. Das fuhr erst los, wenn es voll geladen war. Ähnliche Szenen kannte ich schon aus meiner Zeit in Afrika. Sämtlicher Platz wurde genutzt. Der Mann, der sich neben mich setzte, hatte vorher ein Schaf und zwei Ziegen auf dem Dach untergebracht und mehrere Körbe mit Hühnern auf dem Gang und unter seinem Sitz verstaut. Für einen Kampfhahn in einem Käfig, den er hütete wie seinen Augapfel, fand er keinen geeigneten Abstellplatz, und ich bot mich an, ihn festzuhalten, weil er selbst schon beide Hände voll Gepäck hatte. Er musterte mich ausgiebig, dann grinste er und reichte mir seinen wertvollen Besitz.

Endlich traten wir schaukelnd unsere Fahrt an, wurden jedoch draußen vor der Stadt erneut zu längerem Warten gezwungen. Ich konnte mich mit niemandem verständigen, erfuhr nicht, was los war. Also wartete ich ab. Wir bewegten uns in einer Schlange von Autos allmählich vorwärts und hielten dann an einem Schlagbaum. Verdammt, ein Checkpoint! Die würden mich rausholen, und wenn ich Glück hatte, mußte ich nur mit dem nächsten Bus zurück. Als die zwei Soldaten mit Schnellfeuergewehren den Bus betraten, drückte ich meinen Kopf hinter den Käfig mit dem Kampfhahn. Sie gingen nur bis zur dritten Reihe und kehrten dann wieder um. Es sollten noch mehr Checkpoints folgen. Beim zweiten sprach der Polizist nur kurz mit dem Fahrer, beim Dritten war ich sicher, daß ich entdeckt worden war, aber der Uniformierte nahm keine Notiz von mir. Ab dem nächsten Checkpoint regte ich mich nicht mehr weiter auf.

Die Landschaft bis zum Fuß des Gebirges war flach und kahl, keine Bäume, keine Felder, nicht genug Gras, um ein paar Ziegen satt zu bekommen. Mitten in der Ebene entdeckte ich weit entfernt ein Zeltdorf für afghanische Flüchtlinge. Wie konnten sie es hier nur aushalten, mitten in dieser kargen, leeren Landschaft?

Am Fuß des Gebirges erfrischten einzelne Bäume das Bild, und bald zeigten sich erste Gehöfte, wie Trutzburgen von hohen Mauern umgeben. Dann kletterten wir in unserem überladenen Gefährt, das bei jedem Schalten vor einer Kurve schaurig röhrte, zum Paß hinauf. Es schaukelte ordentlich, und mein Kampfhahn gackerte aufgeregt und plusterte sein Gefieder auf, soweit das der enge Käfig zuließ.

Das karge Gebirge zeigte zunehmend Farben: beige, braun, grau, manchmal bläulich oder von einem grünen Schimmer wie mit Algen überzogen. Weit entfernt stiegen für kurze Zeit Rauchfahnen einer Dampflokomotive auf, die sich ebenfalls ihren Weg zum Paß hinauf erkämpfte. Manchmal konnte man die Straße in einer Kurve von oben ein Dutzend Mal sich winden sehen.

Endlich kamen wir oben in Landi Kotal an. Der Dieselmotor unseres Busses tuckerte gleichmäßig, als müsse er sich nach der Anstrengung ausruhen. Die Fahrgäste stiegen aus. Während sie noch damit beschäftigt waren, ihr Gepäck zusammenzuklauben und die Tiere loszubinden, lief ich zum Dorfrand, weil ich es kaum erwarten konnte, den Blick zur anderen Seite schweifen zu lassen. Seit Tausenden von Jahren war dies der Weg zum indischen Subkontinent gewesen, hatte Indogermanen, Perser, Griechen, mittelalterliche Händler, Armeen, forsche Abenteurer, raffgierige Krämerseelen, durchtriebene Banditen zu sagenhaften Reichtümern gelockt. Aber die Landschaft sah nicht weniger öd und karg aus als auf der Seite des Passes, die wir gekommen waren.

Mein Gefühl schwankte zwischen der Erhabenheit des Augenblicks und der Ergebenheit in diese Trostlosigkeit, und bevor ich mich entscheiden konnte, war ich eskortiert von zwei bärtigen Männern, die mich, so freundlich sie es in gebrochenem Englisch fertigbrachten, aufforderten, eine Tasse Tee mit ihnen zu trinken. Trotz ihrer Freundlichkeit und der Tatsache, daß es üblich ist, einen Fremden zum Tee einzuladen, befiel mich ein unbehagliches Gefühl, und ich kam mir zwischen den beiden breitschultrigen Körpern vor wie in die Zange genommen, einem Befehl gehorchend statt einer gastfreundlichen Geste.

Sie führten mich durch eine Art unterirdischen Basar, ganz eng und mit Planen und Decken überwölbt. Die Erinnerung kann wie eine Droge sein. Sie ist nicht verläßlich, macht aus den realen Ereignissen, was die Wünsche ihr eingeflüstert haben, knetet herum an den Ängsten, vertauscht meine Leichtgläubigkeit mit Selbstgefälligkeit. Könnte ich die Angst begrüßen wie eine alte Bekannte, die mich warnte, zu mir gehörig, brauchte ich das Schicksal nicht unnötig herauszufordern. So mußte ich weiter den Mann spielen, der ich nicht war.

Wir betraten einen dieser üblichen Läden, aber im Unterschied zu den anderen war dieser bis auf zwei niedrige Schemel leer, was den Eindruck, man befinde sich in einer Autogarage, noch verstärkte. Einer meiner Begleiter ging sofort wieder, der andere verschwand hinter einem Vorhang. Wenige Sekunden später kam er mit einem Mann zurück, der mich sofort freundlich aufforderte, auf einem der Schemel Platz zu nehmen. Mir fielen sofort seine durchdringend blauen Augen auf. In einem Buch über die Pathanen, die sich selbst Pushtun nennen, hatte ich von diesem ungewöhnlichen Phänomen gelesen, daß manche von ihnen aus blauen Augen in die Welt blicken. Ich war ein Anhänger der These, die Pathanen seien die Nachkommen der Griechen aus der Armee Alexanders des Großen, die dieser in dem Gebiet am Khaiber-Paß zurückgelassen hatte. Ich jedenfalls hatte noch nie einen Inder oder Afghanen mit blauen Augen gesehen. Dieser Mann erschreckte mich.

Er sprach auch nur spärlich englisch, aber ich verstand so viel, daß er meinte, Fremde kämen nur selten hier hinauf. Vor dem Krieg in Afghanistan sei das anders gewesen. Er schickte einen Jungen, uns Tee zu holen.

Dieser kam schon bald zurück und stellte ein kleines Tablett vor uns auf den Boden. Der blauäugige Mann war nervös. Er entschuldigte sich und verschwand wieder hinter dem Vorhang. Der andere blieb wie ein Bodyguard schräg hinter mir stehen.

Er kam mit einem braunen Klumpen zurück. Ich sah sofort, daß es sich um Haschisch handelte. Er nickte freundlich und hielt es mir unter die Nase.

»Schwarzer Afghane«, sagte er mehrmals, und »beste Qualität«. Dabei lächelte er unentwegt. Ich könne es probieren. Es sei wunderbar.

Ich stand von meinem Schemel auf und beteuerte mehrmals, daß es sich um ein Mißverständnis handelte. Noch fand ich die Situation eher harmlos, konnte die Angst mühelos einschläfern, die sich behäbig zu regen begann.

Er hörte mir gar nicht zu. Ich könnte auch in ein Nebenzimmer gehen, sagte er freundlich, und es in aller Ruhe probieren. Es sei wirklich sehr gut, ausgezeichnet. Die englischen Worte zur Qualitätsbeschreibung rollten ihm leicht und flüssig über die Lippen.

Nein, nein, das sei wirklich ein Versehen, wiederholte ich.

Der Mann bemühte sich, freundlich zu bleiben.

Dann schaltete sich auch der andere ein. Es sei alles in Ordnung, betonte er mehrmals, aber sein Englisch war dürftig, und seine Worte klangen wie eine Drohung.

Etwas mißmutig packte der Blauäugige sein Angebot weg. Er huschte wieder hinter den Vorhang und kam mit einem Zellophansäckchen zurück, daß ein bräunliches Pulver enthielt. Rohopium, schoß es mir durch den Kopf, und der Schrecken über diese Szene erfüllte mich nun blitzartig. Meine Beine fühlten sich an wie Pudding. Ich war nicht fähig, mich von dem Schemel zu erheben und dieser Farce ein Ende zu bereiten.

Der Mann lächelte wieder und pries mit orientalischen Gebärden die Qualität seiner Ware.

Meine kärglichen Versuche, die Szene zu erklären, halfen auch diesmal nichts. Er hielt mich offenbar für ein ausgebufftes Pokerface und für einen ganz großen Fisch. Statt aufzugeben, zauberte er beim dritten Mal einen Beutel Heroin herbei, Pulver, weiß wie frisch gefallener Schnee, das im Frankfurter Bahnhofsviertel wahrscheinlich in die Junkie-Geschichte eingehen würde. Aber diesmal nahm ich auf die lähmende Schwabbeligkeit in meinen Beinen keine Rücksicht und gab, ohne ein weiteres Wort und ohne mich nochmals umzudrehen, Fersengeld. Schon nach wenigen Augenblicken hatte ich die schmalen Gäßchen verlassen und stand oben auf der Straße. Mein Atem rasselte, nicht von der Anstrengung, sondern vor Entsetzen.

Selbst nach dieser Szene wollte ich mir meine Angst nicht eingestehen. Ich versuchte, mich zu beruhigen, schlenderte noch etwas durch die Straßen, aber immerzu mußte ich mich umdrehen, in meinem Kopf rasten Geschichten um die Wette, eine schrecklicher als die andere:

Ein Typ, der auch im Hotel in Cant. wohnte, hatte von einem Mann erzählt, der mit dem Flugzeug in Delhi gelandet war, seine erste Reise in ein fernes Land. Er nahm sich ein Hotelzimmer im Marktviertel Pahar Ganj und spazierte zur ersten Erkundung durch das Viertel. In einer kleinen Gasse schob er, beim Gang durch verschiedene Läden, aus Neugierde einen Vorhang beiseite. Da saßen ein Dutzend vornehmer Männer auf einem Teppich und feilschten um einen Haufen Heroin, mit dem man eine ganze Armee hätte für Monate stoned machen können. Sie entdeckten den ungebetenen Eindringling, und sofort zogen mehrere Männer Pistolen und Messer und stürmten auf ihn zu. Unser Mann lief um sein Leben. Er hastete durch das Basarviertel, die Gangster immer hinter ihm her, bekam gerade so viel Vorsprung, daß er in ein Taxi springen konnte, ließ sich zum Flughafen fahren, buchte die nächste freie Maschine, und das war sein Aufenthalt in Asien für den Rest seines Lebens, das er glücklich war, behalten zu haben.

Um diese Geschichte zum Beispiel kreisten meine Gedanken, während ich vor den zwei wandelnden Kleiderschränken oder dem Blauäugigen flüchtete. Nach einer halben Stunde hielt ich es nicht mehr aus und bestieg den nächsten Bus, der mich zurück nach Peshawar brachte. Wir passierten die üblichen Kontrollen. Immer wieder bestiegen Uniformierte den Bus, gingen an meinem Platz vorbei, aber sie übersahen mich geflissentlich. Vielleicht glaubten sie, alle Pakistani hätten Vorteile von den Devisen, welche die Drogenhändler ins Land brachten.

Am Abend im Hotel begegnete ich einem mit Dope vollgestopften Österreicher, der schon seit Wochen hier wohnte. Er war in einem erbärmlichen Zustand, konnte kaum noch seine Bewegungen koordinieren, faselte nur unzusammenhängendes Zeug, und seine Augen blickten dumpf und wirr in die Gegend. Er verließ seit Tagen das Hotel nicht mehr. Als ich ihn an diesem Abend ansprach, brauchte er einige Zeit, bis er mich erkannte. Das Personal blickte besorgt zu uns herüber. Wie ich bald erfuhr, wollten sie ihn gerne loswerden, weil sie Angst hatten, er würde hier an einer Überdosis abkratzen.

Am nächsten Morgen besuchte ich wieder die Buddhas. Heute gaben sie mir keinen Trost. Der Schreck über das gestrige Abenteuer, meine Maitour, saß mir noch in den Gliedern. Und ich hatte Heimweh.

Nein, Heimweh konnte ich das nicht nennen. Eher sah ich in meinem Herumreisen keinen Sinn mehr. Vorher hatte ich wie ein Schwamm alles gierig aufgesogen, als würde die Welt jeden Tag neu erschaffen, ließ mich treiben, ohne daran zu denken, daß dieser Zustand einmal ein Ende nehmen könnte. Ich blickte in die Vitrine mit dem 'fastenden Buddha'. Er hatte erst aufgegeben, als sein Körper bis auf die Knochen abgemagert war. Später, als er den Leib nicht mehr malträtierte, war ihm die Erleuchtung gekommen.

Mir ging die Geschichte mit diesem Johnson aus Karachi wieder im Kopf herum. Durch ihn war ich aus dem Gleis geraten. Im Flugzeug hatte ich Mick, einen Amerikaner, kennengelernt. Er reiste herum wie ich. Er hatte so eine typische Art wie sie Amerikaner oft haben: gleichbleibend freundlich, etwas hölzern im Gehabe, überzeugt von der Überlegenheit der Amis, sich in jeder Lage zurechtzufinden, und davon, daß das Gute am Ende triumphiert. Wir verließen zusammen den Flughafen. Mick sprach einen Mann in einem Bus durch die offene Tür an und fragte nach dem

Weg, es war eben jener Johnson. Wir unterhielten uns während der Fahrt, ich war überhaupt nicht mißtrauisch, weil er nicht uns, sondern Mick ihn angesprochen hatte. Er half uns, ein Hotel zu finden, und später besuchte er uns jeden Tag, zeigte uns die sehenswerten Plätze der Stadt und unterhielt uns stundenlang mit seiner Lebensgeschichte.

Er war ein Meister im Erzählen. Manchmal saßen wir in einem Restaurant oder einem Teehaus, und er ließ, begleitet von schwungvollen Gebärden, vor uns das sommerliche Tal des Swat entstehen, die saftiggrünen Wiesen, auf der die Kühe und Schafe weideten, die unbefangenen Menschen, die jeden Fremden willkommen hießen, im Hintergrund die hoch aufragenden Bergriesen des Hindukusch. Und seine Augen glänzten dabei. Der Morgentau auf den Grashalmen, der sanfte Wind in den Aprikosenbäumen, ein Sonnenstrahl, der nur für eine Minute am Tag eine Felsspalte trifft, die höchste Stelle droben im Gebirge, auf der Getreide wächst; Johnson wurde nicht müde, es uns in den schönsten Farben auszumalen. Und je mehr er sich hineinsteigerte in seine Geschichte, um so mehr begeisterte er mich.

Er beschrieb seinen Alltag hier, die Hetze und die Lügen, denen er ausgesetzt war, und weil er dieses Tal auch für sich brauchte, überzeugte er mich, daß er alles genau so meinte, wie er es mir weismachte. Im Juli sollte ich wieder kommen, dann würden wir gehen, nur er und ich. Der Juli sei der beste Monat. Wir würden bis zu einer bestimmten Stelle im Gebirge fahren und dann zu Fuß weitergehen, immer weiter gehen, der Weg ist das Ziel, the road goes ever on, immer weiter. Wir würden es aus uns herauslaufen, alles, was uns quälte, was in uns rumorte, die Seele so frei wie ein Vogel (dieser poetische Vergleich stammte von Johnson).

Mick lehnte ab. Er wollte noch nach Indonesien, Malaysia, Australien und sonstwohin. Hatte er etwas geahnt, gerade er, dieser gutgläubige Amerikaner? Ich beschloß, vorsichtig zu sein, obwohl ich schon ziemlich mitgerissen war von Johnsons Geschichten und dem Glanz in seinen Augen.

Johnson verfügte über eine lückenlose Biographie. Wenn ich jetzt daran zurückdachte, konnte ich mir immer noch nicht vorstellen, daß er sich das alles ausgedacht hatte: Die Reihenfolge seiner Geschwister, ihr Alter, der Großvater, der als Bauer in Kerala gelebt hatte, die Eltern, die zum Christentum konvertiert waren, und was es für sie bedeutet hatte, sich bei der Teilung Indiens für den Muslimstaat Jinnahs, Pakistan, zu entscheiden. An einem Morgen war sein jüngerer Bruder gekommen, um Johnson, mit dem wir verabredet waren, zu entschuldigen. Da ich mißtrauisch geworden war, nutzte ich diese Gelegenheit und fragte ihn über alles aus, was ich von seinem Bruder erfahren hatte. Aber er war gut vorbereitet, selbst die kleinsten Details stimmten überein. Später tröstete mich, daß ich wenigstens einem echten Profi aufgesessen war.

Der Clou ging folgendermaßen: Ich brauchte eine Fahrkarte nach Peshawar. Dafür hätte ich stundenlang anstehen müssen. Johnson bot sich an, mir diese besorgen zu lassen. Er kannte Leute mit Beziehungen, die das erledigen würden. Am Abend trafen wir uns auf dem Bahnhof, und er übergab mir die Fahrkarte, in Zeitungspapier eingewickelt, ließ sie mich bei der Übergabe nur kurz anschauen. Schlau sagte er, die Freunde hätten sie durch besondere Kanäle erstanden. Aber es wäre alles in Ordnung. Deshalb sollte ich sie schnell einstecken. Kaum hatte ich sie in Empfang genommen und ihm das Geld gegeben, verabschiedete sich Johnson eilig. Durch das Abteilfenster beobachtete ich, wie Johnson in der Menschenmenge auf dem Bahnsteig verschwand.

Das Ticket war natürlich gefälscht. Hatte er nun die Chance genutzt, nachdem er Mick und mich kennengelernt hatte oder den ganzen Aufwand nur betrieben, um mich zu beschummeln? Er konnte mir die Frage nicht beantworten, denn ich sah Johnson, oder wie immer er heißen mochte, niemals wieder. Aber während ich den 'fastenden Buddha' betrachtete, erwog ich sämtliche Möglichkeiten, wie die Geschichte zusammenpassen könnte. Den Betrug konnte ich ihm nachsehen. Ich war auf dieser Reise schon öfter geneppt worden, und der Preis für die Fahrkarte war leicht zu verkraften. Aber daß er meine Freundschaft gewonnen hatte, ja, meine Freundschaft. Ich hatte den Burschen gemocht und war sentimental geworden, wenn er von seinem Tal in den Bergen erzählte. Das konnte ich weder ihm noch mir verzeihen. Dafür verachtete ich mich. Seit diesem Tag vor zwei Wochen wollte ich nur noch für mich sein oder hier bei den Buddhas aus Stein, in die ich hineindenken konnte, was immer ich wollte. An diesem Morgen kehrte ich um nach Cant., kaufte mir eine Fahrkarte, und am Nachmittag fuhr ich mit dem Zug Richtung Lahore.

Von meinem Fensterplatz unter der schrägstehenden Sonne ließ ich meinen Blick aus dem Zugfenster über die Landschaft schweifen. Ihr Licht verzauberte alles: Die arbeitenden Menschen auf den Feldern vor den fernen Gebirgen, Flüsse, die sich ihren Weg aus den Bergen bahnten, die Dörfer am Rand der Felder, aus deren Mitte sich ein Minarett türmte.

Manchmal sah ich Männer auf Arbeitselefanten, die von den Feldern kamen und in gleichmäßig ausdauerndem Schritt dem Bad im Fluß oder einem Tümpel zustrebten, Kamele, die mit Futterpflanzen beladen waren, Kinder, die Kühe, Ziegen, Schafe oder Esel nach Hause trieben. Der Glanz des späten Sonnenlichts verausgabte sich in wenigen Minuten. Nach kurzer Dämmerung verbreitete sich tiefe Nachtschwärze.

Ich war glücklich. Das war meine Position, mein Standpunkt, von dem aus ich die Welt betrachten wollte. Dieses Rumpeln und Schaukeln, das durch die Glieder ging und mit jeder Bewegung das Lebendige spüren ließ, wie in einer Wiege geschaukelt, unbewußt, mit jedem Atemzug Geborgenheit aufnehmend, schützende Wände um mich herum, Panoramablick, die Scheiben zwischen mir und diesen unzähligen Schicksalen da draußen.

Ja, das war die richtige Distanz. Näher brauchte keiner zu kommen. Und dieser Zug sorgte dafür, daß die Verbindung nicht abriß, Kuppler in einem Liebesverhältnis mit der Welt.

Der Zug erreichte erst am nächsten Morgen Lahore. Ich ließ mich von einem jungen Burschen am Bahnhof abschleppen, weil ich keine Lust hatte, selbst nach einem Hotel zu suchen. Auf den größeren Bahnhöfen stehen sie in Massen herum, um Touristen ein Hotel anzupreisen, sie am besten gleich dorthin mitzunehmen. Manche sind, wie mein Begleiter, gleichzeitig Boy im Hotel, Zimmerkellner, Portier, kurz gesagt, sie werden mit allen Aufgaben betraut, für welche sonst keiner zuständig ist. Für die meisten von ihnen ist es der einzige Job, die einzige Möglichkeit, Geld zu verdienen. Ich dachte an Kim, den Kipling so trefflich beschrieben hat. Einen Existenzkampf bedeutete das Leben für diese Jungen noch immer, daran hatte sich offenbar seit damals nichts geändert. Ich beschloß, die berühmte Kanone des Helden ausfindig zu machen und war gespannt, ob sie auch ein wendiger, brauner Bursche wie Kim besetzt hielt.

Ein Mann im Hotel, der offenbar zum leitenden Personal gehörte, zeigte mir ein geräumiges Zimmer mit schönen Möbeln, das direkt von einem kleinen Hof aus zu erreichen war. Aber er wollte es mir nur unter einer Bedingung geben: Ich sollte ihm meine Alkohollizenz verkaufen.

Was denn das sei, wollte ich wissen.

Er erklärte mir, in Pakistan gälte das Gesetz des Propheten, und der habe, wie man weiß, den Genuß alkoholischer Getränke verboten. Für nichtgläubige Ausländer mache der Staat, der dafür sorge, daß die Weisung des Propheten auch befolgt würden, allerdings eine Ausnahme. Sie dürften, je nach Aufenthaltsdauer, alkoholische Getränke kaufen. Aber das sei mit strengen Reglements verbunden.

Seit ich in Pakistan gelandet war, hatte ich keinen Tropfen dieser Getränke verköstigt, weil ich nirgendwo etwas kaufen konnte.

Warum sollte ich dem Mann also nicht diesen Gefallen tun? Wie sich herausstellen sollte, war ich noch immer nicht reif, meine Naivität oder meine gutgläubigen Ideale aufzugeben. Mit ihm und einem anderen Typen - beide machten keinen sympathischen Eindruck auf mich - fuhr ich mit einem Scooter durch die Stadt. Wir hielten ausgerechnet am Hilton, und die Männer gaben mir Geld, um drei Flaschen Whisky zu kaufen. Drinnen herrschte eine gediegene Atmosphäre, wie ich sie durch meine Art zu reisen, fast schon vergessen hatte. Der Mann am Schalter schaute mich argwöhnisch an. Ich mußte mehrere Formblätter ausfüllen, und bevor ich die drei Flaschen in Empfang nehmen konnte, wurde in meinen Paß gestempelt, daß damit mein Alkoholkontingent ausgeschöpft war.

Die Männer nahmen den Whisky draußen in Empfang und wickelten die Flaschen ganz vorsichtig, wie einen kostbaren Besitz, in Decken. Dann fuhren wir zurück, und sie verabschiedeten sich schnell.

Natürlich war ich mal wieder hereingefallen. Gerade hatte ich mein Zimmer bezogen, da kam der Junge, der mich angeworben hatte und erklärte mit fadenscheinigen Begründungen, die ich längst vergessen habe, ich könnte das Zimmer nicht behalten. Ich forderte, seinen Boß zu sprechen, aber der ließ sich verleugnen. Ich wußte nicht, was ich tun sollte. Der Junge bettelte schließlich, er würde seinen Job verlieren. Ich fühlte mich kraftlos, deprimiert, wollte nicht kämpfen. Also gab ich nach.

Er führte mich in ein anderes Haus und gab mir ein kleines Zimmer, das ganz allein auf das Flachdach des

Hotels gesetzt war. Es gab ein Bett, einen Stuhl, ein winziges Fenster und gerade so viel Platz, daß ich meinen Rucksack abstellen konnte, ohne dauernd darüber steigen zu müssen.

Die Aussicht über die Dächer war phantastisch: Ein Gemisch aus zuckerbäcker-orientalischem Stil und viel Beton. Ich blickte hinunter - und war entsetzt. Dies war die Straße der Motorrollerwerkstätten. Eine reihte sich an die nächste. Der Gestank von Benzin und altem Öl zog herauf. Am Straßenrand standen hunderte dieser Gefährte, und es herrschte ein Höllenlärm, wie man sich nur unschwer vorstellen kann. Ich fürchtete um meine Nachtruhe, rechnete ich doch nicht mit regelmäßigen Arbeitszeiten, was, wie ich später erfuhr, unbegründet war. Vielleicht fand sich ein Hinweis im Buch des Propheten, der dem Arbeiter Erholung oder dem Schläfer Ruhe gönnt.

Ich schloß meine Habseligkeiten ein und verließ diesen Ort. Als ich unten auf der Straße ankam, spürte ich die ungeheure Hitze wie eine Wand. Es war die Vormonsunzeit. Festen Schrittes arbeitete ich mich, möglichst nicht aus dem Schatten tretend und die breiten, hellen Straßen meidend, durch verwinkelte Gassen. Je mehr ich mich dem alten Zentrum näherte, je eher entsprach die Stadt meinen romantischen Vorstellungen vom Orient: Alte Tore und Mauern, Moscheen mit bizarren Kuppeln und Minaretten, bunte Märkte. Ich fand auch das Lahore Museum, das ich in den nächsten Tagen mehrmals besuchte und davor Zamzama, die Kanone. Auf dem Stadtplan war in Klammern 'Kim's Gun' vermerkt, als wäre seine Geschichte im Nachhinein Wirklichkeit geworden.

Diese Stadt vermittelte einen Eindruck, den ich aus Europa nicht kannte. Altes und Neues, Traditionelles und Modernes, Häßliches und Schönes, Beton und Keramik, alles lebte neben-, mit- und ineinander. Mir einen Überblick zu verschaffen, strengte mich ungeheuer an und verwirrte mich.

Dazu kam die unerträgliche Hitze, aber die größte Fremdheit ging von den Menschen aus. Ich konnte keinen Kontakt zu ihnen aufnehmen (wahrscheinlich wollte ich es auch gar nicht), und nach einiger Zeit versuchte ich es auch nicht mehr. Blicke trafen sich nur flüchtig und verstohlen. Im Museum sprachen mich mehrmals junge Männer an. Sie warteten eine Gelegenheit ab, wenn uns keiner beobachtete, und diese ergab sich schnell, weil die einfachen Leute niemals Museen besuchen. Sie erzählten mir in kurzen, abgehackten Sätzen und einem Englisch, dem ich kaum folgen konnte, greuliche Geschichten über die politischen Verhältnisse in diesem Land. Ich hatte einiges gelesen über den Präsidenten Siah-Ul-Hakh und sein Regime, und von daher glaubte ich ihnen jedes Wort, aber ich war unsicher, was sie von mir wollten. In Pakistan gab es keine Touristen, jedenfalls war ich ihnen nicht begegnet. Also wurde ich in der Frontier-Provinz zum Drogendealer und hier zum Spion oder Fernsehkorrespondenten gemacht. Aufgrund meiner bisherigen Erlebnisse in Pakistan war ich jedenfalls äußerst mißtrauisch und wollte nichts mit diesen Angelegenheiten zu tun haben. Wer weiß, welchen krummen Deal die wieder vorhatten. Hinterher stand ich wieder als der Dumme da. Das kannte ich schon. Jedenfalls hielt ich Abstand zu den Menschen, sprach tagelang nicht und zog mich an Orte zurück, wo ich für mich sein konnte.

Das waren zum Beispiel Moscheen außerhalb der Gebetszeiten, das weitläufige Lahore Fort auf einem Hügel im alten Zentrum der Stadt, wohin ich fast täglich ging. Ich beschäftigte mich mit altindischer Kunst, Geschichte, Architektur, war den ganzen Tag unterwegs, so daß ich abends müde ins Bett fiel, zu müde, um über meine Situation nachzugrübeln. Ich fotografierte die Bauwerke, verglich die Stile, bewunderte Spiegelglassäle, Einlegearbeiten an den Wänden der Paläste und perforierte Marmorfenster. Besonders begeistert war ich von den Fliesen-Mosaiken in der

Wasir-Khan-Moschee mitten in der Altstadt. Von dort aus wanderte ich ziellos umher, tauchte in der gesichtslosen Masse unter, die ohne Anspruch an mich und deshalb angenehm war, beobachtete Frischeis-Transporteure mit ihren Pferdekutschen, Schlangenbeschwörer, Scooterfahrer, die mit ihren Dreiradtaxis halsbrecherische Fahrten zwischen Menschenmassen und Marktständen bewältigten, ohne daß jemals etwas passiert wäre, Straßenmusiker, Geschichtenerzähler, Kinoplakatmaler und Hypnotiseure. Diese führten oft exotische Tiere mit sich, zum Beispiel Schlangen, Marder oder Bären, mit deren Hilfe sie es fertigbrachten, daß besonders Kinder über einen längeren Zeitraum in Trance versetzt wurden. Die Leute kamen in Scharen und immer, wenn eine Person vollkommen »weggetreten« war, ging ein Raunen durch die Menge.

Wenn ich durch weniger belebte Gassen ging, konnte ich beobachten, daß immer der Stärkere die Vorfahrt behielt. Ich ermittelte folgende Hierarchie: zuerst Lastwagen, dann Pkws, anschließend Scooter, dann Pferdefuhrwerke, Motorroller und Kamele oder Esel, seltener Kühe, die sich wegen unterschiedlicher Geschwindigkeit nicht ins Gehege kamen, anschließend Radfahrer und schließlich Fußgänger, die häufig gezwungen wurden, an Straßenränder oder in Straßengräben auszuweichen, in denen sich allerlei stinkender Unrat gesammelt hatte. Manche Radfahrer machten sich einen Sport daraus, mit gezielter Geschwindigkeit auf einen unwissenden Fremden, in diesem Fall auf mich, zuzurasen, so daß ich mit einem Sprung in den Straßengraben auswich, um mir dann im Vorbeifahren grinsend ein 'Excuse me' zuzurufen. Nachdem ich mehrmals in diesem ekligen Schmutz gestanden hatte, probierte ich aus, was passieren würde, wenn ich meine Richtung nicht änderte. Wie erwartet, wich der Radfahrer im letzten Moment aus. Manche aber waren so geschickt und dreist, daß ich doch wieder im Dreck landete. Ich nahm mir fest vor, mich beim Nächsten zu rächen. Der ließ nicht lange auf sich warten. Ich konzentrierte mich auf seinen mir zugewandten Oberarm und packte ihn im Vorbeifahren. Er schleuderte mit dem Fahrrad herum, ich ließ ihn rechtzeitig los, und er statt meiner machte Bekanntschaft mit dem Abfallgraben. Höflich sagte *ich* diesmal: 'Excuse me' und ging weiter. Gerne hätte ich seinen Gesichtsausdruck gesehen, mit dem er mir nachblickte. Ab diesem Zeitpunkt gehörte ich zu den Eingeweihten und nahm keine Notiz mehr von den Radfahrern.

Nach einigen Tagen Stadtwanderung hielt ich mich öfter im Hotel auf. Es stellte sich heraus, daß ich mit Abstand das komfortabelste Zimmer bewohnte. Alles andere waren riesige Schlafsäle, in denen dicht gedrängt Bettgestelle standen, bestehend aus einem groben Rahmen aus Mangrovenholzstämmen und dazwischen gespannten Sisalstrikken. Ansonsten befand sich nur ein großer Trinkwasserbehälter im Raum, der immer mit Eiswürfeln gefüllt war. Die Männer, die hier wohnten, tranken ständig. Die Hitze schien mit jedem Tag zuzunehmen. Neidvoll und gierig schaute ich ihnen zu - einmal konnte ich nicht widerstehen und trank auch Wasser aus dem Behälter. Es schmeckte köstlich frisch und kühl. Dieses grobe Vergehen sollte ich noch gründlich bereuen. Kurze Zeit später in Delhi ereilte mich die Krankheit, die in Südamerika Montezumas Rache genannt wird. Es dauerte Wochen, bis ich mich erholt hatte. Ich weiß nicht, welcher Gott in Indien dafür verantwortlich ist, jedenfalls ist er ein grausamer Gott.

Die Hotelgäste, ausnahmslos Einheimische, kamen erst am späten Nachmittag. Oft saßen sie in Gruppen auf den Bettgestellen und spielten Karten. Einmal, als ich ihnen dabei zuschaute, begegnete mir - im übrigen das einzige Mal - ein fremder Reisender wie ich. Er trug einheimische Kleidung, weite Hosen aus dünnem Baumwollstoff und ein gleichfarbenes Hemd. Wir nickten uns zu, beide etwas verwundert, den anderen hier zu treffen.

Einige Tage später sprach er mich an. Er hieß Salvatore und war auch aus Peshawar gekommen. Wir gingen zusammen essen, und er berichtete, er lebe in London, sein Vater sei Italiener, daher sein Name, seine Mutter Schottin und seine Freundin Deutsche. Ich blieb etwas zurückhaltend, hatte ich doch vor kurzem erst die Erfahrung gemacht, was es bedeutete, wenn jemand nach kurzer Bekanntschaft sein ganzes Leben offenbarte. Ich erzählte lediglich nebenbei, ich wolle in ein paar Tagen weiter nach Indien. Wie es der Zufall wollte, war das auch sein Ziel, nicht verwunderlich, denn Lahore auf pakistanischer und Amritsar auf der indischen Seite liegen nur wenige Kilometer voneinander entfernt. Salvatore schlug vor, wir könnten zusammen gehen, und dagegen war nichts einzuwenden. Die indisch-pakistanischen Grenzübergänge hatten bei Travellern einen schlechten Ruf. Da die beiden Staaten bereits mehrmals im Krieg miteinander lagen, es ging um Gebietsstreitigkeiten in Kaschmir, und die Lage noch immer gespannt war, behandelten sie Leute, die über die Grenze wollten, nicht eben freundlich.

Drei Tage später saßen wir im Bus, der uns über die Grand Trunk Road zum Grenzübergang brachte. Salvatore reiste im Gegensatz zu mir mit wenig Gepäck. Er blickte angestrengt nach vorne, trommelte nervös auf seine Reisetasche und rauchte eine Zigarette nach der anderen. Ich beschloß, ihn auf sein Aufgeregtsein vorerst nicht anzusprechen. Wieder einmal konnte ich mir die Angst, die vorsichtig anklopfte, nicht gestatten.

Obwohl noch früh am Morgen herrschte an der Grenze reger Betrieb. Die Pakistani wickelten die Kontrollen zügig ab, die Inder hatten es jedoch nicht sehr eilig damit, uns in ihr Land zu lassen. Wir konnten beide ein ordentliches Visum vorzeigen, mußten trotzdem in unzähligen Reihen anstehen, diverse Papiere ausfüllen und den in unterschiedlich bunte Phantasieuniformen gekleideten Beamten unser

Gepäck bis in alle Einzelheiten vorzeigen. Salvatore und ich blieben immer zusammen. Ich ging zuerst durch die Kontrollen, war nach einiger Zeit aber ungeduldiger und etwas gereizt wegen der übertriebenen Formalitäten und den an Schikane grenzenden Untersuchungen. Mein Begleiter dagegen verhielt sich den Beamten und Polizisten gegenüber übertrieben freundlich, geradezu devot. Ich meinte, seinen Angstschweiß zu riechen. Er ging wie im Schatten meiner Sicherheit.

Endlich war die letzte Kontrolle passiert, und ein rotuniformierter Soldat mit mächtigem Schnurrbart schloß den Schlagbaum hinter uns. Er lächelte uns vielsagend nach, vielleicht nur ob der Wichtigkeit seiner Rolle, und der Zeigefinger seiner rechten Hand fuhr zum Abschied an seiner Mütze mit Bommeln und Silberknöpfen entlang.

Salvatore winkte sogleich einem Taxifahrer und nach kurzen Sekunden ließen wir diesen Ort hinter uns und fuhren über offenes Gelände auf Amritsar zu.

Meinem Begleiter rann der Schweiß noch immer in Strömen von der Stirn, und seine Lippen bebten jetzt heftiger als vorher, weil er es nicht mehr zu unterdrücken brauchte. Ich schwieg. Er ließ den Fahrer anhalten, hastete nach draußen und verschwand hinter dem einzigen Busch weit und breit.

Als er nach einer halben Stunde wieder zurückkam, sah er erleichtert aus. Der Fahrer forderte einen Aufpreis für die Wartezeit. Salvatore beruhigte ihn und quasselte mir gegenüber etwas von Magen- und Darmproblemen.

In Amritsar angekommen nahmen wir zusammen ein für indische Verhältnisse besseres Hotelzimmer. Salvatore verschwand sofort für eine weitere halbe Stunde in der Toilette. Als er zurückkam, forderte ich ihn geradeheraus auf, mir jetzt die ganze Geschichte zu erzählen.

Er war so mürbe, daß er es sofort heraussprudelte, suchte aber dabei seine lässige Haltung der vergangenen Tage wiederzugewinnen, was ihm in kürzester Zeit auch gelang: Er hatte sich in kleinen Plastikdöschen, wie Kinder sie mit Gummitierchen gefüllt aus Automaten ziehen, für etwa 10.000 US-Dollar Heroin, Londoner Großhandelspreis, versteht sich, in den Hintern geschoben.

So etwas Ähnliches hatte ich mir mittlerweile schon gedacht. Trotzdem blieb mir die Luft weg, wenn ich mir die Szene an der Grenze in Erinnerung rief. Salvatore meinte, auch wenn sie ihn wirklich erwischt hätten - aber seine Methode sei hundertprozentig sicher - wäre mir nichts passiert. Ich war stinkwütend und fragte ihn zynisch, warum ihm denn ständig der Angstschweiß ausgebrochen sei, wenn seine Methode angeblich so hundertprozentig sicher sei. Das wäre nicht anders als das Lampenfieber eines Schauspielers vor der Premiere, antwortete er betont cool. Das dürfte ich nicht so ernst nehmen. Und außerdem: Mit mir zusammen, ich wirke immer so unbeschwert und lässig, hätte kein Mensch auch nur den geringsten Verdacht geschöpft. Deshalb hatte er mir vorher nichts gesagt. Um mich nicht unnötig zu beunruhigen.

Am liebsten hätte ich zugeschlagen.

Salvatore stäubte etwas weißes Pulver auf eine Glasplatte, zerteilte es vorsichtig mit einer Rasierklinge und atmete es dann durch ein Röhrchen in die Nase ein. Den Rest verteilte er in einer Zigarette, legte sich entspannt aufs Bett und rauchte.

In zwei Stunden ginge sein Bus nach Dehli, sagte er. Er wolle jetzt noch etwas schlafen. Das Zimmer könnte ich behalten. Er habe es für zwei Tage im voraus bezahlt. Wie großzügig, bemerkte ich bissig und verließ das Haus, um mir die Stadt anzusehen. Ich brauchte jetzt Bewegung.

Salvatore sah ich nie wieder. Manchmal denke ich an ihn und frage mich, ob er damals durchgekommen ist mit seiner heißen Ware, die schon so vielen Menschen das Leben ruiniert, wenn nicht gar gekostet hat. Damals war ich froh, daß ich mich nicht zu entscheiden brauchte, was ich ihm wünschen sollte.

Am Abend besorgte ich mir eine Flasche indischen Whisky. Das Zeug schmeckte wie Kindermedizin. Dafür begleitete mich am nächsten Morgen ein Tier mit spitzen Zähnen und fürchterlich scharfen Krallen auf meinem Weg zum Goldenen Tempel der Sikhs.

Innerlich verreist

Walter Schmidt wohnte direkt über dem Kino. Das war äußerst praktisch, denn er besuchte jede Vorstellung, sobald ein neuer Film angelaufen war. Er las nicht viel, kein Wunder, bei seinen häufigen Kinobesuchen kam er kaum dazu, aber letzte Woche war ihm ein Buch in die Hände gefallen, das er sofort gekauft und ausgelesen hatte. Es hatte ihn regelrecht erschreckt, weil die Hauptfigur ihm in einer Weise zu gleichen schien, als habe der Autor ihn als lebendige Vorlage benutzt. Es hieß 'Hubert oder die Rückkehr nach Casablanca'. Hubert gehörte, was Walter etwas beruhigte, einer anderen Generation an, aber durch ihre gemeinsamen Vorlieben, die Lust am Kino und ihre privat eher unscheinbare Erscheinung waren sie sich auffallend ähnlich. Walter jedoch war sich der 'unscheinbaren Erscheinung' bewußt und versuchte, durch diverse körperliche Ertüchtigungen diese etwas auszugleichen. Auch wenn er auf der Straße nicht auffiel, war er im stillen stolz darauf, daß wenigstens im Bodybuilding-Center sein durchtrainierter Körper gelegentlich neidvolle oder begehrliche Blicke auf sich zog.

Walter konnte Beruf und Privatleben hervorragend voneinander trennen. Er arbeitete am Schalter einer großen Bank in der Innenstadt . Er war immer ordnungsgemäß gekleidet, im Jahr durchschnittlich drei Tage krank, die übliche Erkältung oder Grippe, er galt als äußerst zuverlässig, und er dachte während seiner Arbeit nie an etwas anderes als an dieselbe, und deshalb machte er auch keine Fehler. Er besaß vier Anzüge, die tadellos saßen und mehr als ein Dutzend Krawatten. Er war jetzt zweiunddreißig, und er arbeitete an diesem Schalter seit zehn Jahren. Dabei war Walter nicht besonders ehrgeizig. Er wäre geradezu unglücklich gewesen, wenn man ihn von diesem Posten versetzt hätte, um ihm eine Aufgabe mit mehr Verantwortung zu geben. Hier in seinem Glaskasten hatte er einen totalen Überblick. Jeder Kugelschreiber, jedes Papier lag, wo es zu liegen hatte, und wo es gelegen hatte, seit er seine Tätigkeit hier aufgenommen hatte. Nicht, daß ihm diese Arbeit besonderen Spaß gemacht hätte, er würde sich diese Frage nicht einmal stellen. Er brauchte sein Auskommen, und das hatte seinen Preis, 38,5 Stunden in der Woche, nicht mehr und nicht weniger. Für Sonderaufträge, Überstunden, besondere Leistungen war Walter Schmidt nicht zu haben. Wenn er während der Arbeit an nichts anderes dachte als an die Arbeit, hörte diese konsequenterweise auf, ihn zu beschäftigen, sobald seine Freizeit begonnen hatte. Er verschwendete nicht mehr einen Gedanken an sie, sobald sich die Tür der Bank hinter ihm geschlossen hatte. Sein Schreibtisch war aufgeräumt, alle Beträge korrekt gespeichert, nichts war unerledigt geblieben.

Seine Kollegen - mit keinem und keiner von ihnen pflegte er private Kontakte - könnten sich niemals vorstellen, daß seine Wohnung über dem Kino aussah wie das reine Chaos. Überall stolperte man über etwas, lag etwas im Weg. Einzige Ausnahme: Er führte Buch über die Filme, die er gesehen hatte, und diese Buchführung war genauso exakt wie seine Tätigkeit bei der Bank. Er hatte alle Kinobesuche mit Datum und Uhrzeit, Entstehungsjahr der Filme, weibliche und männliche Hauptdarsteller, Drehbuch, Kameraführung und Regie im Computer gespeichert.

Wenn er nach Hause kam, machte er zuerst eine halbe Stunde Hanteltraining, oder er ging Joggen, manchmal auch beides nacheinander. Bis zum nächsten Stadtpark brauchte er kaum fünf Minuten. Danach duschte er. Anschließend machte er sich etwas zu essen, oder er ging ins Bistro. Dort hielt er sich nicht lange auf, denn es begann die erste Abendvorstellung. Walter mochte gern amerikanische Filme (ebenso wie Hubert), aber auch englische, italienische und französische. Deutsche Filme sah er sich erst wieder seit 'Sei zärtlich, Pinguin' und Doris Dörries 'Männer' an, obwohl sie für ihn immer noch etwas zu Künstliches hatten, also entweder gewollt anspruchsvoll, gewollt witzig, gewollt links - Schlöndorff- und Herzogfilme ausgenommen. Aber vielleicht war er auch nur so kritisch, weil er selbst Deutscher war und ihn alles zu unmittelbar betraf. Spätestens, wenn das Licht zum Hauptfilm ausging, mußte man abtauchen in eine andere Welt, nichts sollte mehr an den Alltag mit all seinen Pflichten, Lästigkeiten und komplizierten Dingen erinnern. Walter hielt sich durchaus nicht für realitätsfern, aber es mußte nicht unbedingt sein Alltag sein, der auf der Leinwand gezeigt wurde, schon gar nicht seine Probleme, soweit er welche hatte und sich derer auch noch bewußt war. Unter anderem aus diesem Grund hatte er ein Faible für Western und Road Movies. Wenn der Horizont weit wurde, eine Straße geradeaus ins Nirgendwo führte, das war nach seinem Geschmack. Wahrscheinlich huldigten amerikanische Filme diesem Traum der unerreichbaren Weite und ewigen Sehnsucht auf besondere Weise. Deshalb mochte er sie wohl so.

'Sein Kino', wie er es im stillen nannte, war ein Programmkino. Das kam ihm sehr gelegen, denn er schaute sich auch gerne alte Filme an. Manchmal gab es über zwei Wochen neben aktuellen Filmen die wichtigsten Filme eines bestimmten Regisseurs oder eines Stars. Vor kurzem wurden dauernd Filme von Visconti gezeigt. 'Obsessione', 'Gewalt und Leidenschaft' und 'Der Leopard' hatte er sich gleich zweimal angesehen. Nächste Woche begann eine Retrospektive der Filme von Marcel Carné. Darauf freute er sich schon. Wahrscheinlich würde er zeitweise allein im Kino sitzen, weil ein normaler Kinogänger durchschnittlichen Alters nicht einmal wußte, wer Carné war, aber Walter störte das nicht, im Gegenteil, es gab ihm das Gefühl, alles hier sei nur um seinetwegen in Szene gesetzt.

Fritz, auch 'der alte Fritz' genannt, der Pächter des Kinos, war ein Idealist und ein Fanatiker. Wenn ihm selbst die Filme gefielen, zeigte er sie, auch wenn man niemand damit hinter dem Ofen hervorlocken konnte. Walter mochte den alten Fritz. Er war natürlich sein wichtigster Kunde. In absehbarer Zeit würde Fritz mit an Sicherheit grenzender Wahrscheinlichkeit pleite gehen.

Am Freitagabend begab sich Walter nicht ins Kino, sondern regelmäßig zum Treffen der Nachbarschaftshilfe. Er tat das nicht etwa, weil er ein besonderes Interesse an den Leuten hatte, oder weil er ein sozialer Mensch war, schon gar nicht, weil er einfach Freude an der Aufgabe hatte oder aus Pflichtbewußtsein. Er wollte sich, wie er es nur für sich selbst formulierte, in der Rolle versuchen. Seine Aufgabe war es, an Samstagnachmittagen die unheilbar kranke Klara zu betreuen. Das machte er jeden Samstag, außer natürlich, wenn er Urlaub hatte, weil er den immer in Italien verbrachte, oder im Winter zum Skilaufen nach Österreich fuhr, immer in denselben kleinen Ort in Tirol. Klara war begeistert von ihm, soweit sie das in ihrem Zustand zum Ausdruck bringen konnte. Walter wusch sie, fütterte sie, bettete sie, hörte ihr zu, tröstete sie. Er ekelte sich nicht vor ihrer Krankheit.

An einem dieser Samstage hatte er Marianne kennengelernt, die Krankenschwester von der ambulanten Pflege. Sie war spät dran an diesem Samstag, und deshalb waren sie sich begegnet. Sie verabredeten sich zum Abendessen, das ging sehr spontan. Nach dem Essen, bei dem sie sich über die drei letzten Filme, die sie im Kino gesehen hatte, unterhielten - 'Forrest Gump', 'König der Löwen' und der Streifen mit dem schwangeren Schwarzenegger - gingen sie schnurstracks in ihre Wohnung und dort in ihr Bett. Walter hielt sich für einen guten Liebhaber, und deshalb gab er sich Mühe, abwechslungs- und variantenreich zu sein. Er nahm sich viel Zeit, erforschte ausführlich die Geographie ihres

Körpers und suchte dabei in Erfahrung zu bringen, an welchen Stellen sie besonders empfindlich, an welchen, außer den üblichen-, sie besonders erregbar war, ob sie es lieber zärtlich, kraftvoll oder gar rauh wollte, oder alles und noch anderes. In dieser Nacht schliefen sie dreimal miteinander. Beim ersten Mal wie üblich, beim zweiten und dritten Mal in verschiedenen Varianten, die sich Walter ausgedacht hatte. Marianne war sehr zufrieden mit ihm. Am darauffolgenden Samstag war sie wieder spät dran, als sie sich bei Klara trafen. Aber diesmal hatte es natürlich einen Grund. Als sich einzelne, bevorzugte Stellungen zu wiederholen begannen, kosteten sie diese ein paar Samstage lang aus, dann wurden ihre Treffen unregelmäßiger, nach 9 1/2 Wochen gaben sie diese auf.

Walter war nicht glücklich mit seiner Art zu leben, aber Glück kannte und erwartete er auch nicht. Unglücklich war er natürlich auch nicht. Sein Zustand, besser Dauerzustand, war am besten beschrieben mit 'mittlerer Zufriedenheit'. Der innere Pegel stand immer auf Plusminus Null. Die einzige Ausnahme waren seine Kinobesuche. 'Adrenalinschleuder' nannte er sie. Hier kämpfte, lachte, weinte er, litt, freute und quälte er sich.

Beim Treffen der Nachbarschaftshilfe lernte er Petra kennen und über diese Helga. Petra war prüde. Deshalb stellte es Walter sehr vorsichtig an. Er nahm sich viel Zeit, bis er sie verführte und war bemüht, sie nicht zu enttäuschen oder unglücklich zu machen, was ihm, laut Auskunft der verklemmten Petra, auch gelang. Helga war mehr ein intellektueller Typ. Sie sagte ihm gleich das erste Mal, als sie miteinander ausgingen, auf den Kopf zu, daß er sie nur ins Bett kriegen wollte. Dann hatten sie sich ein halbes Jahr lang fast jede Woche getroffen, und als Gegenbeweis hatte er die Finger von ihr gelassen. Er hatte es nicht einmal versucht. Sie gingen meistens in seine Stammkneipe und redeten über alles, worüber sie reden wollte. Er hörte zu und gab sich Mühe, geistreich und charmant zu sein. Helga kannte nur wenige Filme, die sie zudem noch miteinander verwechselte. Walter fiel es natürlich schwer, sein Lieblingsthema bei ihrer Konversation nicht so oft ins Spiel zu bringen. Als Ersatz kam er auf die Idee, bei ihren klugen Unterhaltungen Zitate aus Filmdialogen einzubauen, ohne daß sie es bemerkt hätte. Mal redete er wie Rick in Casablanca, wobei er die wohlbekannten Zitate wegließ, mal wie Glark Gable in 'Misfits' oder Burt Lancaster in 'Vera Cruz'. Nach einiger Zeit fragte ihn Helga, warum er dauernd so komisch die Zähne blecke. Sie beendeten ihre Treffen, als sie einen Typ kennenlernte, der sie sofort rumkriegte. Walter war nicht gekränkt darüber. Er hatte schon lange nach einer Möglichkeit gesucht, Helga auf elegante Art loszuwerden.

Die nächsten Wochen genoß er noch mehr als sonst das Kino. Wenn das Licht ausging, lehnte er sich in seinem Sitz zurück, entspannte sich, als befände er sich in Abrahams Schoß.

Paola lernte er im Bodybuilding-Center kennen. Eigentlich hieß sie Paula, aber was viel mehr und unmittelbarer an ihr auffiel, waren ihre überdimensionalen Brüste. Schon bei ihrer ersten Begegnung - sie wechselten von Hanteln zu diesem Ding für die Bauchmuskulatur - hatte sie ihn genau fixiert, und natürlich hatte sie bemerkt, wohin er starrte. Aber das wußte sie, wie sie ihm später mitteilte, ohnehin, da konnte frau sich auf ihre Erfahrung mit Männern verlassen. Paola war Psychologiestudentin, stand kurz vor Abgabe ihrer Diplomarbeit über massenpsychologische Theorien Wilhelm Reichs und einigen seiner Zeitgenossen und verdiente sich ihren Lebensunterhalt mit dem Vorzeigen ihrer Brüste in diversen Magazinen. Sie hatte verschiedene Ausgaben davon zu Hause, die sie ihm zeigte; sie informierte ihn auch recht offen über die jeweiligen Honorare. Paola stellte einige Bedingungen, wenn es, wie sie es studentisch neudeutsch formulierte, etwas mit der Beziehungskiste werden sollte. Zuerst einmal wollte sie, daß er sie bedingungslos als Individuum begriff, auch wenn ihm das, wie sie sehr wohl erkannt zu haben glaubte, schwerfiel. Das Klischee von der intellektuellen, vollbusigen Blondine war ihr ein besonderer Dorn im Auge, da es ihr als abgegriffenes Pendant zum dummen sexy Blondchen galt. Wenn er sich einbilden sollte, er könne sich in irgendeiner Weise auf sie einstellen, ihre Reaktionen und Einstellungen erraten oder vorausahnen, dann habe er sich gewaltig in den Finger geschnitten.

Er dachte, so ähnlich mußte es dem Sheriff, dargestellt von John Wayne, in 'Rio Bravo' gegangen sein. Er war ausgesprochen scharf auf die Frau, aber er hätte das nie zugegeben, obwohl sie es kapiert hatte, bevor er es merkte, und er stand verlegen im Türrahmen und spielte mit seiner Winchester herum, weil er nicht wußte, was er mit seinen Händen anfangen sollte, und gerade diese Verlegenheit machte ihn so sympathisch. Aber Paola hatte ihn durchschaut: Sie konstatierte, daß er gar nicht verlegen war, sondern nur den Verlegenen mimte. Aber warum sollte er so streng mit sich sein? Machte es denn einen Unterschied? Daß sie vielleicht selbst auch nur spielte, kam ihm dabei nicht in den Sinn. Dazu war er zu sehr von sich eingenommen.

Woody Allen-Filme konnte Walter nicht ausstehen, weil er Woody nicht glauben konnte, daß der die von ihm dargestellten Figuren erfunden hatte. Er glaubte, erkannt zu haben, daß Woody nur sich selbst darstellte, und eine Autobiographie sei eben nicht künstlich und damit keine Kunst. Diese merkwürdige Zwischenwelt, in welcher der Schauspieler plötzlich aus dem Film heraustrat und ins Kino im Film hineinspazierte wie bei 'Purple Rose of Cairo', beunruhigte Walter. (Hier unterschieden sich übrigens der alte Fritz und er. Dieser verehrte Woody Allen und liebte dessen Filme.) Walter wollte, sobald das Licht ausgegangen war, und er sich in seinem Sessel bequem zurückgelehnt hatte, in Ruhe gelassen und nicht gestört werden, er wollte sich selbst und sein ganzes Leben vergessen und nur noch in diesem Film leben, gleichzeitig ganz bei sich selber sein. Und dann trat dieser Typ einfach aus der Leinwand - eine perfide Idee!

Paola war auch ein solches Mischwesen, aber auf andere Art. Während sie etwas tat, beobachtete sie sich gleichzeitig dabei, und wenn sie etwas zusammen taten, zum Beispiel miteinander schlafen, beobachtete sie ihn und sich, sie sah ihn quasi in zwei Kameraeinstellungen gleichzeitig. Er hingegen hatte bestimmte Pläne, wie er sich zu verhalten beabsichtigte. Er beschloß zuerst, welches Drehbuch er nehmen, welche Rolle er spielen wollte, und dann verhielt er sich auch danach. Entscheidend dabei war, wie es ihm gelang, die Rolle auszufüllen. Und während er die Rolle innehatte, dachte er nicht mehr daran, und er beobachtete sich auch nicht.

Als sie sich etwa zwei Wochen kannten, warf Paola ihm vor, er sei angepaßt. Das ärgerte ihn sogar, und er zeigte ihr das, indem er laut schimpfte und ihr Szenen benannte, in denen er sich durchaus nicht angepaßt verhalten zu haben glaubte. Sie setzte noch eins drauf und behauptete, er sei ein menschliches Chamäleon, ein Zelig - eine Figur von Woody Allen, was ihn besonders aufbrachte - und er widersprach ihr heftig. Würde er sich so verhalten, wie sie es behauptete, dann würde er jetzt verzweifelt versuchen, sich ihren Wünschen anzupassen, aber den Teufel würde er tun. Das sei gerade der Beweis, widersprach sie. Er wisse doch genau, daß sie ihn aus der Reserve locken wolle, daß sie von ihm erwartete, wütend zu reagieren. Also passe er sich wieder an. Aber zugegeben, diese Rolle gefalle ihr besser. Sie hasse diese Biedermänner, diese Selbstgefälligen und diese ach so an sich selbst verzweifelnden Intellektuellen.

»Aber was noch schlimmer ist als deine Angepaßtheit«, rief sie heftig, »du bist innerlich verreist.«

Er überlegte, wie sie das gemeint haben könnte.

»Man könnte auch vereist statt verreist sagen«, setzte sie noch eins drauf.

Walter dachte an einen Episodenfilm von Scorsese mit Nick Nolte, den er sich zweimal angeschaut hatte, weil er sich nicht entscheiden konnte, was er von dem Film und von diesem Maler, den Nolte spielte, halten sollte. War das nun ein langweiliger Jammerlappen, der, wie alle echten Jammerlappen nur sich selbst und sein Schicksal bejammerte, oder war dieser Mann wirklich verzweifelt, rang mit sich und seinem verpfuschten Leben. Und wenn es so war: Sollte man ihn dafür bemitleiden oder beneiden? In manchen alten Filmen gab es so ein Echo, wenn der Held sich an eine Szene, an einen Satz erinnerte, an etwas, das ihm plötzlich wichtig geworden war. Das Bild verschwamm, bevor die Szene gezeigt wurde, damit der Zuschauer sich darauf einstellen konnte, daß nun eine Rückblende folgen würde: 'Irgend etwas fehlt in dir da drin.' Anschließend verschwamm das Bild wieder, damit man wußte, daß die Person sich nur erinnert hat.

Irgend etwas hatte diese Paola in ihm angestoßen, das nichts mit ihrer Oberweite zu hatte. Er war Pinocchio und sie die gute Fee. Aber wenn es zur Menschwerdung dazu gehörte, nicht mehr ins Kino zu gehen, wann immer man Lust hatte, sondern in die Schule, dann war seine Zeit noch nicht gekommen.

Eines Tages eröffnete ihm Paola, sie habe einen Typen im Bodybuilding-Center kennengelernt, einen Theaterregisseur. In den nächsten Tagen trafen sie sich mal zu dritt in einem Restaurant. Walter fand ihn wirklich nett, gar nicht künstlich daherredend oder aufgeblasen. Er paßte bestimmt gut zu Paola.

Am Samstagnachmittag besuchte er, wie üblich, Klara. Sie hatte heute nur wenig Schmerzen, konnte aber nicht aufstehen. Walter machte es ihr so bequem wie möglich, schüttelte ihr die Kissen auf, kochte Tee, sie plauderten ein bißchen und schauten sich dann 'Und ewig grüßt das Murmeltier' auf Video an. Walter hatte den Streifen schon mal im Kino gesehen und sehr lustig gefunden. Er dachte, der Film würde Klara etwas aufheitern. Es ging um einen Mann, für den jeden Morgen derselbe Tag immer wieder beginnt. Seine eigenen Handlungen kann er frei gestalten, was Anlaß für eine Menge witziger Situationen gibt. Walter war der festen Überzeugung, er habe herausgefunden, wie der Drehbuchautor sich die Story ausgedacht hatte. Zuerst hatte er einfach eine Geschichte zu schreiben begonnen. An einer bestimmten Stelle hatte er plötzlich zwei Ideen, wie die Handlung weitergehen konnte, und er konnte sich nicht entscheiden. Schließlich war daraus die Idee für diesen Gag entstanden, der nun zum zentralen Thema des Films wurde. Die Liebesgeschichte war hervorragend damit verwoben, weil der Held so jeden Tag eine neue Chance hatte, die Frau seines Herzens zu erobern. Und die beiden Hauptdarsteller Bill Murray und Andie MacDowell spielten hervorragend. Er hatte sie vorher schon in 'Green Card' gesehen. Da war sie auch wunderbar gewesen, direkt zum Verlieben. Als er mit Klara hinterher über den Film sprach, meinte sie, aus ihm wäre bestimmt ein guter Filmkritiker geworden.

Dann schwieg sie lange und meinte schließlich, der Film mache sie so traurig, weil für den Mann die Zeit habe stehenbleiben können. Jeden Morgen konnte er das Leben von neuem versuchen, ohne älter oder krank zu werden. Sie habe noch eine Lebenserwartung von höchstens einem Jahr.

»Ich zähle jeden Tag, den ich noch lebe«, sagte sie.

Walter überlegte, ob ihm nicht eine lustige Szene aus dem Film einfiel, die sie ablenken und ihre schwermütigen Gedanken vertreiben könnte.

»Sie sind so lieb«, sagte Klara, »immer fällt ihnen etwas ein, um mich zu trösten.«

Aber dann überlegte sie eine Zeitlang und sagte: »Wissen Sie, ich wünsche mir, daß Sie sich das vorstellen, Walter, wie das für mich ist, daß ich nur noch eine sehr begrenzte Zeit zu leben habe. Das würde mich wirklich trösten, wenn Sie sich das vorstellen könnten.«

Walter war überrascht über ihren Wunsch, aber er versuchte es. Er sah Klara vor sich, wie sie in ihrem Bett lag, so wie jetzt, nur daß sie allein wäre. Es war wie eine Filmszene, eine besonders lange Einstellung ohne Schnitt und Schwenk, in der wenig geschieht, und der Zuschauer die Gedanken und Gefühle der Person auf der Leinwand erraten muß.

»Können Sie es sich vorstellen?« fragte Klara fast flehentlich. »Ich meine, es muß ja nicht genau stimmen, nur so ungefähr.«

»Ja«, antwortete Walter aufrichtig, »ich kann mir ein Bild machen. Es muß schlimm für Sie sein.«

»Aber ich meine, was fühlen Sie?« fragte die kranke Frau ungeduldig.

Walter wußte nichts auf ihre Frage zu antworten. Er merkte, daß es jetzt nicht angebracht wäre, wenn er sie abzulenken versuchte.

Nach wenigen Sekunden hatte sich Klara wieder gefangen und lächelte.

»Ich habe das nur mal so gemeint. Es war so eine Art Experiment. Welchen Film haben Sie zuletzt im Kino gesehen?«

Am darauffolgenden Dienstag gab es 'Alexis Sorbas' in der Spätvorstellung. Walter lebte so sehr in dem Film, daß er in der Szene am Strand, ohne es zu merken, aufgestanden war und sich eben anschickte, Sirtaki zu tanzen.

Am nächsten Tag war er bei der Arbeit etwas unkonzentriert. Das war mehr als ungewöhnlich für ihn. Er überlegte immerzu, daß er etwas machen müsse, irgend etwas Unvorhersehbares, etwas, dessen einziger Sinn darin bestand, daß es ihm gerade eingefallen war.

Als nächstes lernte Walter die Leidenschaft kennen. Sie begegnete ihm in seinem Bistro, hieß Diana, und wenn er sie hätte beschreiben sollen, wäre ihm sofort Joan Collins eingefallen, nur dreißig Jahre jünger. Sie war in jeder Beziehung verschwenderisch, fuhr teure Sportwagen und lud ihn in vornehme Lokale zum Essen ein. Manchmal vergaß sie, daß sie sich mit ihm verabredet hatte, kam dann irgendwann doch, entschuldigte sich tausendmal und überhäufte ihn mit immer neuen Koseworten wie 'mein Dackelchen' oder 'heißblütiger Sibirientiger'. Ins Kino ging sie nur selten mit ihm. Von 'wahren Abenteuern, die nur im Kopf stattfinden' oder auf der Leinwand mochte sie nichts wissen. Das war ihr zu langweilig. Wäre ihre unerschöpfliche Leidenschaft nicht gewesen, hätte er die Beziehung schnell abgebrochen oder etwas dafür getan, daß sie diese beendete.

An einem Donnerstagnachmittag hatte er so viel zu tun wie selten. Vor seinem Schalter stand eine lange Schlange bis zur Eingangstür. Alle Kunden hoben heute hohe Beträge ab. Plötzlich entdeckte Walter Diana am Ende der Schlange. Sie trug ein zitronengelbes Kostüm und einen gleichfarbenen Hut beträchtlichen Durchmessers, womit sie sämtliche Kunden vor ihr in der Reihe zum Umdrehen zwang, die, die später hinter ihr standen zu Ausfallschritten, damit sie außer Hut noch etwas anderes sehen konnten. Walter bekam ein trockenes Gefühl im Mund. Natürlich arbeitete sie sich in der Schlange unentwegt vorwärts, indem sie die Leute anquatschte, die sie bereitwillig vorließen, genauer gesagt, die Männer, bei den Frauen mußte sie etwas mehr Überredungskunst anwenden.

Walter ahnte die nun folgende Katastrophe voraus. Er vergaß die Stunden der Leidenschaft und wünschte sich inständig, sie niemals vorher gesehen zu haben. Sie näherte sich in Sekundenschnelle, und Walter sah sich verzweifelt um, aber er sah keinen Ausweg aus der Falle. Sie hatte ihn längst ins Visier genommen. Beinahe hätte er einem Mann 100 DM zu viel gegeben. Das war ihm in den zehn Jahren an diesem Schalter noch niemals passiert. Dann war sie an der Reihe.

»Mein kleiner Liebling, kannst du mir mal schnell Dreißigtausend abzählen?«

Er würgte.

Wie hatte ihm entgehen können, daß sie ein Konto bei seiner verdammten Bank hatte? In Anbetracht dieser Kundschaft hätte all ihre Leidenschaft nicht den geringsten Eindruck auf ihn gemacht.

Er schaute sich ihren Kontostand auf dem Bildschirm an. Wie erwartet war es maßlos überzogen.

»Mein Grizzleybärchen, kannst du dich ein bißchen beeilen, ich habe es sehr eilig!«

Die Kunden hinter ihr in der Reihe, die sie gehört hatten, begannen sich bereits zu amüsieren. Die weiter Entfernten wurden allmählich unruhig, weil es nicht weiterging.

»Einen Augenblick, ich muß...«

»Aber was ist denn, sind der Bank die Piepen ausgegangen?«

»Der Bank weniger«, entfuhr es ihm, und nachdem sie ihn vorher ungeduldig beäugt hatte, warf sie ihm jetzt einen giftigen Blick zu.

»Nun mach endlich!« raunzte sie ihm nun durch die Zähne zu.

Die hinter ihr in der Schlange Stehenden beugten sich vor, um auch alles mitzubekommen.

»Das Grizzleybärchen ist in Verlegenheit« informierte ein Mann mit einer Baskenmütze den hinter ihm Wartenden, der nicht alles mitbekommen hatte.

»Kannst du nicht etwas weniger...?«

»Was soll der Quatsch? Ich brauche das Geld.«

»Aber ich kann nicht.«

»Du kannst doch sonst immer. Ist es vielleicht dein Geld? Was heißt hier 'ich kann nicht.' In der Kasse hast du doch wohl genug?«

»Ja, aber ich...«

»Was ist denn los da vorne? Geht's bald weiter?« rief ein Mann vom Ende der Schlange.

Und eine dünne Frau: »Das hat man nun davon, wenn man jemanden vorläßt.«

»Tempo. Tempo. Zeit ist Geld!« rief ein Handwerker in Arbeitsklamotten.

»Ich kann dir das nicht geben, wirklich nicht«, versuchte es Walter schulterzuckend.

»Hör zu, du Bastard«, wisperte sie scharf durch die Zähne. »Wenn nicht dieser verdammte Glaskasten zwischen uns wäre, würde ich dich da packen, wo es dir am meisten weh tut. Und jetzt hol deinen Chef, aber den richtigen.«

»Grizzleybärchen kapituliert«, lachte der Mann mit der Baskenmütze.

»Jetzt langt's aber!« brüllte der Handwerker und schaute sich nach allen Richtungen nach Bestätigung um.

Die anderen Bänker hatten ihre Arbeit unterbrochen und beobachteten verlegen die Szene. Walter war bereits zum Chef unterwegs. Wenigstens hatte er so etwas Zeit gewonnen. Er konnte jedoch nur den Stellvertreter gewinnen, ihn zum Schalter und zu der wütenden Diana zu begleiten.

»Na endlich, wurde auch Zeit!« riefen mehrere Leute in der Warteschlange entrüstet, als die Männer in den Glaskasten traten.

Der stellvertretende Leiter wandte sich sofort an Diana.

»Mach bitte keinen Aufstand, Diana«, flüsterte er kaum hörbar. »Du wirst das Geld sofort bekommen.« Dann lauter an Walter: »Zahlen sie der Dame sofort das Geld aus.«

»Es geht weiter«, informierte der Mann mit der Baskenmütze den hinter ihm Stehenden. »Grizzleybärchen hat Anweisungen erhalten.«

Walter zählte das Geld ab.

»Das hättest du gleich machen sollen, mein Schäferhündchen« zischte sie, als sie das Geld in ihrer zitronengelben Handtasche verstaute.

Ab diesem Tag hatte sich Walters Leben verändert. Er bekam einen Rüffel vom Chef, das erste Mal in seiner Karriere als Bankkaufmann. Bei der Arbeit konnte er sich nicht mehr konzentrieren und war unzufrieden. Eigentlich hätte er die Situation wegstecken können. Jack Lemmon erging es in fast jedem seiner Filme in mindestens einem Dutzend Szenen ebenso. Aber es hatte in ihm innerlich einen Riß gegeben.

Am folgenden Samstagnachmittag gelang es ihm nicht, Klara wie sonst aufzuheitern. Sie bemerkte das schnell und fragte, was ihn bedrücke. Walter war es nicht gewohnt, über sich zu reden und druckste achselzuckend herum.

»Erzählen Sie es mir doch, als handele es sich um eine Filmszene«, schlug sie vor.

Das war eine gute Idee, und auf diese Art und Weise gelang es Walter, die ganze Situation ausführlich darzustellen. Als er auf die Beziehung zu Diana zu sprechen kam, blickte er etwas verlegen zu Klara hinüber, die aber ganz ruhig in ihrem Bett lag und die Hände über der Decke gefaltet hatte.

»Meinen Sie, ich glaube, Sie leben wie ein Asket?« sagte sie lächelnd.

Hinterher fühlte er sich sehr befreit, und auch ihr schien die Rolle zu gefallen, einmal die Trösterin und nicht die Hilfsbedürftige zu sein.

Aber dann wurde es ihm ganz heiß, er bekam einen richtigen Schweißausbruch. Das Zimmer war ihm zu eng. Er konnte den Geruch in der Wohnung nicht mehr ertragen. Er bekam Angst, Klara würde ihn nicht weglassen. Aber sie reagierte wie üblich, als er sich etwas überstürzt verabschiedete, obwohl er vergessen hatte, ihr wie sonst noch einen Tee zu kochen. Draußen auf der Straße blieb er stehen und holte mehrmals tief Luft.

Am Abend schaute er sich 'Der dressierte Mann' in der Spätvorstellung an. Der Streifen lief schon länger, aber bisher hatte er kein Interesse gehabt, ihn sich anzusehen. Wider Erwarten amüsierte er sich köstlich. Auf dem Weg nach draußen lief er neben einem auffallend gekleideten Typen her, der immer noch vor sich hingrinste. Sie kamen ins Gespräch. Der Typ hieß Godehard und war schwul. Sie gingen ein Bier zusammen trinken, und Godehard redete die ganze Zeit wie ein Wasserfall, obwohl ihm Walter mehrmals versicherte, er sei ein Hetero.

»Macht nichts, macht nichts«, sagte Godehard, »und außerdem, wer kann das schon so genau unterscheiden?«

Walter rechnete daraufhin mit erneuten Schweißausbrüchen, aber sie blieben aus, und Godehard fuhr fort in seinem Stegreifreferat über '100 Jahre Kino'. Im Gegensatz zu Walter mochte er keine Western, die Abneigung für Woody Allen-Filme teilte er jedoch, und er führte seinen Gesprächspartner in ein neues Gebiet ein: russische Filme und eine Leidenschaft für Tarkowsky.

Am Montag traf Walter den alten Fritz, der ihm mitteilte, er wolle das Kino aufgeben und sich zur Ruhe setzen. Spontan rief Walter Godehard an, und am ersten Samstag des neuen Monats stellten sich die beiden dem Publikum als die neuen Kinopächter vor. Seinen Job bei der Bank kündigte Walter fristgerecht.

Klara besuchten sie von nun an zusammen und schenkten ihr ein Premiereticket. Natürlich konnte sie nicht die ganze Kinonacht bleiben - es wurden drei Hitchcock-Filme gezeigt - aber 'Das Fenster zum Hof' hielt sie bis zum Ende durch und war tatsächlich in der glücklichen Lage, die Welt zu vergessen und 'innerlich zu verreisen'.

Bis zum Meer

»Gib mal den Maul!«

Er wälzte sich auf die andere Schulter.

»Oh Mann, weißt du nicht, wie ein Maulschlüssel aussieht? Wenn du unterwegs was an der Karre hast, stehst du rum wie ein Kind beim Dreck, ich sag's dir.«

»Dafür haben wir ja dich. Jedem das Seine. Und außerdem brauchst du nicht gleich den Wilden zu spielen, Sprosse.«

Wenn er sich über ihn ärgerte, nannte er ihn Sprosse. Das konnte Tom nicht leiden. Er haßte seine Sommersprossen.

Sie waren beide fünfzehn. Rich war drei Monate älter, dunkelhaarig, sein Gesicht hatte sich verändert in den letzten Monaten, war etwas kantiger geworden, sein Körper drahtig, und er war ein guter Sportler. Die Mädchen sahen gern wie er ging, und er spürte wohltuend, wenn sie ihn beobachteten und dabei miteinander kicherten.

»Hast du eine Zigarette, Rich?«

Tom putzte sich die ölverschmierten Finger an einem Lappen ab und nahm den Glimmstengel in Empfang. Er war fast einen Kopf größer als Rich. Seine Haare waren wie Flachs, gingen etwas ins Rötliche. Seine Gesichtszüge wirkten offener als die von Rich, obwohl er sich Mühe gab, das zu verbergen. Seine Augenfarbe war ein warmes, helles Blau. Toms Hände waren groß. Wenn er nicht an etwas schraubte, waren sie ihm hinderlich, und er steckte sie am liebsten in die Taschen.

»Hast du es jetzt genug frisiert?«

»Glaub schon. Es ist fast so schnell wie Hubs Moped.«

»Dann laß dich mal nicht erwischen. Wenn uns unterwegs die Bullen damit anhalten, sehen wir alt aus. Es ist sowieso blöd, weil wir uns mit dem Tempo nach meiner lahmen Kiste richten müssen. Oder willst du immer wie ein Späher vorausfahren und dann warten?«

»Ich werd mir dein Mofa morgen mal ansehen. Vielleicht kann ich da noch was schrauben. Und außerdem werde ich den schwereren Anhänger nehmen. Das gleicht sich dann schon aus.«

»Ich hab die Streckenkarten dabei. Die sind noch von meinem Alten. Willst du mal sehen?«

»Ja, zeig her.«

Rich breitete die Straßenverzeichnisse auf dem Boden aus, und sie steckten die Köpfe zusammen. Bei der Vorstellung, es würde in drei Tagen mit dem Beginn der Sommerferien losgehen, begann es auf ihrer Haut zu kribbeln. Es war so ein elektrisierendes Gefühl, daß sie fast Angst bekamen, es nicht kontrollieren zu können, und deshalb verbargen sie es voreinander.

»Wir fahren hier an der Lahn entlang bis zur Mündung. Durch Koblenz werden wir durch müssen. Dann am Rhein entlang bis Köln.«

»Ja, prima, das ist zwar weit, aber es sind keine Steigungen drin. Aber ich will nicht durch den Ruhrpott fahren.«

»Hab ich auch keinen Bock drauf. So weit müssen wir eh nicht. Was hat denn deine Mutter gesagt, Tom?«

»Kein Problem. Zuerst hat sie gezetert. Ich hab versprechen müssen, daß ich anrufe.«

»Ich auch, jeden zweiten Tag. Seit mein Vater weg ist, stellt sie sich immer so an. Ich glaube, wir brauchen nicht mal bis Köln. Bonn genügt auch.«

»Dann einfach links ab. Düren lassen wir rechts liegen, bei Aachen über die Grenze, dann Maastricht...«

»Und wieder über die Grenze. Dann sind wir in Belgien. Hasselt, Leuwen, immer auf Antwerpen zu. Dann Hulst, was für'n Name, dann Verneuzen und dann, Tom...«

Er gab ihm einen Schlag auf die Schulter.

»Dann kannst du das Meer sehen«, antwortete der Angesprochene. »Von dort oder von Breskens übersetzen, und wir sind da: Walcheren, Zeeland.«

»Wie lange ist das her, daß du mit der Familie dort warst?«

»Es war das Jahr, als ich in die Schule gekommen bin. Mein Bruder Achim wechselte im selben Jahr aufs Gymi. Da hab ich zum ersten Mal das Meer gesehen. Ich war platt. Ich kann mich noch genau erinnern. Ich hab meinen Vater gefragt, ob man vom Leuchtturm in Westkapelle das andere Ende des Meeres sehen könnte. Da haben alle gelacht.«

Tom begann, die Verkleidung wieder festzuschrauben.

»Morgen kommt deine Mühle dran. Du wirst schon sehen, wie die hinterher abgeht.«

In den nächsten Tagen gab es noch einiges zu tun. Trotzdem tröpfelten die Stunden zäh. Die anderen Jungs blickten voller Neid auf die beiden Freunde. Das hätte aber keiner von ihnen zugegeben. Sie fuhren mit ihren Familien nach Österreich, Italien oder Spanien. Weil es weiter war, taten sie so, als wär's etwas Besonderes. Sie wußten auch, daß sie keine Chance hatten, sich anzuschließen, keiner von ihnen, auch Hub nicht. Der war schon sechzehn und hatte ein Moped.

Rich und Tom kannten sich schon aus dem Kindergarten. Seit dieser Zeit waren sie unzertrennlich. Begonnen hatte es mit einer Balgerei um ein Matchbox-Auto in der Spielecke. Die Kindergärtnerin hatte sie auseinanderzerren müssen, weil keiner von den beiden nachgegeben hatte.

Nachts lag Rich wach auf dem Rücken und stellte sich vor, wie sie fahren würden. Immer dem Meer entgegen. Tom machte sich Sorgen um ihre Mofas. Aber eigentlich war das nicht nötig. Er verstand was davon, und er hatte alles gut gewartet.

Die Jungs auf dem Schulhof überlegten seit einigen Tagen angestrengt, wie die beiden Stunden des letzten Schultages zu gestalten seien. Das hatte eine lange Tradition an ihrer Schule. Einer hatte die Idee, einen Sack voll weißer Mäuse mitzubringen. Dieser Einfall fand allgemeines Lob und reichte als Phantasiestoff für eine ganze Pause. Die Umsetzung scheiterte daran, daß keiner wußte, woher man so viele Mäuse bekommen sollte. In der nächsten Pause wurde überlegt, das Ganze statt mit Mäusen mit Fröschen zu veranstalten, aber niemand hatte Lust, welche zu fangen. Hub schlug schließlich vor, ein Reagenzglas mit Sperma auf das Pult zu stellen, aber da sich niemand bereit erklärte, seinen Samen zu spenden, wurde auch diese Idee nicht in die Tat umgesetzt.

Die Zeugnisse fielen nicht viel anders aus als erwartet. Es reichte, um die letzte Hürde - Nichterlaubnis wegen schlechter Noten - zu nehmen. Den ganzen Morgen hatten Rich und Tom entweder aus dem Fenster gesehen oder sich gegenseitig zugezwinkert. Der Jahresabschlußstreich wäre fast entfallen, wenn nicht Hub zum Preis von drei Flaschen Bier einen Typen vom Neumarkt in die Klasse gelotst hätte, der, schon etwas alkoholisiert, ihrem Klassenlehrer seine Version des gallischen Krieges erzählte. Das Klingeln, das sie entließ, war wie die Befreiung aus einer Gefängnishaft.

Sie fuhren nach Hause, schlangen ihr Mittagessen hinunter, spannten ihre Einachser-Anhänger mit Zelt, Luftmatratzen, Klamotten, Ersatzteilen an, dann der kurze Abschied, die mahnenden Worte der Mütter. Bei Tom kamen noch die blöden Bemerkungen der Geschwister dazu. Dann ging's erst einmal an die Lahn. Dort spuckten sie jeder dreimal ins Wasser und taten ihren Schwur, sich in jeder erdenklichen Lage beizustehen. Es fehlte noch der kehlige Schrei, wie ihn die Cowboys in 'Red River' losließen, als der lange Treck begann. Niemals wieder würde das Leben ihnen so bedeutend, so unverbraucht vorkommen wie an jenem Sommertag in den späten Siebzigern.

Sie überholten sich gegenseitig, lenkten mit den Füßen, steckten sich Zigaretten verkehrt herum in den Mund, pöbelten Spaziergänger an und sangen 'Sultans of Swing'.

In Geilnau fiel ihnen ein, daß die Straße nicht mehr weiter an der Lahn entlangführte - von Diez bis Balduinstein waren sie den alten Treidelweg gefahren - und sie mußten die erste Steigung bewältigen. Das trübte die Anfangseuphorie, aber darüber wurden sie schnell zu Pionieren, die mit strenger Miene, immer den Horizont ins Auge gefaßt, ihrem nächsten Ziel entgegen strebten. In Nassau legten sie die erste Pause ein. Das Schwimmbad lockte nur für kurze Zeit, denn es drängte sie, sich schnell unbekannteren Gefilden zu nähern.

Der erste Abend war ernüchternd. Sie hatten zu lange im Sattel gesessen, der Hintern tat ihnen weh, und sie waren hundemüde. Selbst das Zeltaufbauen, nur wenige Handgriffe, die sie, geübt, wie sie waren, fast blind beherrschten, war ihnen zu viel Arbeit. Das Erwärmen der Ravioli mit dem Campingkocher dauerte zu lange, und die Luftmatratzen bliesen sie nur zur Hälfte auf. Der Schlaf überkam sie schwarz und schwer.

Rich lugte als erster aus dem Zelt. Der Himmel war wolkenverhangen, aber als er barfuß über das feuchte Gras zum Fluß lief, hielt sein Gefühl an, daß dieser Morgen ganz allein ihm gehörte, und das nichts dies beeinträchtigen konnte. Er winkte den Schubschiffern auf dem Rhein vom Ufer aus zu, und diese winkten zurück. Er stellte Wasser für Kaffee auf, und der Tag blieb neu. Seine innere Uhr ging anders als die üblichen Uhren. Sie zwang ihn nicht, zu keiner Zeit, zu keinem Ort. Die Käfer im Gras betrachtete er, als habe er sie soeben für die Menschheit entdeckt. Als das Wasser zu kochen begann, beobachtete er mit der Verzückung eines tibetischen Mönchs die vom Grund des Topfes aufsteigenden Blasen. Er fragte sich nicht, was mit ihm los sei, sondern träumte kurzzeitig davon, mit Siebenmeilenstiefeln in Zeitlupe durch die Welt zu gehen. Er kam aber zu dem Schluß, das Mofa-Tempo sei angenehmer, gerade richtig, damit einem nichts entging.

Als sie zusammen Kaffee tranken und Marmeladebrote aßen, begann es zu regnen. Sie unterbrachen ihr Frühstück, schlugen schnell das Zelt ab und rafften alles unter die Plastikplanen auf ihren Wägelchen. Dann zogen sie ihre Ostfriesennerze über und setzten sich wieder gemütlich hin. Während sie den Rest ihres Kaffees schlürften, sahen sie sich wortlos an und grinsten. Die Regentropfen liefen an ihren Nasenrücken hinunter, hielten sich einen Augenblick auf der Spitze und tropften auf die Erde. Manche suchten sich ihren Weg auch weiter über das Gesicht, zwischen dem weichen Flaum auf der Oberlippe und manchmal weiter bis zum Kinn. Die wenigsten schafften es am Hals hinunter.

»Die Pferde sind gesattelt«, sagte Tom, als sie ihre Tassen ausgetrunken hatten. Das war das Zeichen zum Aufbruch.

Sie fuhren den ganzen Vormittag in strömendem Regen. Mal schrien sie sich Durchhalteparolen zu und taten wie die Cowboys beim Rindertreck, dann sangen sie wieder und winkten den Autofahrern und den Schiffern auf dem Strom zu, der alt, breit und grau dahinfloß.

Gegen Mittag hörte der Regen auf. Sie hielten auf einem Parkplatz neben einem Wohnwagen. Ein Mann in kurzen Hosen und einer häßlich-hellblauen Frotteemütze auf dem Kopf kam gleich heraus, begleitet von drei kleinen Zottelhunden, die sich nicht unterscheiden ließen. Als sie ihre Regenjacken auszogen, sprach er sie an.

»Könnt reinkommen, junge Männer, bekommt ihr von meine Frau was zu essen.«

Das Ehepaar kam aus Holland, und dahin wollten sie auch. Das erzählten sie natürlich sofort. Zuerst trauten sie sich mit ihren nassen Klamotten nicht in den Caravan, aber dann kam auch die Frau und bat sie hinein. Es war gemütlich wie in einer Puppenstube und auch alles in den Ekelfarben hellblau und rosa. Aber sie hatten einen Bärenhunger, die kissengespickten Sitze taten den vom harten Sattel gereizten hinteren Körperteilen wohl. Die Frau machte ihnen Linsensuppe warm, und weil sie sich so freute, ihnen etwas Gutes zu tun, backte sie ihnen auch noch Pfannkuchen, mit besonders vielen Eiern und Speckscheiben.

Als sie wieder mit vollen Bäuchen ins Freie traten, konnten sie in die Sonne blinzeln. Sie winkten zum Dank bis zur nächsten Kurve, und einigten sich schnell, sich einen Platz auf einer Wiese am Ufer zu suchen, um ein Mittagsschläfchen zu halten. Sie plazierten ihre Luftmatratzen auf einem steinernen Tischtennisfeld, weil die Wiesen noch naß waren. Jeder bekam ein Spielfeld. Sie wollten gerade die Augen schließen, als eine Schar Knirpse vom Sandkasten herüberkam und sie anstarrte.

»Na, ihr Zwerge, was gibt's?«

Erwartungsvolles Schweigen.

»Seid ihr stumm. Noch nie zwei Schlafende gesehen, wie?«

Der Größte von den Kleinen faßte sich ein Herz.

»Warum schlaft ihr auf dem Ping-Pong?«

»Wir sind müde.«

»Warum seid ihr am Mittag müde?«

»Wir sind immer müde. Frag bloß jetzt nicht, warum.«

»Habt ihr kein Bett?«

»Nein.«

»Und wo ist eure Mama?«

»Wir haben keine.«

Das beeindruckte sie enorm, und sie begannen, miteinander zu tuscheln. Dann gingen sie.

»Kleine Plagegeister. Hoffentlich lassen sie uns jetzt in Ruhe.«

Das taten sie nicht. Fünf Minuten später kamen sie mit einer Mutter und weiteren Kindern zurück.

»Da, das sind sie«, sagte der kleine Wortführer. »Sie haben kein Haus, kein Bett und keine Mama.«

»Was erzählt ihr den Kindern?« rief die Frau aufgebracht. »Und ihr könnt doch hier nicht einfach liegen.«

»Können wir, können wir, gute Frau«, ergriff Rich jetzt das Wort. »Ich finde, sie sind sehr hartherzig, denn wir haben wirklich niemanden auf der Welt außer uns. Wir sind Findelkinder. Und Zwillinge.«

»Zwillinge?«

»Ja, zweieiige Zwillinge«, beeilte sich Tom zu ergänzen.

»Mama, was sind zweieiige Zwillinge?«

»Warte mal, gleich. Das stimmt doch alles nicht.«

»Aber natürlich. Der Pfarrer hat uns auf der Kirchentreppe gefunden. Dort hatte uns aber nicht unsere Mutter abgelegt, sondern ein Mann, der im Wald Holz gesammelt hatte und uns in einem Gebüsch gefunden hatte. Das erfuhren wir aber erst viel später. Kein Mensch wußte, wie wir dort hingekommen waren und überlebt hatten.«

»Erzähl doch nicht so einen Mist! Was sollen denn die Kinder denken?«

»Mama, was sind zweieiige Zwillinge?«

»Nicht jetzt.«

»Zuerst glauben Sie uns nicht. Dann erzählen wir es Ihnen. Und jetzt beleidigen Sie uns auch noch. Meinen Sie, das fällt uns leicht, so offen über unser Schicksal zu reden?«

»Mama, sagst du mir jetzt, was zweieiige Zwillinge sind? Susi will es auch gerne wissen.«

»Ach, jetzt hört mir doch auf mit euren zweieiigen Zwillingen. Und ihr beide verschwindet auf der Stelle.«

»So ist es immer. Sagt man den Leuten die Wahrheit, können sie es nicht ertragen und werden auch noch kiebig. Seit unserem fünften Lebensjahr hausen wir in diesem Zelt hier. Meinen Sie, das sei ein Zuckerschlecken - ohne Eltern, ohne Freunde?«

»Mama, warum bist du so böse?«

»Ich bin nicht böse. Aber ich laß mir doch von diesen Pimpfen keinen Bären aufbinden.«

»Und die zweieiigen Zwillinge?«

»Schluß jetzt mit den Zwillingen!«

Der Kleine wandte sich an Tom.

»In diesem Zelt?«

Tom nickte. »Wenn es aufgebaut ist, passen genau zwei Luftmatratzen rein. Sollen wir's mal aufbauen? Das geht schnell.«

»Oh ja.« Alle Kinder waren begeistert.

»Nein! Schluß jetzt mit der Vorstellung! Haut endlich ab, ihr zweieiigen Zwillinge.«

Rich wandte sich an Tom: »Ich glaube, wir machen uns besser wieder auf den Weg. Hier können wir kein Verständnis für unsere Lage erwarten.«

»Mama, warum bist du so böse?« fragte der kleine Junge, als die großen Jungs mit ihren Mofas weitergefahren waren. »Und sagst du uns jetzt, was zweieiige Zwillinge sind?«

Das Bedürfnis nach Mittagsschlaf war gewichen, die 'Pannenkoeken' lagen nicht mehr so schwer im Magen. Sie tranken an einem Kiosk eine Cola und fuhren dann bis zum Abend ohne Pause weiter. Dieses Gefühl beherrschte sie wieder: Immer weiter zu fahren, sich ein Ziel fest ins Auge zu nehmen und beim Erreichen das nächste anzupeilen. Sie sangen nicht mehr, verrichteten stumm ihre Arbeit wie Nomaden. Sie wichen Hauptstraßen aus und umfuhren größere Städte in weiten Bögen. Ohne daß sie darüber gesprochen hätten, war es für beide beschlossene Sache, weiterzufahren, bis hinter die Grenze. Leider mußten sie oft anhalten, und die Karte studieren, weil die Straßen meistens auf die Städte zuliefen.

Südlich von Aachen hinter Oberforstbach passierten sie die Grenze. Sie waren etwas enttäuscht, weil den Mofapionieren kein Mensch Beachtung schenkte.

»Hey, Limburger, lies mal, jetzt bist du in Limburg«, rief Rich, als sie den Schlagbaum hinter sich gelassen hatten, und zeigte auf das Provinzschild.

»Zwei Säcker im Käseland. Hast du Hunger?«

»Noch nicht gleich. Laß uns noch ein Stück fahren.«

Im nächsten Laden kauften sie sich Limburger Käse. Als ihre Straße über die Autobahn führte, hielten sie auf der Brücke an. Sie schauten hinunter, bis es dämmerte und aßen Brot und Käse. Weil sie sich noch fit fühlten, beschlossen sie, heute auch noch die Grenze nach Belgien zu überqueren und schwangen sich kurz entschlossen wieder auf die Sättel.

Sie hatten die Strecke aber etwas unterschätzt. Vielleicht hatten sie es auch auf eine Nachtfahrt angelegt. Als sie später in Belgien hinter einem Dorf auf einer Wiese ihr Zelt aufschlugen, fühlten sie sich noch lange aufgekratzt und wie benommen. Das Pulsieren im Körper wollte nicht aufhören. Als sie das Zelt aufgebaut hatten, trank jeder drei Flaschen Bier, und das genügte dann, um ruhig zu schlafen.

Als sie am nächsten Morgen aus dem Zelt krochen, empfing sie heller Sonnenschein und eine Gruppe Jungs, die gerade ihre Mofas begutachtete.

Sie musterten sich eine Zeitlang gegenseitig. Tom fragte sich, ob es Ärger geben würde. Es waren fünf Burschen, und sie waren etwa in ihrem Alter.

»Wo kommt ihr her?« fragte schließlich einer der Jungs auf Deutsch.

»Aus Deutschland«, antwortete Tom sachgemäß.

»Das sehen wir auch, du Schlauberger«, sagte ein anderer. Offenbar konnten sie alle Deutsch hier in der Nähe der Grenze.

Sie lachten.

»Habt ihr Zigaretten?«

Rich hatte noch fünf Stück in der Packung und gab sie ihnen etwas mißmutig.

»Ihr müßt Tribut zahlen«, sagte der erste bestimmt. »Wir wohnen in diesem Dorf. Deshalb nehmen wir von jedem Tribut. Stimmt's Jungs?«

Sie nickten.

»Und seinem Vater gehört die Wiese. Stimmt's nicht, Pieter?«

»Ja, stimmt.«

Rich ergriff wieder das Wort, als die Pause zu lang zu werden drohte.

»Was soll das mit dem Tribut? Ist doch Quatsch.«

»Kein Quatsch. Ihr werdet schon sehen, wenn ihr nicht bezahlt.«

»Was werden wir sehen?«

»Eben das.«

»Wie wär's mit einem Marmeladebrot. Du Tom, was hältst du davon, wenn sich jeder von den Jungs ein Marmeladebrot schmieren darf?«

»Willst du uns verarschen? Die Marmelade kannst du dir sonst wohin schmieren.«

»Wir haben sonst nichts. Arme Reisende, haben nur das nötigste zum Leben.«

»Wie wär's mit Knete?«

»Auf keinen Fall Geld.«

»Ohne Tributzahlung kommt ihr hier nicht weit.«

Rich beugte sich zu Tom und flüsterte kurz mit ihm. Dieser nickte.

»Also, Geld kriegt ihr keines zu sehen. Wir bieten fünf Flaschen Bier oder einen fairen Zweikampf. Die Verliererpartei zahlt einen Kasten.«

Der Wortführer musterte Tom etwas intensiver. Dann beriet er sich mit seinen Freunden.

»Also gut, wir nehmen an, wenn ihr uns noch eine Schachtel Zigaretten dazu legt.«

»Das ist etwas zu viel verlangt für eure blöde Wiese. Wenn Ihr vorher die Kuhfladen aufgelesen hättet, aber so...«

Rich war es mal wieder gelungen, mit seiner flapsigen Art die Situation zu retten.

»Ich wollte mir ohnehin Zigaretten kaufen. Dann kann ich gleich ne Runde ausgeben. Ich hab noch nie belgische Kippen geraucht. Was könnt ihr mir empfehlen?«

Später nahmen die Jungs sie mit zu einem See hinter dem Dorf. Auf dem Steg saßen schon ein paar Mädchen, die neugierig schauten. Fremde kamen selten her, und sie wurden ausgefragt, und auch etwas bewundert für den weiten Weg, den sie schon hinter sich hatten. Der See war von alten Bäumen umstanden und vom Dorf führte eine Pappelallee her. Die Sonne schien glitzernd durch die Blätter, und vereinzelt zogen dickbäuchige Wolken vorbei. Vielleicht wäre es gut, hierzubleiben. Aber nach drei faulen Stunden zog das Meer sie wieder an.

Auf dem Rückweg zielten sie mit Kieselsteinen auf die Stämme der Pappeln.

»Die Blonde war nicht ohne, was meinst du?«

»Ja, die mit dem Wuschelkopf hat mir auch gefallen. Und die mit dem grünen Bikini, die hat dich vielleicht angestarrt.«

»Und die haben so einen süßen Akzent.«

»Heute sehen wir das Meer noch nicht.«

»Wohl kaum. Macht aber nix.«

Es ließ sich bequem fahren, weil es flach war und die Straßen fast immer geradeaus führten. Die Euphorie war heute etwas zurückgeschraubt. Sie machten öfter Pausen, aßen Unmengen Pommes Frites oder saßen nur einfach am Straßenrand und rauchten.

»Hast du schon angerufen, Tom?«

»Nein, ich warte bis wir da sind.«

»Ich habe es versprochen, hab aber keine Lust.«

»Ich kann dir belgische Münzen geben. Ich hab noch jede Menge. Ruf sie doch an. Sie macht sich Sorgen.«

»Deine Mutter vielleicht nicht?«

»Nicht so wie deine. Ich habe noch vier Geschwister. Das ist ganz was anderes. Da fällt einer nicht so auf.«

»Das ist es, ganz genau.« Rich kratzte sich am Hals. »Ich falle immer auf. Immer will sie, daß ich tue, was sie will. Ganz egal, was, Hauptsache, sie will es. Seit mein Alter weg ist, ist es noch viel schlimmer geworden. Und alles ist so schrecklich vernünftig. Du hast es gut, du fällst nicht auf.«

»Ja, das ist gut. Aber wenn ich ehrlich bin, früher wäre ich gern öfter aufgefallen. Es ist so ein blödes Gefühl, als wäre es egal, ob man da ist oder nicht.«

»Ich bin immer in ihrem Kopf, auch wenn ich hunderte von Kilometern weg bin, so wie jetzt.«

»Ist doch ein gutes Gefühl.«

»Nein, es ist wie im Knast, gefangen in ihrem Kopf.«

»Warum beschwerst du dich? Du machst doch, was du willst. Du gehst, du kommst, wie es dir paßt. Und sie stellt sich nachts an den Herd und brät dir Spiegeleier. Hast du doch selbst erzählt.«

»Du verstehst das nicht, Sprosse. Komm, wir fahren weiter.«

»Willst du nicht vorher anrufen?«

»Nein.«

An diesem Abend kampierten sie auf einer Wiese hinter einem Bauernhof. Sie hatten im Haus gefragt, und die Frau hatte ihnen mit einem unwirschen Nicken die Erlaubnis gegeben. Insgeheim hatten sie gehofft, sie würden wieder eingeladen, aber damit war es heute nichts, obwohl sie ihr charmantestes Lächeln aufgesetzt hatten. Am Abend gingen sie in eine Dorfkneipe und saßen zwischen älteren Männern am Tresen. Sie fühlten sich wie Globetrotter, die sich wie selbstverständlich in einem anderen Teil der Welt zurechtfanden. Aber sie sprachen von zu Hause, von der Schule, von den Mädchen und von Richs E-Gitarre.

Am nächsten Tag wurde das Wetter wieder schlechter, aber es regnete nicht. Sie näherten sich der großen Stadt Antwerpen. Anwers, es stand dauernd auf den Straßenschildern. Eigentlich müßten sie bald abbiegen, um die Stadt zu umfahren, aber Tom, der die Karte hatte, zögerte die Entscheidung hinaus. Rich fuhr mit ihm auf gleicher Höhe.

»Hör mal, wir müssen hier runter.«
»Ja, ich weiß.«
»Und warum fährst du nicht?«
»Jetzt mach dir mal nicht in die Hosen. Ich fahr schon.«
»Aber bald. Gleich sind wir mitten in der Stadt.«
»Willst du vielleicht hier in den Vorortstraßen rumgurken? Da verfährt man sich dauernd und kommt nicht vorwärts.«
»Ich hab's dir gesagt.«

Sie fuhren inzwischen auf einer zweispurigen Straße. Die Autos hupten beim Überholen. Rich ließ Tom wieder vorfahren.

Die Straße machte ausladende Kurven, Kreise und Achten. Sie überquerten noch breitere Straßen und Gleise, sie durchfuhren Tunnels, durchfuhren Industrie- und Geschäftsviertel, häßliche Wohnblocks, alte Stadtviertel und Hafenanlagen. Sie schwitzen wie in einer Sauna und jedesmal, wenn ein Lastwagen sie überholte, vibrierte es durch ihren ganzen Körper.

»Sprosse, du Idiot, du fährst auf die Autobahn!« schrie Rich von hinten.

Tom antwortete nicht und fuhr weiter.

Zu allem Unglück begann es auch noch zu regnen, und bald kam zu dem lästigen Hupen und dem Vibrieren auch noch ein Schwall Wasser, wenn sie ein Lkw überholte.

»Er ist verrückt geworden«, sagte Rich vor sich hin, weil er das Rufen aufgegeben hatte. Tom hatte sich beim Fahren weit vorgebeugt, als könnte er so besser den Weg finden oder das Meer irgendwo am Horizont erkennen. Er dachte an gar nichts, nur, daß sie irgendwann hier herauskommen mußten. Es war eine Steppe oder eine Wüste, die es zu überqueren galt, ein Moor, in dem man nicht versinken durfte, ein Dschungel, der den Überblick verwehrte und fiebrig machte, ein Felsengewirr, die gefährlichste, die unberechenbarste aller Landschaften.

Ein Laster mit Anhänger war dicht aufgefahren und im letzten Moment ausgewichen. Der Fahrer hatte Rich wegen des dichten Regens oder aus Unaufmerksamkeit zu spät bemerkt. Beim Überholen hupte er und zeigte ihnen die Faust. Rich zitterten Hände und Beine. Er konnte kaum noch den Lenker festhalten.

Jetzt fuhr ein Laster dicht hinter ihnen. Rich drehte sich vorsichtig um. Der Fahrer blieb und überholte nicht. Rich fühlte den Koloß hinter sich als sei er eine Jagdbeute, und es könnte ihn jeden Augenblick erwischen. Bei der nächsten Gelegenheit wich Tom über einen Seitenstreifen auf eine Rasenfläche aus.

Der LKW-Fahrer hatte den Warnblinker angeschaltet und hielt, halb auf der rechten Fahrbahn hundert Meter vor ihnen.

Rich und Tom schauten sich um. Sie waren auf einer winzigen Grasfläche gefangen, die von Fahrbahnen, Leitplanken und Lärmschutzwänden umgeben war.

Der Fahrer des Lastwagens, eines überdimensionalen Vierzigtonners, hatte das Seitenfenster heruntergekurbelt und winkte ihnen, herzukommen.

Sie zögerten.

Er winkte wieder.

»Los, hin«, sagte Rich. »Mehr als totfahren kann er uns nicht.«

Als der Fahrer sah, daß sie losfuhren, startete er auch. Sie fuhren ein paar hundert Meter hinter ihm her bis zu einem Ausweichparkplatz.

Er stieg aus, als die Jungs mit ihren Gefährten näher kamen. Ihre Mofas wirkten neben dem Monstrum von einem Auto wie Spielzeug.

Tom pochte das Herz. Er rechnete fest damit, daß der Mann sie jetzt verprügeln würde. Er sah Rich an, der bleich war wie ein Handtuch und naß wie eine Katze.

Der Mann kam von weit oben aus seinem Führerhaus.

Er tippte sich mehrmals mit dem rechten Zeigefinger an die Stirn.

»Kleine Idioten« und »Selbstmörder« sagte er auf holländisch. Aber sie verstanden jedes Wort. »Man sollte euch eure Schlappohren langziehen.«

Dann ging er nach hinten und öffnete die Flügeltür des Anhängers. Der Wagen war leer. Er hatte einen Aufzug, den er nun herunterließ.

»Los, stellt euren Ramsch darauf.«

Das taten sie sofort ohne ein Wort der Widerrede.

Der Fahrer verschloß die Tür.

»Los, setzt euch nach vorne.«

Im Führerhaus gab er ihnen heißen Tee aus einer Thermosflasche und jedem eine Zigarre. Er selbst steckte sich auch eine an. Dann fuhr er ohne ein weiteres Wort los.

So durchfuhren sie Antwerpen noch einmal auf der Stadtautobahn, diesmal mit völlig neuer Perspektive, begleitet von zeitweiligem Husten.

Der Mann schüttelte ab und zu stumm den Kopf, ohne den Blick von der Straße zu wenden.

Als sie draußen wieder freie Felder sahen, konnten sie tiefer durchatmen. Die Zigarrenstummel warfen sie aus dem Fenster.

»Wo wollt ihr hin?«

»Walcheren«, sagte Tom.

»Ist gut, ich fahre nach Bergen op Zoom.«

In Woensdrecht ließ er sie raus.

»Aber fahrt bloß nicht wieder auf die Autobahn, ihr jungen Narren«, sagte er zum Abschied und schüttelte noch immer den Kopf.

Tom schaute auf die Karte, als sie draußen waren.

»Teufel auch, ist dir klar, daß man uns in dieser verdammten Stadt auf dieser verdammten Autobahn ohne weiteres hätte plattfahren können, und du stehst hier herum und liest in aller Ruhe deine Karte. Mir schlottern jetzt noch die

Knie, und ich dachte, dieser Trucker haut uns die Hucke voll.«

»Das dachte ich, ehrlich gesagt, auch. Aber jetzt haben wir diese Scheißstadt hinter uns. Die Fähre brauchen wir jetzt nicht mehr. Dort ist das Meer. Man kann es fast schon sehen.«

»Das heben wir uns für später auf. Nach dieser Aufregung habe ich einen Bärenhunger.«

»Ich auch.«

Sie fuhren zur nächsten Pommes-Bude. Der Mann machte die Pommes aus frischen Kartoffeln. Er hatte eine Handpresse, worin er die 'Aardappelen' legte. Dann drückte er den Hebel, und sie kamen in der typischen Frittenform raus. Die Jungen aßen stumm und sahen sich dabei von Zeit zu Zeit verlegen grinsend an.

»Hör zu, ich will nicht hier ans Meer fahren«, sagte Tom schließlich nach einem langen Rülpser.

»Ist gut. Aber keine Autobahn.«

»Wie oft werde ich das noch zu hören bekommen?«

»So oft, wie ich will, weil ich mein verdammtes, fünfzehnjähriges Leben behalten habe, und es noch etwas behalten will.«

»Du solltest zum Theater gehen.«

»Und du nach Hadamar in die Irrenanstalt.«

»Du warst in deinem Vorleben ein Elefant. Die vergessen nie etwas.«

»Du eine Fliege. Die haben kein Hirn und machen nur Scheiße.«

»Und welches Hirn flickt dir deine Mistkarre wieder zusammen, wenn sie nicht läuft?«

»Ach, leck mich doch. Man kann auch einmal zugeben, wenn man, verdammt noch mal, Mist gemacht hat. Bist du dir darüber im klaren, was uns hätte passieren können?«

»Ja, bin ich. Ich gebe es ja zu. Und ich hatte auch verdammten Schiß. Genügt dir das jetzt? Bekomme ich jetzt die Absolution, Herr Korinthenkacker? Aber du, das sage ich dir, wirst diese verdammte Geschichte noch deinen Enkelkindern erzählen, falls du zeugungsfähig bist. Und das hast du mir zu verdanken.«

»Daß ich zeugungsfähig bin?«

»Nein, Idiot, daß du eine Geschichte zu erzählen hast.«

Es blieb bewölkt, aber es regnete nicht mehr. Sie fuhren an Getreidefeldern vorbei und an Wiesen, auf denen schwarzweiße Kühe grasten, und durch Dörfer, wo man in die Wohnzimmerfenster schauen konnte. Manchmal sahen sie Windmühlen. Rich zählte sie und jubelte jedes Mal: »Wir sind da, wir sind in Holland.«

Ab Zoutelande fuhren sie am Deich entlang, aber wie ein besonderes Vergnügen, das man würdigen muß, indem man es hinauszögert, hielten sie nicht an, um zum Meer zu gehen, obwohl es zum Greifen nah war. Dann machte die Straße wieder eine Biegung landeinwärts. Nach wenigen Minuten fuhren sie am Leuchtturm von Westkapelle vorbei, von dessen Spitze der kleine Tom das Ende des Meeres hatte sehen wollen. Nur noch durch Westkapelle, ein paar Minuten am Deich entlang, und dann konnten sie den Campingplatz schon sehen, nichts Besonderes, aber er verband unzählige Erinnerungen damit.

Der Mann in Gummistiefeln, an den sich Tom noch wegen seiner dicken Brillengläser zu erinnern glaubte, zeigte ihnen einen Platz. Sie bauten ihr Zelt auf, gingen duschen und kochten sich anschließend einen Kaffee.

Dann gingen sie in die Dünen, suchten sich einen windgeschützten Platz und schauten den ganzen Nachmittag aufs Meer hinaus. Es war nicht nötig, dabei zu sprechen. Ab und zu sahen sie sich an und grinsten, weil sie es geschafft hatten. Die anderen Blödmänner aus ihrer Klasse mochten Gottweißwohin gefahren sein. Aber sie waren frei. Der Wind, der den Geruch des Meeres heraufwehte, bestätigte das Gefühl von Freiheit. Während sie die Sonne und die

Wolken beobachteten, die miteinander rangen - mal brachen einzelne Strahlen durch, dann wieder formierten sich die Wolken zu strahlenundurchlässigen Ballen - ließen sie ihre Gedanken fliegen.

Ein herrenloser Hund schnupperte zwischen Schwemmholz und angetriebenem Tang. Zwei Kinder, weit entfernt, machten sich ein Spiel daraus, so nah wie möglich ans Wasser zu gehen, ohne nasse Füße zu bekommen, um dann nach dem Wellenaufschlag vor den schaumigen Ausläufern zu fliehen. Ein Mann hatte große Holzstücke gesammelt und an seinem alten Fahrrad festgebunden, das aussah, als habe er es auch am Strand gefunden. Überseeschiffe liefen durch die breite Scheldemündung den Hafen von Antwerpen an, oder sie verließen diesen. Eine Urlauberin, nicht weit entfernt in der nächsten Sandgrube, hatte sich bis auf die schmale Bikinihose ausgezogen, aber sie hielt bei dem strengen Wind nicht lange durch. Eine Familie näherte sich von Domburg her. Bis auf den Hund waren alle mit gelben Regenmänteln bekleidet, obwohl es nicht regnete. Gegen Abend nahm der Wind zu. Als sie zum Campingplatz zurückgingen, begegneten ihnen auf dem Dünenweg eine Gruppe alter Männer mit Holzschuhen und Schiffermützen auf Fahrrädern. Der Wind blies ihnen in den Rücken, so daß sie kaum in die Pedale zu treten brauchten. Rich beschloß, morgen um die gleiche Zeit wieder hier zu sein. Er wollte wissen, ob der Wind sich immer um diese Stunde drehte, und die Männer wieder vorbeiradeln würden, um das auszunutzen.

Der freie Platz neben ihrem Zelt war inzwischen besetzt. Gegen den Wohnwagen mit hochklappbarem Dach und Vorzelt mit Vordach nahm sich ihre Behausung wie eine Hundehütte aus. Sie wärmten sich eine Dose Ravioli aus ihrem Vorrat auf und beobachteten, wer aus- und einging. Es mußte sich um eine große, holländische Familie handeln. Immer wieder sahen sie andere Leute.

Jetzt kam ein Mädchen raus. Tom sah sie zuerst, denn Rich nahm gerade die Ravioli vom Kocher. Sie hatte halblange, blonde Haare, Ponyfrisur, eine Stubsnase, hellblaue Augen, war sehr schlank, oder ein wenig dürr, trug ein gelbes T-Shirt und Jeans und lief barfuß. Rich hatte sie jetzt auch gesehen und gemeinsam verfolgten sie das Mädchen mit ihren Blicken, bis sie im Waschhaus verschwunden war, und sie warteten, ohne den Blick abzuwenden, bis sie wieder zurückkam und die Wohnwagentür hinter sich geschlossen hatte. Auch diese behielten sie noch eine Zeitlang im Visier, aber sie kam nicht wieder heraus.

»Eine Erscheinung?« fragte Rich schließlich.

»Wohl kaum.«

»Ein real existierendes, menschliches Wesen?«

»Schwer zu glauben.«

»Vielleicht ein Engel?«

»Hoffentlich nicht.«

»Und in so unmittelbarer Nähe.«

»Höchstens fünf Meter.«

»Luftlinie.«

»Ist sie geschwebt?«

»Sie ging auf zwei Beinen, beruhigend, aber ich kann es kaum glauben.«

Sie aßen ihre Ravioli direkt aus der Dose. Dabei schauten sie immer wieder zur Tür hinüber. Es gingen öfter Leute ein und aus, aber das Mädchen kam nicht wieder.

»Hast du noch Hunger, Tom?«

»Ja.«

»Okay, dann mache ich noch eine Dose auf.«

Als Tom wach wurde, regnete es. Er drehte sich auf den Rücken, hielt die Augen geschlossen und hörte auf die Tropfen, die auf das Zeltdach trommelten. Im Schlafsack war es mollig warm. Er dachte an den Regen, aber ohne es zu wollen, schlich sie sich in seine Gedanken: dieses Gesicht, der Gang fast hüpfend, in gelbem T-Shirt und Jeans.

Als er den Reißverschluß des Zeltes öffnete, empfing ihn ein grauer Tag. Er sprang schnell hinaus, um Kaffeewasser zu holen, kochte drinnen, weil es noch immer regnete.

»Hast du sie schon gesehen?« fragte Rich nach der ersten Tasse und dem ersten Marmeladebrot.

»Nein.«

»Hast du von ihr geträumt?«

»Auch nicht.«

»Was ist los, großer Schweiger?«

»Nichts, großer Frager. Ich gehe duschen.«

Das Wasser war kalt. Beim Abtrocknen stellte er sich Begegnungsszenen vor und überlegte Eröffnungssätze.

Als er zurück kam, standen Rich und sie zusammen. Es hatte aufgehört zu regnen. Er verlangsamte seinen Schritt, aber es war zu spät, sich etwas zu überlegen.

»Woher kannst du so gut deutsch?« fragte Rich, der große Frager, gerade.

Sie lächelte.

»Nicht so gut«, sagte sie.

»Hallo«, sagte Tom.

»Hallo, du bist auch den weiten Weg mit der Bromfietsen hergekommen?«

Er nickte.

»Er ist unser Spezialist für Bromfietsen. Ein lustiges Wort. Im Holländischen gibt's lustige Wörter.«

»Und du, für was bist du der Spezialist?« fragte sie.

»Straßenkartenlesen«, antwortete er nach kurzer Überlegung, »bis auf Großstädte, dafür ist er zuständig.«

»Wie oft werde ich diese Geschichte noch zu hören bekommen?«

»Was ist das für eine Geschichte?«

Tom beeilte sich, weil er nicht wollte, daß Rich antwortete.

»Ich habe mich in Antwerpen ein wenig verfahren.«

»Ein wenig«, betonte Rich wiederholend.

»Oh, das ist bestimmt schwer, sich zurecht zu finden. In einer so riesigen, fremden Stadt würde ich sofort die Orientierung verlieren«, sagte sie freimütig.

Tom segelte im Aufwind.

»Ich hatte ziemliche Schwierigkeiten, aber unser Kartenleser hätte das Problem im Handumdrehen gelöst.«

»Selbstverständlich hätte ich das, wenn mir unser Selbstmordkommandochef - always on the bright side of life - eine Möglichkeit dazu gelassen hätte.«

»Seid ihr immer so miteinander?« wollte sie wissen.

»Wenn es irgendeine Möglichkeit zum Schlagabtausch gibt, nutzen wir sie«, antwortete Rich. »Und wenn sich der Einsatz lohnt, strengen wir uns natürlich besonders an, nicht wahr, Tom?«

Der überlegte, wie er reagieren sollte.

Sie zeigte einen Anflug von Röte auf ihren runden Wangen.

»Und du meinst also, der Einsatz lohne sich?«

Er grinste. »Sicher.«

»Was die Methode angeht, habe ich erhebliche Zweifel«, meinte sie lächelnd.

Tom hatte sich gefangen.

»Er denkt immer, er verfährt sich nie.«

»Jeder auf seinem Gebiet ein Draufgänger«, erklärte Rich lapidar.

»Meine Güte«, rief sie, »ich sollte aus der Schußlinie gehen«, und trat einen Schritt zurück.

»Wo kommst du her?« wechselte Rich das Thema.

»Aus Rotterdam. Letztes Jahr waren wir auch hier.«

»Ihr habt einen großen Campingwagen.«

»Mein Dad hat ihn selbst gebaut. Wir sind viele Leute. Meine Großeltern fahren auch immer mit, und meine Tante. So, ich gehe jetzt duschen, sonst ist der Frühstückstisch abgeräumt, wenn ich wiederkomme.«

»Gehst du nachher zum Strand?«

»Wenn das Wetter besser wird. Also, bis dann. Wie heißt ihr eigentlich?«

»Rich.«

»Tom.«

»Ich heiße Geralde. Ihr könnt es bestimmt vorne nicht richtig aussprechen.«

Sie bewiesen sofort, daß sie sich getäuscht hatte.

»Also, bis nachher.«

Sie schlenderte zum Waschhaus, wieder barfuß, und ihr Gang war wie leichtes Hüpfen.

»Wie hast du sie angesprochen?«

»Einfach so, ich weiß nicht mehr. Ich glaube, ich habe nur 'Guten Morgen' gesagt. Ist das so wichtig?«

»Nein, schon gut.«

Am Nachmittag lichtete sich der Himmel. Tom und Rich saßen vor ihrem Zelt.

»Meinst du, sie kommt?«

»Natürlich«, sagte Rich.

»Wie lange wollen wir warten?«

Sie hatten bereits alles bereit liegen, um losgehen zu können.

»Ich wette um drei Flaschen Bier, daß sie innerhalb der nächsten zehn Minuten rauskommt.«

»Die Wette ist gewagt.«

Die Wohnwagentür ging auf, und Geralde kam im Bikini heraus.

»Was ist, Jungs, ich dachte, ihr wolltet zum Strand?«

Rich zwinkerte Tom zu.

»Gewonnen.«

»Ich hatte noch nicht angenommen«, flüsterte dieser zurück.

Geralde ging in der Mitte. Tom bemerkte, daß sie viel kleiner war als er.

Rich überlegte, wie er ein Gespräch beginnen konnte.

»Wieviel Tage habt ihr gebraucht bis hierher?« wollte

Geralde wissen. Rich erzählte ausführlich, wie sie hergekommen waren. Die Fahrt durch Antwerpen ließ er diesmal, mit einem Seitenblick auf Tom, aus.

»Ihr seid richtige Abenteurer. So was würde ich auch mal machen, am liebsten mit Pferden.«

»Hast du ein Pferd?«

»Ich pflege eins, und meine Freundin auch. Dafür dürfen wir umsonst reiten.«

»Und wo wollt ihr hinreiten?«

»Das ist mir egal, Hauptsache ohne erwachsenen Begleitschutz und weit weg.«

»Hättest du keine Angst?«

»Ich kann Kung Fu, bin seit zwei Jahren in einem Verein«, sagte sie trocken und bezog vor Rich Stellung. »Und ich weiß, wo man zudringliche Männer treffen muß.«

Es gefiel ihnen, wie unbeschwert sie war. Sie redete einfach drauflos und sah sie abwechselnd dabei an. Wenn Rich das Gespräch zu sehr an sich zog, fragte sie Tom einfach etwas. Er merkte, wie sie ihm entgegenkam, aber nicht zu offenkundig, und er war ihr dankbar dafür. Er fühlte sich zunehmend sicherer. Sie suchten zwischen hohem Gras eine Sandkuhle in den Dünen, gerade genug Platz für drei Personen.

Sie sprachen über Rockkonzerte und über Geschwister, und Rich erzählte, wie es ist, keine zu haben. Wenn ihnen der Gesprächsstoff ausging, las Geralde in ihrem Buch. Es wurde erst wieder spannend, als sie sich auf den Bauch legte und fragte, wer ihr den Rücken eincremen würde. Rich war schneller, natürlich, und er ließ sich viel Zeit.

»Morgen bin ich dran.«

»Einverstanden.«

»Ich glaube, es wird regnen«, prophezeite Rich.

Am Nachmittag des nächsten Tages beobachteten sie vom Campingplatz aus einen alten Mann auf einem Fahrrad. Er hatte eine Hacke bei sich.

»Ich kenne eine Bäckerei in Westkapelle«, sagte Tom. »Die machen herrliche Windbeutel.«

Der Alte stieg vom Rad, legte es im Straßengraben ab und begab sich ins Gemüsefeld.

»Die Gelegenheit ist günstig. Auf, zu den Windbeuteln.«

Sie schnappten sich das Fahrrad, Tom fuhr, Geralde saß auf der Stange und Rich auf dem Gepäckträger. Der alte Mann merkte es nicht einmal. Die Windbeutel schmeckten so gut wie früher, befand Tom.

Auf dem Rückweg probierten sie neue Rollen aus: Rich auf dem Gepäckträger stehend, Geralde auf Toms Schulter, Rich als Fahrer, Geralde auf Richs Schulter, Geralde als Fahrerin, Tom mit einem mißglückten Akrobatikversuch auf der Lenkstange, alle drei im Straßengraben.

Sie legten das Fahrrad wieder an der gleichen Stelle ab. Der alte Mann hackte noch immer im Gemüsefeld.

Rich und Tom sprachen nicht über Geralde, wenn sie allein waren. Keiner von ihnen war seit diesem Morgen einmal mit ihr allein gewesen. Beide dachten sie öfter daran. Wenn Geralde gegangen war und sie noch allein vor dem Zelt saßen, sprachen sie nicht wie sonst miteinander. Sie plauderten belangloses Zeug, das sie eigentlich nicht interessierte oder saßen stumm und planten den nächsten Tag. Sie gingen erst gemeinsam ins Zelt, wenn sie sicher waren, daß sie nicht mehr vorbei kam. Das machte sie an manchen Tagen. Sie spielten meist Karten bis in die Nacht. Einmal gingen sie zusammen nach Domburg ins Kino. Geralde saß natürlich in der Mitte. Ganz unbekümmert hielt sie Händchen während der gesamten Vorstellung - mit beiden Jungs.

»Wer von euch beiden hat eine Freundin?« fragte sie unvermittelt beim abendlichen Kartenspiel vor dem Zelt.

Die Jungs blickten von ihren Karten auf.

»Sonst antwortet Rich, bis auf wenige Ausnahmen, als erster«, kommentierte Geralde mit einem Zwinkern zu Tom.

»Stimmt«, bestätigte dieser grinsend.
»Ich zögere, weil ich noch überlege, was du eigentlich wirklich wissen willst.«
Ohne darauf einzugehnen, sagte sie: »Wartet, ich werde es raten.«
Sie überlegte kurze Zeit.
»Tom, du hast schon länger eine feste Freundin, und du bist sehr treu. Und Rich, du hast immer eine Freundin, aber nie so sehr lange.«
»Willst du damit andeuten, daß ich nicht treu bin?«
»Ich weiß nicht, sagen wir lieber 'nicht dauerhaft'.«
Tom holte tief Luft.
»Bei mir hast du falsch geraten, ich bin zur Zeit solo«, sagte er. »Aber deine Einschätzung mag wohl zutreffen.« Und dabei wurde er etwas rot.
»Er ist eine treue Seele. Selbst von seinem Mofa hat er sich noch nie getrennt.«
»Und er ist ein Schandmaul.«
»Was ist ein Mofa?«
»Ein Bromfietsen.«
»Ach so. Und ein Schandmaul?«
»Sagen wir, es ist einer, der die Dinge auf den Punkt zu bringen weiß.«
»Aha.«
»Oder einer, der sich selber froh schwätzen muß.«
»Bei mir hast du übrigens auch falsch geraten, aber deine Einschätzung stimmt ebenfalls.«
Er rollte die Stirn und verdrehte die Augen: »Ich bin ein gefährlicher Bursche, ein Draufgänger.«
Er beugte sich zu ihr herüber und küßte sie schnell auf die Backe.
»Und wie ist es mit dir? Hast du einen Freund?«
»Denkt euch, was ihr wollt.«
»Du bist ganz schön durchtrieben. Uns fragst du aus, und über dich schweigst du.«

»Warum nicht? Mit euch kann ich das machen.«

»Das kannst du mit uns nicht machen.«

»Natürlich, ihr stecht euch gegenseitig aus, und mir gebt ihr den leichtesten Part.«

»Merkst du was, Tom? Das Luder führt uns an der Nase herum.«

»Wir werden dich foltern, bis du es uns verrätst.«

»Sagt mir erst, was ein Luder ist?«

Sie fielen über sie her und kitzelten sie ordentlich durch. Sie wälzten sich über die Erde, und zuletzt lag sie atemlos auf dem Rücken und hielt ihre Köpfe im Arm. So blieben sie lange wortlos liegen.

Bei ihren nächtlichen Überlegungen im Zelt zogen sowohl Rich als auch Tom in Erwägung, ein Agreement miteinander zu treffen, aber sie fanden keinen Ausweg aus der vertrackten Situation. Wenn man verliebt ist, kann man nicht verhandeln, keinen Kompromiß finden, geschweige denn, nachgeben. Geralde ihrerseits tat nicht das geringste, um erkennen zu lassen, daß sie einen von beiden lieber hatte. Rich gefiel ihr vielleicht besser, aber Tom war netter, vielleicht.

Die Tage mit Geralde waren ständiges Herzklopfen, unbemerkt für die anderen, anstrengend, ein Glück und eine Qual, und alles auf einmal.

Tom begegnete ihr vor dem Duschhäuschen, als Rich noch schlief.

»Hast du gut geschlafen?«

»Zu kurz. Was hältst du davon, heute nach Domburg zu fahren und uns das Ringstechen der Bauern mit ihren Kaltblütern anzuschauen?«

»Gute Idee.«

»Wir sehen uns nachher.«

»Warte, ich..., ich wollte dir noch was sagen.«

Sie blieben stehen, und sie schaute erwartungsvoll in sein Gesicht.

Tom suchte nach Worten.

»Geralde, ich finde dich,... ich finde, du bist ein tolles Mädchen.«

»Ich mag dich auch, Tom.«

»Könnten wir nicht mal...zusammen weggehen. Ich meine...«

Sie küßte die Kuppe ihres Zeigefingers und drückte ihn zart auf seine Lippen. Dann eilte sie wortlos zur Dusche.

Am Samstagnachmittag wurde ein Fußballspiel zwischen Holländern und Deutschen auf einer Wiese neben dem Campingplatz organisiert. Rich und Tom spielten auch mit. Geralde hielt nicht zu den Deutschen, aber zu ihren Freunden und feuerte sie vom Spielfeldrand aus an. Es wurde begeistert gefightet. Hinterher sollte es ein Fest auf dem Campingplatz geben. Nach dem Spiel mußten die Männer für einen Platz unter der Dusche anstehen. Tom blickte sich nach Rich um, aber er war nirgends zu sehen.

Er beeilte sich mit dem Duschen, und beunruhigt suchte er ihn auf dem ganzen Campingplatz. Im Zelt war er auch nicht. Geralde war auch nirgends zu sehen. Richs Mofa stand unberührt neben seinem eigenen. Er eilte zum Strand. Die Mitspieler, Gegenspieler und Fans auf der Wiese, die schon einen Grill aufgestellt und ein paar Kästen Bier besorgt hatten, riefen ihn, er solle sich zu ihnen setzten. Er hastete über die Straße und suchte in jeder Sandgrube in den Dünen nach ihnen. Jetzt wußte er, daß er sie nicht finden sollte. Sonst wären sie zu einer der Kuhlen gegangen, in denen sie sonst lagen. Er lief am Strand entlang bis zum Golfplatz vor Domburg und wieder zurück und in Richtung Westkapelle. Wie jeden Nachmittag kamen die Radfahrer vorbei, mit dem Wind im Rücken. Heute nahm er sie gar nicht wahr. Er lief zurück zum Campingplatz. Vielleicht hatte er sich in diese verrückte Vorstellung verrannt, und sie waren längst wieder da und suchten ihn oder saßen bei den anderen.

Aber er fand sie nicht. Er fragte die Leute beim Fest, aber diese hatten sie nicht gesehen. Er fuhr mit dem Mofa nach Domburg, nach Westkapelle, nach Zoutelande, erfolglos, sie waren wie vom Erdboden verschluckt.

Als es dämmrig wurde, gab er es auf. Er ging zum Strand, setzte sich hin und hörte dem ewigen Anrennen der Wellen gegen das Land zu. Er wartete, bis die Ebbe kam und setzte sich auf einen der Wellenbrecher. Er fühlte sich wie ein verwundetes Tier. Deshalb blieb er hier, allein mit dem Meer und dem Wind. Er blieb die ganze Nacht. Gegen Morgen kam ein heftiger Schauer. Er war wie eine vorübergehende Linderung für Toms Wunde.

Als die ersten Leute zum Strand kamen, ging er zurück. Hinter den Dünen an der Straße sah er Rich. Langsam gingen sie aufeinander zu wie bei einem Duell. So blieben sie auch in gebührendem Abstand voreinander stehen und warteten bis einer etwas unternahm. Als Tom ihm in die Augen sah, hielt er es nicht mehr aus, stürmte in ohnmächtigem Schmerz auf ihn zu und traktierte ihn mit den Fäusten.

»Du hast mit ihr geschlafen. Du verdammter Hund hast es getan.«

Rich mußte sich wehren. In seiner unkontrollierten Wut würde Tom ihm sämtliche Knochen brechen. Sie schlugen aufeinander ein wie Verrückte. Als Rich Nasenbluten bekam, sahen sie in Sekunden aus wie zwei schwerverletzte Unfallopfer.

Ein Auto hielt an, und ein Mann stürzte heraus, um sie zu trennen. Sie bemerkten ihn kaum, so daß der Mann einen Kleinbus anhielt. Mehrere Männer sprangen zwischen die beiden Kampfhähne, und es gelang ihnen schließlich, sie auseinanderzureißen. Sie mußten Tom noch lange festhalten, bis er sich etwas beruhigt hatte, und nicht mehr auf Rich loszugehen versuchte.

Wortlos gingen sie zurück zum Campingplatz. Rich hielt Schritt mit Tom und ging auf gleicher Höhe. Am Zelt angekommen, riß Tom die Haken aus der Erde und warf alles auf die Anhänger. Jetzt bemerkte er erst sein blutverschmiertes Gesicht und ging zum Waschhaus.

Als er zurückkam, stand Geralde neben den Mofas.

Er sah sie noch einmal an, bevor er die Wunde sich selbst überlassen konnte. Sie blickte ihn auch an, ohne daß er mehr in ihrem Gesicht lesen konnte, als, daß es ihr leid tat.

Dann drehte sie sich um und verabschiedete sich von Rich. Als Tom sein Mofa starten wollte, lief sie auch zu ihm und umarmte ihn. Unfähig, etwas zu tun, ließ er es geschehen.

Zwei Tage fuhren sie wortlos nebeneinander her, saßen abends um ihren Kocher und lagen nachts stumm nebeneinander im Zelt. Dann gab es plötzlich Probleme mit der Kette von Richs Mofa.

Tom schaute es sich genauer an.

»Gib mal den Maul«, sagte er. »Nein, den doch nicht, du Idiot, du blickst es wirklich nicht.«

»Wenigstens sprichst du wieder. Ich dachte schon, du hättest ein Schweigegelübde abgelegt.«

»Hab ich auch. Ich übe für nächstes Jahr. Dann fahren wir in ein Shaolin Kloster nach China. Mädchen sind dort nicht zugelassen.«

Eine Reise ins Ungewisse

Wenn ich es richtig ausrechne, müßte das kleine Mädchen von damals heute etwa 22 oder 23 Jahre alt sein. Vielleicht hat sie selbst schon ein Kind, und ich frage mich, wie sie es behandelt.

Ich war Erzieher in diesem Kinderheim, das idyllisch zwischen Dorf- und Waldrand an einem Bach gelegen war. Daß es schon lange her ist, mache ich an so merkwürdigen Erinnerungen fest, wie zum Beispiel, daß die Windeln noch aus Stoff waren und nach Benutzung im Bach durchgespült wurden, bevor man sie in die Waschmaschine steckte, oder die Hosen oben extra eng und unten extra weit waren und der Preis meiner Autos niemals die Tausendmarkgrenze überschritt.

Das Haus beherbergte etwa 35 sogenannte Sozialwaisen aller Altersgruppen - ein in dieser Zeit häufig benutzter Ausdruck, denn elternlose Kinder gab es kaum. Das Gebäude war verwinkelt und verbaut, und um die Kinder zu beaufsichtigen, mußten wir immer weite Wege gehen, Treppen kreuz und quer, hinauf und hinunter. Daß man so schwer nachprüfen konnte, ob sie ihre Zähne putzten oder die Unterwäsche wechselten, wer wen um das Taschengeld erpreßte oder ein Waffenarsenal, das jeden Bösewichtdarsteller aus einem Bruce Lee - Film hätte vor Neid erblassen lassen, im Zimmer versteckt hielt, war ein Grund unter anderen, warum sie das Haus mochten und gern hier lebten.

Jede der vielen Türen hatte ein anderes, altertümliches Schloß, und wer von den Erziehern viele Schlüssel besaß, genoß natürlich hohes Ansehen, bis es meinem einzigen männlichen Kollegen zu albern wurde, immer wie ein Schließer mit diesem dicken Schlüsselbund herumzulaufen. So kam er auf die Idee, sich einen Universalschlüssel zu feilen, der in alle Schlösser paßte, koste es auch einen

Prestigeverlust. Das Feilen war einfach. Wenn man sich geschickt anstellte, paßte auch eine Haarnadel. Ich machte ihm das sofort nach, aber die Sache hatte den Haken, daß wir einige unserer Schützlinge damit auf die gleiche Idee brachten, und bald war keine Tür mehr vor ihnen sicher. Leider wurden daraufhin keine modernen Einheitsschlösser eingebaut, und die Konfiszierung von Schlüsseln blieb ein erzieherischer Serienrenner.

Das Heim leitete Frau Meyer, Gründerin und Besitzerin - die Aufzählung ihrer anderen Rollen spare ich mir - eine freundliche, ältere Dame. Sie vertrat vernünftige Vorstellungen von Erziehung, wenn auch etwas hausbacken, war entscheidungsfreudig, und auf Anhieb fällt mir kein Thema ein, zu dem sie nicht spontan eine Meinung äußern konnte. Bei den Kindern erfreute sie sich großer Beliebtheit und genoß hohes Ansehen, weil deren Eltern zum Teil schon hier aufgewachsen und von Frau Meyer erzogen worden waren; eigentlich recht ungewöhnlich, weil Kinderheime damals wie heute bei den Betroffenen nicht hoch im Kurs standen, aber in diesem Fall verständlich.

Die Kinder sprachen nie von einem Heim, sondern nannten nur den Namen 'Haus am Wald'. Hauptsächlich in der Schule waren sie häufig bemüht, ihren Wohnort etwas zu verschleiern, damit man nicht denken sollte, ihre Eltern hätten versagt oder sie einfach abgeschoben. Anderen war es egal, weil sie ihre Mütter und Väter gar nicht kannten oder die Erinnerung an sie verloren hatten. Manche haßten sie auch aus verständlichen Gründen. Im Haus am Wald lebten sie als eine Art Großfamilie. Frau Meyer strickte gern mit an diesem Mythos 'Haus am Wald', und wir Anfänger gönnten ihr das, bewunderten sie für ihr Engagement und beneideten sie um ihre Erfahrung, ohne das ihr gegenüber zuzugeben.

Die Geschehnisse damals - der Grund, warum ich Ihnen das alles erzähle - ereigneten sich kurz vor Weihnachten.

Ich erinnere mich deshalb so genau, weil ich mit einigen älteren Kindern ein Weihnachtsspiel probte, das den Eltern und den Freunden und Förderern des Hauses - heute würde man sie Sponsoren nennen - an einem Sonntag kurz nach den Feiertagen vorgeführt werden sollte. Ich mußte das Stück mehrmals umschreiben, damit die Dialoge nicht mehr so gestelzt klangen. Außerdem waren unsere Kinder häufig des Lesens nicht sehr kundig, und deshalb übte ich täglich mit ihnen, aber nicht länger als eine halbe Stunde, sonst verloren sie die Lust.

Also, an besagtem Morgen klingelte es am Haupteingang. Eingeweihte, auch Eltern und Jugendamtsvertreter benutzten gewöhnlich die Tür durch die Küche. Zwei Polizisten in Uniform standen draußen. Einer hielt ein etwa zweieinhalbjähriges Kind im Arm, das sich angstvoll an ihn klammerte. Es war ganz in eine schmuddelige Decke gehüllt, und nur das Köpfchen mit den unruhig flackernden Augen schaute heraus.

Der andere Polizist erzählte, sie hätten das Kind nackt und ganz allein in der Wohnung gefunden, in die sie sich gewaltsam Zugang verschaffen mußten, nachdem die Nachbarn sie wegen eines lauten Knalls alarmiert hatten. Es stellte sich heraus, daß der Fernseher explodiert war. Der Vater hatte sich seit drei Tagen nicht mehr sehen lassen, und das kleine Mädchen mit einer Tüte Milch vor der Flimmerkiste zurückgelassen. Nun wollten sie das Kind hier lassen und den Vater ausfindig machen.

Wir versuchten, dem Polizisten das Kind abzunehmen, aber es hatte sich regelrecht in seine Uniformjacke verkrallt. Es rief nur immer wieder verzweifelt mit einer leblosen, irgendwie kalten Stimme: »Mann bleiben, Mann bleiben«. Alles gute Zureden half nichts. Man mußte die Kleine mit Gewalt von dem Polizisten trennen. Sie war in einem besorgniserregenden Zustand: Übermüdet, nervös zwinkerte sie mit den Lidern, unterernährt und total verschmutzt.

Selbst Frau Meyer, die schon einiges an Grausamkeiten und Verwahrlosung erlebt hatte, war geschockt.

Das Mädchen wurde gefüttert, gebadet, gepflegt und von sämtlichen Anwesenden neugierig bestaunt. Es ließ alles mit sich geschehen, zeigte weder eine freudige noch eine ablehnende Reaktion. Die Kinder versuchten zuerst gleichzeitig, dann abwechselnd mit ihr Kontakt aufzunehmen, aber sie antwortete nicht einmal mit einem Blick. Wir legten sie in ein Bettchen, und sie schlief sofort ein und erwachte erst wieder am Nachmittag. Als ich zu ihr trat, streckte sie die dünnen Arme aus, und ich nahm sie hoch. Sofort hielt sie sich krampfhaft an mir fest und war nicht wieder loszubekommen. Sie blieb auf meinem Arm, während ich den Schulkindern bei den Hausaufgaben half.

Mit Kojak, einem achtjährigen Knirps, der hieß so, weil er mit stoppelkurzen Haaren hier angekommen war - damals sehr ungewöhnlich - gab es mal wieder Schwierigkeiten, weil er nicht stillsitzen konnte. Bevor er ins 'Haus am Wald' gekommen war, zog er tagelang mit Schaustellern herum, half den Leuten von der Schiffschaukel beim Kassieren. Seine Eltern wußten nicht, wo er war. Da er immer auf Achse gewesen war, bedeutete es eine regelrechte Qual für ihn, länger als fünf Minuten stillzusitzen. Ich hatte ihn ins Herz geschlossen, auch weil er die witzigsten Ausreden erfand, um sich für einige Zeit unserer Aufsicht zu entziehen. Manchmal kreuzte er auch erst nach Stunden mit charmantem Lächeln um die Mundwinkel wieder auf, umarmte mich und meinte: »Es brannte in meinen Reiseschuhen. Du kennst das Lied doch. Haben wir in der Schule gelernt. Ehrlich, ich hätte mir die Füße verbrannt, wenn ich nicht einen kleinen Ausflug unternommen hätte.«

Auch während ich das Theaterstück mit den Akteuren probte, blieb das Mädchen auf meinem Arm. Rudi, Uwe und Schläppchen übten eine Szene, die täglich anders klang.

»Was wünschst du dir zu Weihnachten«, fragte Rudi, der noch seine Gummistiefel trug, weil er eben den Kaninchenstall ausgemistet hatte.

»Ein Fahrrad«, flüsterte Marion, die Souffleuse, als Schläppchen nicht sofort antwortete. Schläppchen war vierzehn und lebte seit acht Jahren im Haus am Wald. Als ihn Frau Meyer am Tag seines Eintreffens hier gefragt hatte, ob er Hausschuhe mitgebracht habe, war seine spontane Antwort gewesen: »Meine Schläppchen habe ich bei meiner Mami vergessen.« Seit dieser Zeit riefen ihn alle mit diesem Namen.

Seine Mami kam zweimal im Jahr zu Besuch, brachte einen Koffer voller Süßigkeiten mit, die sie verteilte, als befände sie sich bei einem Karnevalszug. Von Schläppchen verabschiedete sie sich immer mit den gleichen Worten: »Bald hole ich dich nach Hause.« Der Junge ließ sie in dem Glauben, daß er ihr das abnahm, grinste aber hinter ihrem Rücken mit den anderen Kindern, und später sah ich ihn allein irgendwo herumsitzen und traurig vor sich hinblicken.

»Weiß ich doch, dumme Gans, ein Fahrrad«, schleuderte er der Souffleuse Marion entgegen.

»Wenn du nichts sagst...«

»Du mußt sie nicht gleich anschreien. Wenn du bei der Aufführung wirklich mal steckenbleibst, siehst du alt aus, wenn Marion dir nicht hilft.«

»Du hast gesagt, wir können den Text verändern, wir sollen frei sprechen. Dann sag ich eben Fußball statt Fahrrad.«

»Und ich sage dann: 'Gut, dann können wir gemeinsame Touren unternehmen'«, verkündete Rudi grinsend.

»Nein, du Blödmann. Du stellst dich natürlich darauf ein.«

»Sicher mache ich das. Ich schüttele mir was aus dem Arm. Du hast doch bestimmt einen Vorschlag.«

»Also, du sagst,... laß mich überlegen! Du sagst,... jetzt hab ich's! Dann können wir ja gemeinsam Fußball spielen, ich habe auch einen Ball.«

»Er ist ein Spasti von einem Importationskünstler. Total logisch, spielt mit zwei Bällen Fußball,« kommentierte Uwe.

»Nachher befinden wir uns dann in einem total anderen Stück«, ergänzte Rudi.

»Das Wort Spasti will ich nicht mehr hören! Und außerdem heißt es: Improvisationskünstler,« rief ich dazwischen.

»Und der Nikolaus trägt immer dieses bescheuerte Kind auf dem Arm.«

Der Nikolaus war meine Rolle.

»Das Wort bescheuert...«

»Willst du auch nicht mehr hören, und es riecht hier, als probten wir im Karnickelstall.«

»Komm, ich halte sie mal, beim Soufflieren stört mich das nicht.«

»Mann bleiben, Mann bleiben!«

Trotz geduldigen Zuredens gelang es Marion nicht, sie aus ihrer Umklammerung zu lösen.

Beim Mensch-ärgere-dich-nicht-Spielen, beim Essen, sie hing an mir wie festgebunden, sprach nicht, weinte nicht, lachte nicht, ging nicht auf die Kinder ein, die anfänglich mit ihr lachten und Faxen machten. Ihr Gesichtsausdruck blieb unverändert.

Aber irgendwann endete mein Dienst, und sie mußte wieder, wie bei dem Polizisten, mit Gewalt getrennt werden. Dann verkrallte sie sich in die Kollegin, die nun meinen Part übernahm.

Als ich am nächsten Vormittag zur Arbeit kam, entdeckte ich sie gleich auf dem Arm einer Kollegin, die Frühdienst hatte. Ich war neugierig, wie es dem Mädchen heute ging und versuchte gleich, Kontakt mit ihr aufzunehmen, aber sie erkannte mich nicht mehr, reagierte wie gestern bei den Kindern, die versucht hatten, ihre Aufmerksamkeit zu erregen, nämlich gar nicht.

Es schauderte mich bei der Vorstellung, wie es in ihr aussehen mochte, was sie fühlte, wie sie mit sich und anderen in Beziehung stand - wahrscheinlich nur über diesen krampfigen Körperkontakt. In der Ausbildung lernten wir etwas über Urvertrauen und von den fatalen Folgen, wenn es fehlte. Jetzt bekam ich eine Vorstellung von der Schrecklichkeit dieser Folgen in der Praxis.

»Ihr Körper ist so kalt, nur ihre Stirn ist heiß«, sagte Maria, die Kollegin.

Als sie am Mittag ging, gab es eine ähnliche Szene wie am Vortag. »Frau bleiben, Frau bleiben.« Ich hörte sie nie etwas anderes sagen als »Frau bleiben« oder »Mann bleiben«.

Der Tag verlief ähnlich wie der Tag davor, nur waren es meine Mitspieler endgültig leid, daß der Nikolaus ständig ein Kind auf dem Arm hatte, das nicht zur Szene gehörte.

»Stell sie doch mal irgendwo ab. Du wirst sie doch mal fünf Minuten parken können«, schlug Rudi vor.

»Das geht nur unter Gewaltanwendung.«

»Na gut, wir sind ja flexibel. Warum sollte der Nikolaus nicht auch mal die Freuden des Lebens genossen haben«, meinte Schläppchen trocken, »ihr wißt ja, was ich meine.«

»Stoff für ein neues Theaterstück«, kommentierte Rudi, »oder noch besser für eine Fernsehserie: Die Tochter vom Weihnachtsmann.«

Am nächsten Tag nach der Schule entdeckte der Kollege Keller bei Kläuschen Best Läuse - übrigens nicht zum ersten Mal. Die Nissen hatten sich bereits hinter den Ohren an den berüchtigten Stellen ausgebreitet.

»Der Idi wieder«, rief Uwe, der die nun folgende Prozedur bereits kannte. Um das Ungeziefer mit Stumpf und Stiel auszumerzen, mußten alle Kinder zur Cuprex-Antilaus-Massage antreten. Die Haare wurden mit dem glitschigen Öl, das wie Mottenpulver roch, eingerieben. Anschließend wurden sie mit einem Kopftuch fest umwickelt, damit das Zeug darunter kräftig wirken konnte. Auch frische Stoffwindeln eigneten sich gut. Manche Kinder trugen auch

Badekappen. Die lagen schön eng an. Darunter juckte es fürchterlich. Die Erzieher unterzogen sich ebenfalls der Entlausungskur, aber auch das machte es nicht leichter, die älteren Mädchen zu überreden.

Viola mit dem langen Seidenhaar mußten wir im ganzen Haus suchen. Schließlich entdeckten wir die Bedauernswerte weinend in der Kleiderkammer.

»Phh, das Stinkzeug kommt nicht an mich. Das könnt ihr euch selber in die Haare schmieren.«

»Tun wir auch«, sagte Keller trocken, und Rudi ergänzte: »Für dich bleibt noch genug übrig.«

»Du Erzieheranschmierlappen hältst besser die Fresse.«

Nach langem Gezeter konnte Frau Meyer Viola und die anderen älteren Mädchen überreden, sich in ihrem Büro verarzten zu lassen. Viola war dann für den Rest des Nachmittags vor den schadenfreudigen Blicken der anderen geschützt.

Zwei lange Stunden mußten die Kinder die Cuprex-Entlausungskur durchhalten.

Manche amüsierten sich auch über diese Art Ausnahmezustand.

»Wir machen ein Fußballspiel«, schlug Keller vor. Die Idee wurde begeistert aufgenommen. Da es kurz zuvor geregnet hatte, war das Spielfeld total matschig. Das Fußballspiel entwickelte sich zunehmend zu einer Schlammschlacht.

»Du siehst vielleicht aus«, rief Helu, unser Stürmer-As, Rudi zu.

»Und du erst! Wenn du dich selbst sehen könntest mit deiner albernen Piratenwindel.«

Helu, der Bomber, erzielte das erste Kopfballtor. Das Muster des Balls war auf der Windel abgebildet. Auch seine Gegner beglückwünschten ihn zu dem Tor und dem gelungenen Muster.

Ich mußte neidvoll zuschauen, hielt das Kind auf dem Arm, das von der ganzen Aktion nichts mitbekam. Sie zeigte nicht die geringste Reaktion.

Das Mädchen blieb vier Tage im 'Haus am Wald'. Dann klingelte es wieder am Haupteingang, und ein Mann stand draußen. Vom Wald wehte ein heftiger Wind durch das Tal, und der Regen verwandelte sich in Schnee. Das erste, was mir an dem Mann auffiel, als ich die Tür öffnete, war sein Fuselgeruch, obwohl er sich mit billigem Rasierwasser überreichlich begossen hatte. Er war schlecht rasiert und trug einen dünnen Anzug, in dem er in dem Schneesturm jämmerlich wirkte. Seine Hände zitterten wie Espenlaub, aber das war nicht wegen der Kälte draußen.

Es kostete ihn einige Konzentration, bis er mir erklären konnte, daß er der Vater sei und seine Tochter abholen wollte. Ich ließ ihn im Flur stehen und holte Frau Meyer.

»Wir können ihm das Kind doch nicht mitgeben«, sagte ich entrüstet, als wir von ihrem Büro zurückgingen. »Er ist besoffen, und er wird das Kind bestimmt wieder allein lassen.«

»Das schätzen Sie sicher richtig ein, Herr Kunze. Doch uns wird nichts anderes übrigbleiben, als ihm das Kind mitzugeben«, antwortete Frau Meyer lapidar. »Er ist der Vater, und er hat das Sorgerecht.«

»Aber die Polizisten haben doch selbst erlebt, in welchem Zustand das Kind war, als sie es aus der Wohnung holten. Sie müssen doch eine Regelung erwirken, damit das Kind nicht zu diesem Verrückten zurück muß«, argumentierte ich aufgebracht.

»Nein, das geht nicht«, sagte sie ruhig. »Ohne richterlichen Beschluß müssen wir ihm das Kind geben. Mir tut es auch leid, glauben Sie mir. Für das arme Würmchen ist es fürchterlich.«

»Aber es ist doch keine Ware, die jemand gehört«, rief ich verzweifelt. »Können wir ihn nicht wegschicken, und das

Kind einfach hier behalten? Das ist unsere menschliche Pflicht.«

»Entschuldigung, Kunze, aber Sie sehen das etwas naiv. Lassen sie mich mal mit ihm reden.«

Der Mann stand noch neben der Tür, wie ich ihn hatte stehenlassen. Frau Meyer bat ihn in das Besuchszimmer. Seine Hände zitterten wie vorher. Er fragte, ob er rauchen dürfe.

»Wir holen ihre Tochter gleich. Sie wird gerade gebadet.«

Er nickte und senkte dabei den Kopf, als rechne er jeden Augenblick damit, geschlagen zu werden.

»Jetzt sagen Sie mal, warum in aller Welt haben Sie das Kind denn so lang allein gelassen?«

Er zuckte zusammen und sprach erst nach einigen Zigarettenzügen, ohne den Blick zu heben.

»Meine Frau setzt mir Hörner auf. Ich habe sie gesucht. Sie ist schon seit zwei Wochen mit diesem Kerl weg.«

»Aber Sie können doch ein so kleines Würmchen nicht so lange allein lassen«, sagte Frau Meyer. »Verstehen Sie das denn nicht?«

Er blickte kurz auf und hilfesuchend zu mir, als müßte ich als Mann seine Lage verstehen. Ich hätte in meiner Entrüstung am liebsten zugeschlagen. Aber das würde dem Kind auch nichts nützen.

Vor dem Fenster tobten dicke Schneeflocken durcheinander.

»Hören Sie, Sie dürfen das Kind nicht mehr allein lassen.«

Sie redet mit ihm wie mit einem kranken Gaul, dachte ich.

»Aber ich muß doch mal einkaufen und so.«

»Dann bitten Sie eine Nachbarin...«

»Ach, wie stellen Sie sich das vor?« unterbrach er sie. Er war gereizt, und seine Augen funkelten wild.

Dann erschrak er über sich selbst und verfiel wieder in den jammernden Ton: »Wenn Sie wüßten, wie sie ist. Wenn ich mich nicht um das Kind gekümmert hätte...«

Er fingerte in den Jackentaschen nach der Zigarettenschachtel, obwohl er die Kippe gerade erst ausgedrückt hatte. Es war nur noch eine drin, die er sich hastig anzündete.

»Ich muß jetzt gehen. Wo ist die Kleine?«

»Aber schauen Sie doch, wie es stürmt draußen. Sie können gerne noch hier bleiben, bis das Wetter sich beruhigt hat.«

»Nein, nein, ich muß jetzt gehen.«

»Kommen Sie, wir gehen noch schnell in die Kleiderkammer, damit das Kind etwas Warmes zum Anziehen hat. So viel Zeit werden Sie wohl noch haben?«

Fünf Minuten später brachte Frau Meyer ihm das Kind. Ich beobachtete aufmerksam, ob es ihn erkennen würde. Er sagte 'mein Schatzi', als er es in die Arme nahm. Das Kind ließ sich bereitwillig von ihm nehmen, zeigte aber sonst keine Reaktion. Frau Meyer verstaute die Wäsche in einer Plastiktüte und gab sie ihm. So traten sie ihre Reise an - eine Reise mit ungewissem Ziel.

Wir schauten ihnen durch das Fenster nach, bis wir sie nur noch als schemenhaftes Knäuel wahrnahmen und sie nach wenigen Sekunden im Schneesturm nicht mehr erkennen konnten.

Die Reise nach Pepperland

1

Peter Siebert läßt sich auf einem der beiden Sessel seiner Veranda nieder und blickt zwischen den Zweigen des blühenden Flamboyantbaumes hindurch auf den Strand aus hellem Korallensand.

Jetzt war es fast zwölf Jahre her, daß er, der Tourist, mit einem kleinen Leihwagen mit offenem Verdeck hier vorbeigefahren war und sie am Strand entdeckt hatte. Es war in ihn gefahren wie ein Blitzschlag, wie er es zu bezeichnen pflegte, wenn er anfangs die Geschichte immer wieder erzählt hatte: ihre schwarzen Augen, dieses helle Lachen in einem Gesicht, das nichts verbarg, die glänzendbraune, fast schwarze Haut, eine makellose Figur, und ihre Bewegungen wie ein selbstverständlicher Teil dieser Landschaft.

Er denkt oft an diese Szene, wenn er draußen sitzt, und in seiner Erinnerung ist sie so frisch, als wäre es gestern geschehen.

»Willst du einen Kaffee?« ruft Eliza-Jane von drinnen.

»Ja, gerne.«

»Ich bring ihn dir gleich raus. «

Während er weiter zum Strand hinüberblickt, sehnt sich Siebert nach frisch gefallenem Schnee.

Die alte Marie-Claire watschelt an seiner Veranda vorbei. Jeden Nachmittag, die Sonntage ausgenommen, kommt sie mit ihrem Besen vom Hotel, wo sie die Blätter zusammengekehrt hat. Sie trägt, wie immer, eines ihrer beiden Werktagskleider. Sie hat ein grünes und ein rosafarbenes. Letzte Woche hat sie einen Eckzahn verloren. Deshalb paßt sie auf, beim Lachen den Mund nicht mehr so weit aufzumachen, aber aus Gewohnheit vergißt sie es immer wieder. Peter ruft ihr einen Gruß zu, und sie antwortet wie immer, und natürlich denkt sie nicht an ihre Zahnlücke. Eigentlich ist sie noch gar nicht so alt, daß man sie 'die alte Marie-Claire' nennen müßte, überlegte Siebert, aber die Menschen in den Tropen altern schneller.

Siebert ist Lehrer von Beruf. Die kleine Schule, in der er unterrichtet, befindet sich gleich ein paar Häuser weiter, direkt hinter dem Garten von Popeye, den er von hier aus sehen kann. Popeye steht schon bei Sonnenaufgang mit seiner Hacke im Garten, und wenn Siebert am Mittag von der Schule zurückkommt, hat er sein Tagwerk schon erledigt und sitzt auf der obersten Stufe des Eingangs seines Wellblechhauses. Wie alle Leute hier, hat er sein Haus auf etwa ein Dutzend Hohlblocksteine gebaut, damit das Viehzeug nicht rein kann. Nur am späten Nachmittag hat Popeye noch eine halbe Stunde Arbeit mit dem Gießen. In seinem Garten wachsen Kartoffeln, Tomaten, Bohnen, Auberginen, Kürbisse, Zucchini, Zwiebeln, Ananas und die verschiedensten Gewürzpflanzen. Außerdem besitzt er mehrere Papayabäume, einen Mango- und einen Brotfruchtbaum, einen Jackfrucht- und einen Passionsfruchtbaum. Der Drachenblutbaum ist ihm leider vor kurzem eingegangen. Zweimal im Jahr besucht ihn Siebert mit den Schülern, Anschauungsunterricht, darauf ist Popeye besonders stolz.

In seinen ersten drei Jahren auf der Insel fühlte sich Siebert wie der glücklichste Mensch, den man sich vorstellen konnte, in jeder Beziehung. Mit Eliza-Jane war es wunderbar, das Leben immer nur Gegenwart. Aber eines Tages begann er, sich nach Schnee zu sehnen. Zuerst machte er sich im stillen lustig über seinen Spleen, aber das Bild kam immer wieder. Je mehr er die Gedanken daran zu verscheuchen versuchte, desto beharrlicher kehrten sie zurück. Manchmal sitzt er stundenlang herum, ganz dumpf und merkt nicht, wie die Zeit verrinnt.

Eliza-Jane bringt ihm seinen Kaffee und setzt sich auf den anderen Stuhl. Sie hat ziemlich zugenommen in den letzten

Jahren, konstatiert er abschätzend, den Blick auf ihre Hüften gerichtet.

»Hat Roger dich angesprochen, Peter? Er will sich ein Auto kaufen und wollte sich mit dir darüber beraten.«

Um die Augen hat sie seit einiger Zeit kleine Fältchen, vom Lachen.

»Nein, ich hab ihn in den letzten Tagen nicht gesehen.«

»Der neue Pfarrer war da wegen des Katechismus.«

»Ich weiß.«

Früher mußte er sie ständig ansehen.

»Ich finde ihn sehr nett. Ich glaube, er kann gut mit Kindern umgehen.«

Siebert rührt in seiner Kaffeetasse. Er wollte sich damals immerzu wiegen in ihrem Blick, darin ertrinken.

»Du sprichst so wenig in letzter Zeit«, sagt sie. »Hast du was?«

»Nein«, sagt er lapidar. »Ist schon in Ordnung.«

Sie steht auf, streicht ihm übers Haar und geht wieder ins Haus.

Als sie weg ist, befühlt er die Stelle und ist überzeugt, daß sein Haar in den letzten Monaten dort dünner geworden ist.

Er sieht ihre beiden Kinder zwischen den Bäumen vom Strand kommen. Der Junge trägt einen großen Fisch für das Abendessen.

Sie begrüßen ihn stürmisch. Ihre Haut riecht nach Sonnencreme, Salz und Meeresfrüchten. Das Salz glänzt auf ihrer Haut. Siebert muß den Fisch bewundern. Danach gehen sie hinein. Er hört, wie auch Eliza-Jane die Größe des Fisches bestätigt. Die Kinder streiten darüber, wer nun den Fisch gefangen hat und wem die Ehre gebührt. Ihre Mutter sagt, sie sollten sich nicht streiten. Schließlich könnten viele Menschen einen Fisch allein fangen, aber nur wenige zu zweit. Damit geben sie sich zufrieden.

In der Nacht hört er Eliza-Jane neben sich weinen. Er hat sich nach der anderen Seite gelegt. Er sieht eine hügelige

Landschaft vor sich mit Tannenbäumen, auf die Schnee fällt.

Draußen hört er ein Gewitter. Er steht schnell auf und geht auf die Veranda. Es prasselt nur so vom Himmel. In wenigen Sekunden ist der Platz vor dem Haus eine einzige große Pfütze. Siebert bemerkt erst, daß seine Frau hinter ihm steht, als sie eine Hand auf seine Schulter legt.

2

Der Raum ist völlig finster. Ihm kommt es vor, als seien Stunden vergangen, seit er irgendein Geräusch vernommen hat. Zuerst war Peter Siebert ungeheuer aufgebracht, als sie ihn hier einsperrten, aber jetzt ist er vollkommen ruhig. Er hat die Beine über Kreuz gelegt und die Augen geschlossen, als wolle er meditieren. Zu keinem Zeitpunkt spürte er auch nur die geringste Angst, und er wundert sich nicht darüber. Er denkt noch nicht einmal an Angst. Er hatte die Kerle angeschrien, er wolle sofort seinen Botschafter sprechen. 'Die werden mir nichts tun, jedenfalls keine körperliche Gewalt. Das werden sie nicht wagen. Dieses Land lebt vom Tourismus.' Aber er rechnet damit, daß noch Stunden vergehen, bis wieder etwas passiert. Sie können ihn hier noch eine Weile schmoren lassen. Aber das ist ihm egal. Er weiß sich zu beschäftigen. Die Drahtzieher wird man hinterher niemals auffinden. Siebert will nicht daran denken. Er kontrolliert seinen Atem. 'Denk an die Bauchatmung', weist er sich an, 'bewußt einatmen, das Ausatmen geschieht von selbst.' Wie ein Buchhalter notiert er alle Ereignisse in seinem Gedächtnis, geduldig, akribisch und von Anfang an.

Kathmandu war für Peter Siebert die interessanteste Stadt, die er sich vorstellen konnte. Jedes Jahr kam er wieder, weil er sich hier auskannte, sich heimisch und sicher fühlte, denn im Grunde genommen begab er sich nicht gern auf neuen Boden, es nahm ihm Souveränität und Selbstvertrauen. Andererseits blieb diese Stadt immer exotisch für ihn, mittelalterlich, fremd, voller Widersprüche und Geheimnisse. Er schimpfte über die Veränderungen, die Umweltverschmutzung, den schrecklichen Verkehr, die häßlichen Betonbauten überall. Er hatte schon oft beschlossen, nicht mehr zu kommen, aber vier Wochen vor Beginn der Osterferien warf er seine Entscheidung immer wieder um.

An diesem Tag ließ er sich mit einem Dreiradtaxi nach Pashupatinath bringen, saß etwas erhöht am anderen, für Nichthindus zugänglichen Ufer und blickte über den Fluß hinüber zu den heiligen Waschungsplätzen und zum Haupttempel.

Das erste Mal hatte er den Namen der Stadt zu Beginn seines Studiums gehört, kurz nach den wilden endsechziger Jahren. Seine damalige Freundin hatte Schluß gemacht, und er teilte sich den Schmerz des Verlassen-worden-Seins mit dem Popsänger Cat Stevens, den er damals sehr verehrte und der seine Lady D'Arbanville in diesem Song einfach sterben ließ. Ein anderes Lied auf jener Schallplatte handelte von den Sehnsüchten nach Kathmandu - 'I should be seein' you', und seine träumerische Phantasie jener Nachhut der Hippie-Ära wurde enorm beflügelt. Er ließ es bei den Sehnsüchten nicht bewenden, nutzte die ersten selbstverdienten Kröten und flog in den Semesterferien nach Nepal, quartierte sich in einem winzigen Zimmer in einer Bruchbude von Hotel in der Freak Street ein, wo man die Münzen des Wechselgelds zurückbehielt und stattdessen zur Zufriedenheit von Gast und Gastgeber ein Piece Haschisch kaufte, das oft gleich gemeinsam konsumiert wurde. Seit diesen freakischen Zeiten war er jedes Jahr wieder herüber geflogen.

Bei seiner zweiten Reise lernte er Jane kennen, eine Amerikanerin. Er verliebte sich sofort in sie, weil sie so ungezwungen war, neugierig in den Tag hineinlebte, keine Möglichkeit ausließ, dem Leben Erfahrungen abzuringen. Sie verbot ihm seine Verliebtheit, und als Belohnung für seine zwanghafte Leugnung verbrachte sie drei Tage mit ihm in dieser schäbigen Bude, die sie ausschließlich mit Liebe und Haschisch verbrachten. Danach ging sie in die Berge, und er hörte nie wieder etwas von ihr.

Am anderen Flußufer befand sich ein kleiner Pavillon, eine Unterkunft für Menschen, die hierher an diesen heiligen Ort kamen, um zu sterben. Jetzt lag dort eine alte Frau auf einer Pritsche, von ihren Kindern und Enkeln umgeben. Die Szene wirkte auf Siebert so friedlich, fast idyllisch, daß er nie auf die Idee gekommen wäre, daß es ums Sterben ging, aber er wußte, daß der Platz zu diesem Zweck bestimmt war. Er wußte auch, daß Sterben hier eine andere Bedeutung hatte, daß es nicht schrecklich, nicht das Ende war, sondern als Übergang in eine andere Daseinsform verstanden wurde. Besser hier zu liegen, an diesem heiligen, heiteren Ort, in Gesellschaft von Verwandten, als isoliert im Sterbezimmer eines Krankenhauses, überlegte Siebert.

Nicht nur Kathmandu hatte sich mit den Jahren verändert, auch sein Leben war anders geworden. Er wohnte jetzt immer in einem komfortablen Hotel an einem Hügel am Stadtrand, von wo er es nicht weit bis zur Stupa von Svayambhunath, dem ältesten Heiligtum des Tals, hatte. Zuerst setzte er sich am Fuß des Hügels im Wald an ein stilles Plätzchen, und dort brauchte er nie lange zu warten, bis sich ihm die heiligen Affen näherten und Tribute für sein Hiersein in Form von Nahrungsmitteln forderten. Wenn sie ihm zu nahe rückten und frech wurden - er hatte beobachtet, wie sie Leuten in Hand- und Hosentaschen gegriffen hatten, um Eßbares zu ergattern - ging er und stieg die steilen Stufen zum Heiligtum hinauf. Zuerst umrundete er wie die buddhistischen Pilger die weiße Halbkugel der Stupa, die von einer goldenen Kuppel gekrönt war, welche durch ihre Ringe sieben Welten symbolisierte, und von der die allessehenden Augen Buddhas eindringlich herabblickten. Nur die Gebetsmühlen drehte Peter nicht wie sie. Aber bei den fünf Dyani-Buddhas blieb er immer stehen und überprüfte sein Wissen, ob er sie auf Grund ihrer Gesten, vor allem der Handhaltung, ihren entsprechenden Himmelsrichtungen, Farben, ihren Bodhisattvas und ihren charakteristischen Eigenschaften zuzuordnen imstande war. Danach besuchte er immer eine aufrecht stehende Statue des Buddha Sakiamuni aus dem 7. Jahrhundert, deren Gesichtsausdruck ihn besonders faszinierte. Er hatte etwas Erhabenes, wahrhaft in sich Ruhendes.

Dann suchte er sich einen ruhigen Platz mit Sicht über die Stadt im sich verändernden Licht. Diesen Ort teilte er sich häufig mit Mönchen in weinroten Kutten, die ihren meditativen Blick ebenfalls in die Ferne schweifen ließen. Manchmal begleitete ihn seine Frau bei seinen Spaziergängen, aber häufiger zog sie es vor, in den vielen Geschäften herumzubummeln. Dort wurden Thangkas verkauft, handgemalte, buddhistische Rollbilder, die eine religiöse Geschichte erzählten oder Meditationsanleitungen darstellten, häufig Mandalas. Sie sammelte seit Jahren Thangkas und hatte schon an mehreren Ausstellungen damit teilgenommen.

Brigitte und Peter waren seit fünfzehn Jahren verheiratet, und früher hatte sie seine Begeisterung für die Stadt geteilt. Inzwischen würde sie ihre Ferien gerne mal woanders verbringen, mit den Jahren war 'immer nach Kathmandu' für sie fast genau so langweilig wie 'immer ins Zillertal' oder nach Mallorca. Im Winter unternahm sie zaghafte Planungsversuche, ließ sich aber jedes Jahr wieder von ihm überreden, weil sie ihre Eigeninitiatve nicht durchhielt. In den ersten Tagen meckerte sie dann schon mal über das Zimmer, das Essen oder darüber, daß schon wieder ein schreckliches Luxushotel gebaut worden war und die Stadt, wenn der Wind drehte, wie eine Mülldeponie stank, aber das ließ schnell nach, und er wußte sich auch dem zu entziehen.

Inzwischen war unten eine Gruppe frischer Touristen angekommen. Er erkannte das sofort an ihrer vornehmen Blässe. Sie schauten kurze Zeit hinüber zu dem Sterbehäuschen. Dann nahmen zwei Sadhus, indische Asketen und Wanderpilger, ihre Aufmerksamkeit in Anspruch. Diese wußten sich gekonnt in Szene zu setzen und diese Fähigkeit einträglich zu vermarkten. Sie entdeckten auch die Fotografen in der zweiten Reihe und bemerkten die winzigsten Pocketkameras. Jedes Foto brachte mindestens klingende Münze. Vor allem gerade angekommene Touristen wie diese warfen aber oft Scheine, dazu noch viel zu große, in die Bettlerbüchsen. Beide Sadhus hatten ein spezielles Fachgebiet. Einer konnte sich eine Nadel durch beide Backen stechen, ohne daß es blutete, der andere brachte es fertig, mit seinem erigierten Penis einen schweren, in ein Tuch gewickelten Wackerstein zu tragen. Diese beiden Nummern kosteten natürlich erhebliche Aufpreise. Einen weißen Sadhu gab es auch, den Siebert aber heute noch nicht gesehen hatte. Er machte keine Kunststücke, aber weil er weiß war, hatte er auch so sein Einkommen als Fotomodell.

Siebert kannte viele Wege in der Stadt und im Tal, die er regelmäßig ging. Die meisten Leute kamen nur für ein paar Tage und zogen dann weiter zum Trekking ins Gebirge. Er hatte das vor vielen Jahren auch einmal gemacht, aber es begeisterte ihn nicht mehr, weil man sich da oben in der gigantischen Unendlichkeit verlor. Hier im Kathmandu-Tal hatte er alles im Überblick, und es beruhigte ihn, Bekanntes und Vertrautes wiederzusehen.

Bei jedem Aufenthalt fuhren Brigitte und er mindestens einmal nach Buddhanilkanta. Dort ruhte der Hindu-Gott Vishnu auf der Weltenschlange. Sie sprachen nicht von einem steinernen, alten Kunstwerk, sondern von Vishnu, als liege der Gott tatsächlich dort und schliefe auf dem kleinen, von Mauern gesäumten Teich bis zum Ende aller Zeiten und ihrem Wiederbeginn. Auch im Schlaf hielt er das Rad des Lebens in der Hand und sorgte so dafür, daß die Erde sich weiter drehte. Das machte ihn für Siebert zu einem menschlicheren Gott als Brahma, den Erschaffer. Der war etwas für Intellektuelle und Grübler, und es machte ihn friedvoller als den universalen, kämpferischen, widersprüchlichen Shiva, der von Esoterikern und Fanatikern gleichermaßen geliebt wurde. Meist waren sie schon kurz nach Sonnenaufgang da und schauten zu, wie die Brahmanenbuben den Gott wuschen und pflegten, ihn mit Blumen schmückten, mit farbigem Pulver seine Lippen färbten und seine Brauen nachzogen, als sei er ein lebendes Wesen. Nur Mitglieder der Brahmanenkaste durften Vishnu so nahe kommen, die anderen Gläubigen mußten in ehrfurchtsvoller Entfernung warten, bis sie ihre Bitten in Form eines Mantras an den Gott richten durften. Die ganze Zeremonie wurde von einem schmutzigen, alten Sadhu bewacht, der es sich zur Lebensaufgabe gemacht hatte, daß niemand zum falschen Zeitpunkt Vishnus Schlaf störte. Auf dem Höhepunkt dieser täglich sich wiederholenden Riten läutete er alle Glocken, um den Gott aufzuwecken, während die Brahmin-Jungs ihm frische Büffelmilch zu trinken gaben, die weiß zwischen den mit Karmesin gefärbten Lippen über seine göttlichen Wangen rann.

Siebert war immer wieder gerührt von der Szene, und er nutzte gern passende Gelegenheiten, sie seinen Schülern zu erzählen. Er unterrichtete Geschichte, Politik und Englisch. Leider fanden sich nur wenig Möglichkeiten, seine fundierten Kenntnisse über Kathmandu, den Hinduismus oder den Buddhismus, die Kunst der Gupta- und Ashokazeit in seinen Unterricht einfließen zu lassen. Seine Frau hatte ihm öfter flachsend vorgeworfen, ihre Freunde und Bekannten mit seinem Wissen zu quälen, um sich für verpaßte Referiergelegenheiten zu rächen. Er hatte sich das sehr zu Herzen genommen, und seitdem hielt er regelmäßig Vorträge an der Volkshochschule. Er hätte wirklich damals die Gelegenheit beim Schopf packen sollen, um Archäologie oder Vergleichende Religionsgeschichte zu studieren, aber er hatte sich das nicht getraut, weil er befürchtet hatte, keine Arbeit zu finden. Aber wahrscheinlich machte er sich auch etwas vor, denn diese exotischen Berufe erwiesen sich doch letztendlich als langweilig. Wer wollte schon jahrelang mit einem Pinselchen mit drei Haaren irgendwo im Staub herumwühlen, um die Scherben von ein paar Tontöpfen aus dem Neolithikum freizulegen oder sich sein Leben lang mit der Frage beschäftigen, ob Echnaton in seinem Monotheismus von den Juden beeinflußt worden war oder umgekehrt. Außerdem kannte er sich gut genug, um zu merken, wann und warum er sich phantastischen Tagträumen über verpaßte Berufswünsche hingab. Meist waren es Phasen, in denen er mit seinen Schülern nicht zurechtkam, oder diese nicht mit ihm. Oft war er die ganze Schule einfach leid, und er sehnte die nächsten Ferien herbei.

Die Touristengruppe war wieder abgezogen. Wahrscheinlich waren nur ein oder zwei Tage für das Kathmandu-Tal vorgesehen, und sie wollten sich nichts entgehen lassen. Die zwei Sadhus hatten die Beine wieder überkreuzt und die Augen geschlossen, entweder meditierten oder dösten sie.

Siebert beobachtete, wie eine Leiche, ganz in weiße Tücher gewickelt, zum Verbrennungsplatz gebracht wurde, der sich ebenfalls auf der anderen Flußseite, ein Stück unterhalb des Sterbepavillons, befand. Hätten die Touristen dies bemerkt, wären sie sicherlich noch hier geblieben. Totenverbrennungen erfreuten sich prickelnder Beliebtheit und galten als besonderes Fotomotiv. Es würde aber noch Stunden dauern, bis der Scheiterhaufen in Brand gesteckt wurde. Über so viel Zeit verfügte man natürlich nicht, schließlich waren noch diverse, im Prospekt angekündigte Ziele, pauschal gebucht, abzuhaken. Die durfte man sich keinesfalls entgehen lassen. Im Augenblick waren noch keine Angehörigen anwesend, nur zwei Männer schichteten Holz um die Leiche herum. Sie waren damit sehr sparsam, denn die Preise für Holz stiegen in Kathmandu unaufhörlich. Immer mehr Wälder wurden gerodet, und das Holz mußte aus großer Entfernung herangeschafft werden.

Siebert suchte sich einen neuen, bequemen Platz im Schatten eines Baumes und döste.

Er dachte an seinen Freund, den tibetischen Händler Dorje, der schon seit Jahren in Bodnath, in der Nähe der großen Stupa lebte. Hier hatten sich im Lauf der Jahre viele Tibeter niedergelassen, die vor den Chinesen geflohen waren. Dorje besaß einen Laden. Nur am späten Nachmittag fiel durch zwei Fensterchen ein Streifen Sonnenlicht, in dem Tausende Staubteilchen flirrten. Es roch nach einer Mischung aus säuerlichem Chhang, Gerstebier, ranziger Butter und dem Dreck, der sich in den unzähligen alten Teppichen eingenistet hatte. Dorje saß immer etwas erhöht in der Mitte des Raumes auf einer Art Thron, der einmal zum Inventar eines Klosters gehört hatte und ausschließlich vom Rinpotsche benutzt werden durfte. Von dort verlor er niemals den Überblick über seine Waren, die Touristen und die klauenden Kinder.

Peter und Brigitte hatten Dorje vor Jahren kennengelernt, als sie bei ihm einen alten Thangka gekauft hatten, der garantiert aus einem tibetischen Kloster stammte und mit den traditionellen, mineralischen Farben gemalt war. Der ganze Laden war stets überfüllt mit Gebrauchsgegenständen wie Butterfässern, Kannen, tibetischen Hüten und Amuletten, Yaksättel, -decken und -schals. Dazu kamen Statuen diverser Gottheiten in unterschiedlichsten Größen und Ausführungen, Masken, die zu Tschamtänzen benutzt worden waren, Zeremonialgegenstände aus Klöstern wie Vajras, etwas unpassend von deutschen Touristen Donnerkeile genannt, und Glöckchen, sogar ein mehrere Meter langes Krummhorn, sowie natürlich Teppiche - in einige waren Gebirgslandschaften und Tiere hineingewebt. Eine nahezu vollständige Bibliothek mit heiligen Texten aus einem tibetischen Kloster, das von den Chinesen bis auf die Grundmauern zerstört worden war, fand man dort ebenso wie mit Mantras beschriftete, heilige Manisteine.

Nachdem sie öfter in den Laden gekommen waren, wollte Brigitte eines Tages wissen, woher er all die Sachen hatte und wie sie den weiten Weg über das höchste Gebirge der Welt hierher gekommen waren. Dorje erzählte ihnen die Geschichte von seinem tibetischen Freund, den alle nur bei seinem Spitznamen Baba nannten:

Er besaß ein Dutzend Yaks, mit denen er auf den unterschiedlichsten Wegen, den höchsten, unzugänglichsten und geheimsten Pässen immer wieder die Grenze nach Tibet überschritt. Er handelte mit den Einheimischen, oft hatte er auch nur in den Trümmern gewühlt, welche die Chinesen bei ihrem »kulturrevolutionären Vandalismus« zurückgelassen hatten, wie es Dorje zu nennen pflegte.

Einige Male waren die chinesischen Militärs hinter Baba her gewesen, aber im Hochgebirge hatte er sie immer wieder abgeschüttelt. Einmal schossen sie ihn sogar an, aber glücklicherweise kam die Kugel auf der anderen Seite der Schulter wieder heraus. Ein paar Wochen versteckte er sich bei einem Einsiedler in einem unzugänglichen Tal auf über 5.000 Metern Höhe, der ihn mit dem Nötigsten versorgte und ihm prophezeite, er würde uralt und eines natürlichen Todes sterben. Weil Baba daran glaubte, trieb er es noch wilder, und obwohl die chinesische Armee einen Spezialfahndungstrupp auf ihn ansetzte, wurde er niemals gefangen.

Diese Geschichte erhöhte den Reiz beträchtlich, alte Teppiche und Thangkas nur noch bei Dorje zu kaufen, weil man sich vorstellte, wie Baba sie übers Gebirge geschmuggelt hatte. Seine Frau und seine vielen Kinder wohnten übrigens in einem baufälligen Häuschen in derselben Gasse.

Manchmal kam die Frau in den Laden und setzte sich zu Dorje neben den Thron. Sie trug immer ihre tibetischen Kleider und ihre Schürze aus gefärbter Yakwolle, hatte eine freundliche Art, immer rosige Wangen und lachte häufig wie die meisten Tibeter. Einmal lernte Siebert Baba selbst kennen, als er an einem Nachmittag mit dem Fahrrad zu einem kurzen Abstecher nach Bouda gekommen war. Eigentlich hatte er schon fast nicht mehr an eine wirkliche Existenz Babas geglaubt, obwohl jedes Jahr ein neues Baby zur Kinderschar dazukam, aber das mußte ja nicht von Baba gezeugt worden sein. Er hatte sich eine Mythengestalt, eine Art tibetischen Robin Hood vorgestellt. Dieser kräftige, nicht sehr große Mann mit den wilden Augen, dem fusseligen Bart, dem geflochtenen Zopf, welcher wild gestikulierend im Laden auf und ab ging, viril wie Anthony Quinn in seinen besten Rollen, war äußerst lebendig und sah genau so aus, wie ihn Siebert immer als Bild im Kopf hatte, nur ein paar Zentimeter kleiner. Das einzige, was er bei dieser kurzen Begegnung zum Besten gab - Dorje übersetzte es stolz - war, daß er einmal vor Jahren Reinhold Messner im Kumbu-Gebiet begegnet war.

Siebert schaute über den Fluß. Die Männer waren weggegangen, und die Leiche ruhte auf dem Scheiterhaufen. Kurz entschlossen stand er auf und ging zu einem Shiva-Lingam in der Nähe, das er von früheren Besuchen her kannte, blickte lange in das Gesicht des Gottes auf dem steinernen Penis und überquerte dann die Brücke, begab sich zur nächsten Straße und winkte einem Scooter-Taxi, das ihn zum Durbar Square brachte.

Noch immer ist kein Laut zu vernehmen. Er hört seinem Atem zu und versucht, sich für eine bestimmte Zeit nur darauf zu konzentrieren.

Die Ziffern auf seiner Uhr leuchten, so daß er erkennen kann, daß es jetzt 3.30 Uhr ist. Siebert denkt nicht an seine

Erlebnisse in Kathmandu, das würde zu lange dauern. Er sieht sie in Bildern an sich vorbeiziehen. Anschließend fügt er sie wie Puzzleteile zu einem Gesamtbild. So machen es tibetische Mönche auch: Sie sehen das Mandala vor ihrem geistigen Auge bis in die kleinsten Details. Ein Gott schenkt es ihnen als Belohnung für ihre jahrelangen, meditativen Übungen.

Diese Erinnerungen Sieberts sind stärker als die Gegenwart dieses Hauses, des Zimmers, der Männer, die ihn eingeschlossen haben und die er nicht hört. Diese Erinnerungen wird ihm kein Mensch nehmen können. Das beruhigt ihn, stärkt den Buchhalter in ihm, weiter zu sammeln, damit das Bild möglichst vollständig wird, vielleicht sogar so etwas wie einen Sinn ergibt.

Am meistem liebt er es, einfach in das Leben der Stadt einzutauchen, umherzustreifen, sich treiben zu lassen.

Er war zu jeder Tages- oder Nachtzeit unterwegs, gab feste Gewohnheiten auf und durchwanderte die Stadt nach alltäglichen und außergewöhnlichen Begebenheiten, denen er als geübter Beobachter beiwohnte. Er setzte sich irgendwo ins Menschengewühl, am Eingang eines Tempels zwischen rauchende Marktfrauen, deren Alter nicht zu erraten war, und die sich gegenseitig die Läuse aus den seidigglänzenden, schwarzen Haaren suchten. Er behielt stundenlang einen Tempeleingang im Auge, sah den alten Männern zu, die stolz ihre Enkelkinder hochhoben, damit sie die Glocke läuten konnten, um die Götter auf sich aufmerksam zu machen; er sah den Frauen zu, die auf einem Blatt Reis Früchte und Blüten, mit Zinnoberpuder bestreut, brachten, um durch Puja den Göttern ihre Verehrung vor Augen zu führen. Manche Figuren wirkten von jahrelangem Berühren und Bestreuen ziemlich zerfranst, wie unförmige Klumpen, so daß man oft nicht einmal mehr erahnen konnte, welchen Gott sie eigentlich darstellen sollten. Nur Ganesha, den elefantenköpfigen Gott, konnte man immer identifizieren, weil er so dick war.

Gestern nachmittag: Die Frau neben ihm auf dem Markt hatte seit Stunden nicht mehr als einen Granatapfel verkauft. Trotzdem hockte sie gleichmütig auf ihren Fersen und rauchte zufrieden, indem sie mit ihren Händen einen Hohlraum bildete, durch den sie den Rauch heftiger inhalieren konnte, begleitet von viertelstündlich sich wiederholenden, heftigsten Hustenanfällen. Mitten in dem Marktgetümmel war ein Rikschafahrer auf seinem unbequemen Sattel eingeschlafen. Siebert roch die Früchte, die Gewürze vom Stand nebenan, vornehmlich Zimt, ungewaschene Kleider, indische Zigaretten, würzig, die Blätter mit einer Kordel zusammengebunden, fettiges Leder und die Fäkalien von heiligen Kühen, die überall dazu gehörten und nur mit aller Behutsamkeit von den Salatständen vertrieben werden durften.

Er saß zwei Stunden zwischen der hustenden Frau und dem Gewürzverkäufer.

Manchmal lief Siebert auch nur ziellos herum und machte sich einen Spaß daraus, die Stadtteile aufgrund ihrer Gerüche zu unterscheiden.

Er fiel selten auf, weil er sich anders bewegte als die üblichen Touristen, die sich, in krassem Gegensatz zu den schlanken Nepali, fett und albinohaft durch die schmalen Gassen wälzten. Am schlimmsten fand er sie in Gruppen, die womöglich noch die Erwartung hegten, nicht sie seien die unangepaßten Fremdkörper, sondern die Einheimischen, deren Treiben sie als exotisch oder orientalisch etikettierten und mit einem Ameisenhaufen verglichen, statt sich damit auseinanderzusetzen, daß es um nichts als den blanken Existenzkampf ging.

Siebert hatte seit Jahren einheimische Freunde, die er bei seinen Besuchen in Kathmandu regelmäßig traf, und gelegentlich erkannten ihn sogar Leute auf der Straße oder in

Geschäften. In Insiderkreisen zu Hause stand er mittlerweile im Ruf eines Kenners, und manche Leute nannten ihn scherzhaft Kathmandu-Peter, die Eingeweihten sprachen einfach vom 'Bodhisatva'. Er konnte nicht zugeben, daß er das gern hörte und winkte immer verlegen lächelnd ab, wenn ihn jemand so nannte.

In den ersten Jahren hatte er sich manchmal den ganzen Tag in das halbdunkle Zimmer einer Kneipe zurückgezogen, wo man auf dem Fußboden auf Kissen saß, hatte sich ein, zwei Joints gegönnt und vor sich hingeträumt. Nun rauchte er schon seit Jahren nicht mehr und war ein richtiger Gesundheitsfanatiker geworden. Er aß Vollwertkost, ging zweimal die Woche zum Gymnastiktraining und einmal zum Yoga für Fortgeschrittene. Brigitte redete etwas abfällig darüber. Sie behauptete immer: »Je freakischer sie früher waren, umso fanatischer sind sie heute, und die Lehrer sind die schlimmsten.« Er hielt diese Meinung für reichlich übertrieben und pauschal, aber bei seinen Schülern, denen er gerne von seinen Kathmandu-Abenteuern erzählte, ließ er die alten Zeiten immer aus. Schließlich mußte man Vorbild sein.

Lieber erzählte er von frühmorgendlichen Spaziergängen durch die Reisfelder vor der Stadt, wenn im ersten Licht die Bergspitzen am Rand des Tales sichtbar wurden. Dann durchrieselte ihn dieses Gefühl in der Magengegend. Es war mehr als eine sentimentale Zufriedenheit, er konnte es jedoch nicht genau beschreiben. Oder als er nachts stundenlang am Indrachok gewartet hatte, bis man die Statue des blauen Bhairava, einer furchterregenden Erscheinungsform Shivas mit dem dritten, dem Dämonenauge auf der Stirn, begleitet von archaischer Musik auf altertümlichen Instrumenten, die steilen Tempelstufen heruntergebracht und unten auf dem Platz auf einem Podest aufgestellt hatte. Er war der einzige Nichteinheimische bei dieser nächtlichen Zeremonie gewesen.

Mit Brigitte zusammen wanderte er bei jedem Aufenthalt in Kathmandu von Bhaktapur aus durch die Reisfelder, die während der Osterferien meist in sattem, frischen Grün standen, nach Changunarayan, einem uralten Heiligtum des Gottes Vishnu auf einem Hügel. Schon von weitem erkannten sie es, und das Wandern, den Blick darauf gerichtet, war wie eine Wallfahrt. Inmitten der Tempel, Statuen und Stelen aus frühgeschichtlicher Zeit überkam sie immer wieder ein warmes Gefühl von Dankbarkeit.

Siebert spürt seine trockene Kehle. Hungrig ist er auch. Seit sie ihn hier eingesperrt haben, hat er sich nicht von der Stelle bewegt. Er beginnt, sich in dem dunklen Raum umherzutasten, aber nach kurzer Zeit muß er feststellen, daß das Zimmer absolut leer ist. Er klopft an die Tür und verlangt nach einem Glas Wasser, aber es geschieht nichts. Er horcht in die Stille. Nichts, nicht das leiseste Geräusch. Die ganze Zeit war ihm die Dunkelheit fast angenehm, weil er sich leichter auf seine Erinnerungen und die Erlebnisse des letzten Tages konzentrieren konnte. Jetzt macht sie ihn nervös. Es muß etwas geschehen. Soll er ewig hier sitzen bleiben? Er ballt seine Hände zu Fäusten, trommelt gegen das harte Holz und flucht dabei. Wieder keine Resonanz.

'Du mußt dich beruhigen', redet er sich zu. 'Du vergeudest nur deine Kräfte.' Er setzt sich wieder hin, lehnt sich gegen die Wand und versucht, ruhig zu atmen. 'Nimm dir etwas vor, konzentrier dich wieder!'

Der Thangka über dem Sofa in ihrem Wohnzimmer fällt ihm ein. Brigitte hat ihn vor Jahren bei Dorje gekauft. Natürlich hatte ihn Baba von einer seiner Schmuggeltouren aus einem tibetischen Kloster mitgebracht.

Ja, das ist eine gute Idee, ein guter Vorschlag, den er sich selbst gemacht hat. Siebert nimmt seine Meditationshaltung ein. Die jungen Mönche in den Klöstern lernten Thangkas, diese grellen Bilder auf grobem Leinen, auswendig, als kontemplative Übung, jede Farbe, jede Form, alle Bedeutungen.

Der Thangka zeigt ein Mandala, aber zuerst wird er sich alles außerhalb des Kreises ins Gedächtnis rufen. Dem Mandala, gar dem religiösen Zentrum in seiner Mitte, nähert man sich erst ganz zum Schluß, vorsichtig, ergeben, innerlich vorbereitet.

Siebert versucht, sich jedes Detail vorzustellen: die Blüten, die Vögel, die Gottheiten, aber er kann sich nicht konzentrieren. Der Thangka hängt seit Jahren über dem Sofa. Er hat ihn schon oft als Meditationshilfe genutzt. Leicht hatte er in das Innere des Mandalas vordringen können.

Durst und Hunger melden sich wieder. Wenn er so weiter macht, wird er noch verrückt. Er schaut auf die Uhr. Die Zeit scheint stillzustehen. Er steht wieder auf und klopft an die Tür. Nichts. Diese verfluchten Verbrecher denken, sie könnten ihn hier einer Isolationsfolter aussetzen.

Wenn es nun ganz anders ist, als er es vermutet hat? Sie bringen ihn einfach um, weil er ein lästiger Mitwisser ist.

'Sei doch nicht hysterisch', beschwichtigt die andere Stimme in ihm. 'Das können die sich nicht leisten. Das wird Einbußen in der Tourismuskasse von mindestens 50 Prozent zur Folge haben.'

'Nimm dich und dein jämmerliches Leben nicht so lächerlich ernst.'

'Darum geht es gar nicht. Es geht um die Einschätzung der Realität.'

'Realität nennst du das. Ich nenne es Vermeidung von....'

Er unterbricht sich für einen Augenblick, weil es ihn erschreckt hat. Dann vollendet er den Satz und fügt in Gedanken 'Angst' hinzu.

'Dein ganzes Gebäude soll doch einstürzen. Es ist nichts weiter als ein kleinlicher, ein kindischer Versuch, deinem Leben einen Sinn zu geben. Schule, Besoldung nach A 12, vielleicht mal A 13, Pension, Ferien, und jedes Jahr nach

Kathmandu. So, glaubst du, hält es zusammen? Alter, spröder, vertrockneter Kitt! Sollen sie dir doch eine Kugel durch den Kopf jagen. Ob sie es tun oder nicht ist ganz einfach gleichgültig, so bedeutungslos wie Fliegendreck.'

Es gibt viele Orte im Tal, zum Beispiel Dakshinkali, wo noch Tiere geopfert werden, deren Blut an die Tempelwände gespritzt wird. Es gibt das malerische Dorf Dulikhel auf einem sanften Hügel inmitten von Reisfeldern gelegen. 'Ja, beruhig dich, denk an was anderes.' Von dort aus hat man einen wunderbaren Ausblick über Kathmandu, einen Ausblick, der auch oft Maler anlockt. 'Konzentrier dich auf das Bild, den Atem tief hineinlassen.' Der alte Wald hinter Pashupatinath, wo sich nach der Legende Shiva und seine Gattin Parvati in Gazellen verwandelt haben. 'Siehst du sie vor dir, die Gazellen, in unschuldigem Liebesspiel, die Waldlichtung, übersät mit Blumen, der friedlich dahin plätschernde Bach.' Der Tempelplatz in Patan, die Krishna-Fresken dort an diesem Tempel. Wie heißt er noch? Ja natürlich, Krishna-Tempel.

'Hörst du, die Tourismuskasse ist ihnen egal. Du und dein lächerliches Leben und deine verdammte Angst, ihr seid ihnen egal.'

Und wenn ihm an seinen Lieblingsplätzen zu viele fotografierende Touristen herumstanden, ging er weiter und kam zu einer Tageszeit wieder, wenn es ruhig war. Die Touristen, mit den Augen sehend, aber im Herzen blind. 'Spürst du deinen Atem, er wird ganz ruhig, ganz ruhig.' Manchmal machte er sich aber auch bei Gruppen einen Spaß daraus, ihre Reiseleiter bei deren Ausführungen zu korrigieren oder zu ergänzen und Tips für weitere Sehenswürdigkeiten zu geben. Wenn seine Frau dabei war, ging sie immer etwas abseits, damit die Leute nicht merkten, daß sie zu ihm gehörte. Hinterher sagte sie immer, er sei eben ein unverbesserlicher Lehrer, der es nicht lassen könne, immer und überall zu unterrichten. Am schlimmsten sei sein süffisanter Unterton bei seinen Ausführungen. Siebert bestritt das natürlich.

'Vielleicht lassen sie dich hier einfach liegen, bis du verhungert und verrottet bist.'

Ach, er bildet sich das alles bloß ein. Es ist nichts weiter als ein schlechter Traum. Gleich werden sie kommen, sich entschuldigen und ihn freilassen. Es ist ein Mißverständnis, nichts als ein Mißverständnis. Könnte er doch ein Glas Wasser gegen seinen quälenden Durst haben.

Von dem in den letzten Jahren erschreckend zunehmenden Verkehr erzählte er seinen Schülern nicht gerne. An der zentralen Bushaltestelle mußte man sich immer ein Tuch vor den Mund binden, um den bedrohlichen, schwarzen Qualm nicht einatmen zu müssen. In der Hauptverkehrszeit verstopften Motorräder die Marktgassen, und an windstillen Tagen hing eine stickige Smogwolke über der Stadt. Bei seiner letzten Reise war ihm ein belgischer Freund aus den alten Tagen begegnet, der lange nicht mehr da gewesen war. Sie hatten sich mit freudiger Umarmung begrüßt, und ihr Gespräch war schnell auf das Verkehrsthema gestoßen. Er käme nie wieder her, sagte der Freund, Kathmandu sei ein stinkiges Dreckloch geworden. Siebert hatte dieses Gespräch sehr beschäftigt, aber dann war er zu der Überzeugung gelangt, er wolle nicht zum Nostalgiker nach dem Motto 'Weißt du noch, damals....' werden, das war ihm zuwider, und er konnte auch nicht von einem der ärmsten Länder Asiens erwarten, daß sie ihre Umweltprobleme in den Griff bekamen. Davon waren selbst die reichen Industrienationen noch Welten entfernt.

'Gut so, denk deine Gedanken zu Ende, konzentrier dich auf deinen Körper, auf deinen Atem. Einatmen, ruhig, das Ausatmen geschieht von allein.'

Siebert hämmert zum hundertsten Mal an die Tür. Er tastet sich an den Wänden entlang und tritt verzweifelt dagegen. 'Beruhig dich, beruhig dich doch', sagt er immer wieder zu sich selber. 'Aber ich mag mich nicht beruhigen, verdammt noch mal. Ich will endlich raus aus diesem verdammten Dreckloch.'

Gestern nacht war er wieder einmal durch die engen Gassen der alten Stadt geschlendert, als sie sich allmählich leerten. Er blickte in die letzten erleuchteten, mit bunten Waren vollgestopften Geschäfte, in denen sich rauchend oder Betelnüsse kauend Männer unterhielten, Szenen, die aussahen wie auf kühn ausgedachten Theaterbühnen, er wich streuenden Hunden und fetten Ratten in den von stinkigem Unrat und Kot überzogenen Seitengassen aus, schaute lange in spärlich erleuchtete Göttergesichter mit blinden Augen, die, ihrem Wesen entsprechend, in immer gleicher Haltung das Schicksal der Menschen sich vollziehen ließen.

Siebert fühlte sich frisch, unternehmungslustig, ließ sich weiter von der Dunkelheit aufsaugen, hatte bald, ungewöhnlich für ihn mit seiner Ortskenntnis, nur noch eine vage Vorstellung, wo er sich befand. In einer finsteren Nische zwischen zwei Häusern nahm er ein kaum hörbares Stöhnen wahr. Er blieb stehen. Ein Mann löste sich aus der Finsternis. Seine weit aufgerissenen Augen drückten blankes Entsetzen aus. Siebert ging auf ihn zu, und der Mann fiel ihm kraftlos in die Arme. Er murmelte etwas von »Hilfe« und »Demokratie«. Dabei schaute er sich wie ein gejagtes Tier nach allen Seiten um. Siebert packte ihn unter den Achseln und schleppte ihn bis zur nächsten Tür, bemüht, ihm nicht wehzutun. Er klopfte heftig. Nach einiger Zeit hörte er innen Geräusche, aber es zeigte sich niemand. Von dem Mann ging eine furchtbare Panik aus, aber sie schleppten sich bis zur nächsten Tür. Siebert klopfte wieder. Die Tür wurde auch wirklich einen Spalt geöffnet, und ein erschrecktes Männergesicht kam zum Vorschein. Sofort wurde die Tür wieder geschlossen, und Siebert hörte, wie sie von innen verriegelt wurde.

Er schleppte den Mann, dessen Stöhnen verstummt war, in eine andere Gasse. Wahrscheinlich war er ohnmächtig geworden. Nach seiner Kleidung zu urteilen, mußte es ein Einheimischer sein. Als er an eine Tür pochen wollte, entdeckte er am Ende der etwas ansteigenden Straße die schwarzen Umrisse zweier Männer. Diese stießen sich an und liefen auf sie zu. Mit dem ohnmächtigen Mann im Arm konnte er ihnen nicht weglaufen. Als die Männer auf gleicher Höhe mit ihnen waren, blieben sie einen Augenblick lang unschlüssig stehen, weil sie erkannt hatten, daß er kein Nepali war. Dann geschah alles in Sekundenschnelle. Ein Auto kam um die Ecke, Türen wurden aufgerissen, man stieß ihn durch die Hintertür hinein, und sogleich wurden ihm die Augen verbunden. 'Mir, einem Touristen, werden sie doch nichts tun', schoß es ihm nur immer wieder durch den Kopf.

Dann begann er zu schimpfen und forderte, sofort zur deutschen Botschaft gebracht zu werden.

Später wurde er in ein Haus geführt. Er wußte, daß er von dem Mann getrennt worden war. Er hörte das hitzig geführte Gespräch zwischen drei Männern. Er konnte nichts verstehen, aber nach kurzer Zeit unterschied er, wer über wen zu befehlen hatte. Dann wurde er in diesen Raum geführt. Dort nahm man ihm die Fesseln ab.

Brigitte sitzt auf dem Bett. Sie lackiert sich die Fingernägel. Sie fragt sich, wann Siebert zurückkommt, aber sie macht sich keine Sorgen. Es passiert öfter, wenn sie in Kathmandu sind, daß er mehrere Tage unterwegs ist. Sie fragt nicht einmal, wo er war. Er braucht das, muß seine Freiheit auskosten. Von der Schule mit ihren Vorschriften und ihrem regelmäßigen Ablauf fühlt er sich oft so sehr eingeschränkt. Früher hat sie auf ihn gewartet, versucht, ihn festzulegen. In den letzten Jahren geht sie ihre eigenen Wege, ohne ihn. Zuerst hat sie das sehr bedauert, schließlich ist er ihr Mann, und schließlich fahren sie gemeinsam her und haben auch eine Menge gleicher Interessen.

Sie lächelt vor sich hin. Ihr Peter ist wie viele Männer, ein großes Kind, immer auf der Suche nach Abenteuern. Brigitte freut sich auf ihren neuen Thangka. Schon vorige Woche hat sie ihn in einem seriösen Geschäft in der Durbar Mharg entdeckt. Kathmandu ist überschwemmt mit Thangkas, das meiste davon Touristenschrott, billig gemacht, oft in der Räucherkammer auf alt getrimmt. Und die Touristen kaufen alles, fallen auf jeden Firlefanz herein, wenn es nur exotisch klingt. Sie bläst aus Gewohnheit auf ihre Nägel, damit sie schneller trocknen. Der Zimmerschlüssel dreht sich im Schloß.

»Peter, bist du das?« ruft sie vom Bett aus. »Du riechst, als hättest du in einer Kloake übernachtet«. Dann erst blickt sie auf und sieht in sein Gesicht, es ist weiß wie Kalk. Er verschwindet im Bad, schließt die Tür ab und kommt die nächste Stunde nicht mehr heraus.

»Hast du was?« ruft sie von draußen und klopft an die Tür. »So sag doch was!«

Er gibt lange keine Antwort, dann sagt er nur: »Schon gut, schon gut.«

Als er aus dem Bad kommt, holt er die Koffer vom Schrank und beginnt, wahllos Kleider hineinzuwerfen, ohne auch nur eine ihrer verzweifelten Fragen zu beantworten.

Sie bekommen noch am selben Tag einen Flug.

3

Manfred am Schreibtisch gegenüber telefoniert. Er telefoniert immer. Peter beneidet ihn darum, weil er beschäftigt wirkt, hat er doch dadurch ein unsichtbares Schutzschild um sich herum gezogen. Er scheint zu arbeiten, und niemand wird ihn stören. Wahrscheinlich telefoniert er wirklich, zumindest ist jemand am anderen Ende der Leitung. Und oft spricht er minutenlang nicht, weil er wohl auf seinen Gesprächspartner warten muß...

Peter Siebert dreht den Bildschirm des Computers so, daß es aussieht, als würde er hineinblicken, aber er schaut aus dem Fenster. Ihre einzige Gemeinsamkeit, die Vorspiegelung zumindest falsch zu verstehender Tatsachen, stört ihn nicht. Er sieht einen rauchenden Schornstein, Tropfen tauenden Schnees, die in schöner Regelmäßigkeit auf die Fensterbank fallen, einen Mann im Büro gegenüber, der auch telefoniert, eine Elster, die vorbei fliegt, dann drei Tauben, die sich auf dem selben Ast einer Tanne niederlassen.

Peter ist müde, ungeheuer müde. Er hat schlecht geschlafen letzte Nacht. Jetzt fällt ihm der Traum wieder ein, dessen Fetzen er heute morgen im Bus schon zusammengeklaubt hat.

Er war nach Pepperland geflogen, ganz allein. Dauernd schwebte er in gefahrvollen Situationen, verschwand hinter einer von tausend Türen, die sich nicht voneinander unterscheiden ließen, im Rachen des Ungeheuers, das mit dem Maul eines Staubsaugers alles aufsaugte. Aber es war gleichgültig, es passierte, egal, ob er sich dagegen wehrte oder nicht. Nowhere Man im Nowhere Land.

Manfred telefoniert noch immer, während seine rechte Hand über die Krawatte streicht. Die Krawatte leuchtet in kräftigen Farben, fast wie in Pepperland, nicht ganz so bunt.

Er war durch den Schnee gefallen, einfach so, und irgendwie kam er im Pepperland an. Da standen sie nun: Sgt. Pepper's Lonley Heartsclub Band. Er schaute sie der Reihe nach an: John, Paul, George und Ringo. Sie sprachen nichts, lächelten nicht einmal. Auch Ringo nicht. Peter wollte etwas sagen, aber er konnte nur die Lippen bewegen, es kam nichts heraus aus seinem Mund, allenfalls heiseres Gekrächze, Gestammel, das keiner verstand. Seine einzige Chance: Er würde sie vertun. Vor Schreck war er aufgewacht.

Er gibt sich keine Mühe mehr, vor Manfred zu verbergen, daß er aus dem Fenster schaut. Aber er bemerkt gar nicht, was draußen vor sich geht. Er schaut nur einfach, und es schaudert ihn frostig. Dann dreht er sich zum Bildschirm um und schreibt. Er überlegt sorgfältig, dreht jedes Wort etliche Male in seinem Kopf:

Ich möchte nur noch im Haus bleiben, keine Menschen sehen, mich verkriechen, mich zudecken bis über die Ohren. Wovor habe ich nur so eine Angst? Davor, daß meine Wut, mein Haß mich überwältigt? Da sind so viele Verknotungen in mir. Da darf nichts raus. Da kommt nichts raus. Ich bin so müde, so unsagbar müde. Ich bin nicht der, für den ich mich halte. Ich möchte hervortreten, ins Licht, aber ich traue mich nicht. Deshalb werde ich klein, ganz klein, passe unter jede Decke, die mich nicht mehr frieren läßt. Ich muß es austreiben, etwas Rohes, Blutiges, Schleimiges. Es ist wie eine Nachgeburt, eine sinnlose, unnütze Nachgeburt. Der Sinn besteht nur darin, daß es endlich rauskommt, daß es fort kommt.

Er läßt es sich ausdrucken, faltet das Blatt zusammen und steckt es in seine Jackentasche. Dann dreht er seinen Stuhl wieder und blickt aus dem Fenster.

Eigentlich ist er Lehrer von Beruf, aber damals hatten sie keine Lehrer eingestellt, nur wenige, die ausgezeichnete Abschlüsse hatten. Früher hatte ihn das getröstet an Tagen wie diesem, eine Perspektive offen, ein As nicht ausgespielt. Seit ein paar Jahren ist es ihm egal.

Er beobachtet lange eine Elster, die erst ziellos herumfliegt, sich dann auf einem flachen Dach niederläßt und herumhopst, auf beiden Beinen gleichzeitig, wie Elstern das manchmal tun. Plötzlich klingelt das Telefon. Peter schreckt hoch. Manfred beobachtet mit dem Hörer am Ohr, wie Siebert abnimmt.

Eine Frau ist an der Leitung, die sofort auf ihn einredet, nachdem er seinen Namen genannt hat. Er stellt sie sich auf Grund der Stimme schon etwas älter und ziemlich dünn vor. Sie ist unzufrieden und beschwert sich bei ihm. Er will ihr sagen, er sei nicht zuständig, aber nach einem 'Hören Sie' oder 'Bitte verstehen Sie doch' oder spätestens nach einem Halbsatz unterbricht sie ihn wieder und redet weiter auf ihn ein. Er weiß, daß sie ihn nicht persönlich meint, und er braucht gar nicht hinzuhören, aber er bringt das nicht fertig. Ihm ist zumute, als klebten ihre Worte an ihm fest. Wenn er sich nicht verteidigen kann, bleiben sie an ihm haften.

Manfred telefoniert noch immer und scheint ihn dabei zu beobachten. Seine rechte Hand streicht weiterhin sanft über die Krawatte, und damit über seinen Bauch, den Peter mit Wärme in Verbindung bringt, eine aufdringliche, schmuddelige Wärme. Er scheint zu grinsen, es ist der Hauch von einem schadenfrohen Grinsen.

Die Frau fragt endlich, warum er ihr nicht antwortet, und als er verzweifelt überlegt, was er ihr sinnvollerweise antworten soll, wartet sie nicht mehr darauf und sagt es selber. Sie schleudert es ihm mit den Worten 'Ich sage es Ihnen, ich weiß genau, warum Sie nichts sagen' entgegen. Er läßt ihre Tirade eine Zeitlang über sich ergehen, dann hält er es nicht mehr länger aus, holt tief Luft und brüllt: »Jetzt halten Sie aber mal die Luft an!«

Nachdem sie das getan hat, versucht er mit ruhigen Worten auf sie einzugehen. Aber es gelingt ihm weder, ruhig zu bleiben, noch sie zum Zuhören zu bewegen. Als sie aufgelegt hat, merkt er, wie heftig er atmet, um genügend Luft zu bekommen. Ihre Worte - Vorwürfe und Beschuldigungen - kleben an ihm, als sei er mit ihnen geteert und gefedert.

Auch Manfred hat aufgelegt.

»Was war denn das für eine Spinatwachtel? Manche Leute muß man einfach mal auflaufen lassen«, meint er bestimmt. Woher er weiß, daß er mit einer Frau telefoniert hat, weiß Siebert nicht.

Er blickt zu ihm hinüber und versucht, in seinem Gesicht zu lesen. Er hat mit solch einer zustimmenden Äußerung nicht gerechnet.

Manfred wartet einen Augenblick, ob Siebert etwas antworten wird. Als er keine Anstalten macht, legt er sich die Krawatte zurecht und greift erneut zum Telefonhörer.

Peter friert. Er spürt einen Schmerz in seinen Eingeweiden, etwas, daß an seiner Leber reißt.

Am Nachmittag in der S-Bahn durchsucht er seine Taschen, prüft, ob er alles bei sich hat: Reisepaß, Schecks, Kreditkarten. Ja, alles da. Zufrieden betrachtet er die Zahlen auf seinen Kontoauszügen. In der nächsten Station steigt er um und fährt auf dem anderen Gleis zurück. Zwei Stunden später sitzt er im Flugzeug. Seine Frau hat er noch vor dem Abflug angerufen. Es tut ihm leid, daß sich alles so verändert hat zwischen ihnen.

Er beschließt, sich diese eine Chance zu geben. Wenn das Geld alle ist und sich nichts geändert hat, wird er sich umbringen. Er holt den Zettel aus seiner Tasche und liest ihn noch einmal. Einen Schlußstrich ziehen, schrieb er, mehr gibt es dazu nicht zu sagen.

Er hat einen einheimischen Fahrer mit Auto gemietet. Dieser hält ihm die Tür auf und steigt anschließend selbst ein.

»Wo soll ich Sie heute hinfahren?«

»Ich weiß nicht, entscheiden Sie das. Im Hotel habe ich ausgecheckt. Fahren Sie, wohin Sie wollen.«

»Aber es ist Ihr Urlaub...«

»Eben deshalb mag ich keine Entscheidungen treffen.«

Siebert bemerkt, daß sein Englisch mit jedem Tag besser wird.

»Ich kenne einen Tempel auf einem der höchsten Berge der Insel. Dort gibt es ein großes Fest heute. Der Tempel liegt mitten im Dschungel.«

»Also gut, fahren Sie dahin.«

»Auf dem Rückweg können Sie sich die Reisterrassen von Jati ansehen.«

Siebert nickt nur. Sein Fahrer sieht es durch den Rückspiegel und fährt los.

Siebert rutscht auf seinem Rücksitz hin und her, bis er die für ihn bequemste Lage gefunden hat. Dann bereitet er sich auf sein Schweigen vor. Der Fahrer hat es in den letzten zwei Tagen begriffen. Während der Fahrt spricht Siebert kein Wort, will sich in sich selbst vergraben. Nur seine Augen sind auf die Außenwelt gerichtet. Sie transportieren das Gesehene in sein Hirn, und wenn er es nicht wahrnehmen will, läßt er es nicht weiter vor. Er sieht Reisfelder in unterschiedlichem Grün: ganz frisch, hellgrün, dunkler reifend, kräftig dunkelgrün, reif ins Gelbliche, und diverse farbliche Zwischenstufen. Manche sind von Kokospalmen umgeben, alle von einem Schlammwall begrenzt, rund, eckig, selten ganz unförmig, rechts und links des Flußlaufs kaum bemerkbares Gefälle, an den Hängen aber steil, oft hunderte von Feldern, nur von einem Bach bewässert, ein künstliches Kanalsystem, eine filigrane Technik. Die Menschen in den Feldern, die diese Werke geschaffen haben, formt er im Kopf zu mechanisch handelnden Marionetten um. In den Ortschaften reduziert er die Wahrnehmung auf ein Minimum.

Er will nicht feststellen, ob er zufrieden ist oder nicht, er will gar nichts fühlen, nur anwesend sein im Versteck seiner Wortlosigkeit. Dort braucht er sich nicht zu verstellen. Keiner erwartet etwas von ihm.

In der nächsten größeren Stadt wird er sich einen Revolver besorgen.

Nach drei Stunden erreichen sie den Dschungel. Die Straße ist steil und in einem schlechten Zustand. Am Tempel steigen sie aus. Der Fahrer deutet höflich in die Richtung, in die er laufen muß. Der Tempelbezirk ist voller Menschen, schönen Menschen in bunten Festtagskleidern. Er will nicht hier bleiben.

»Fahren Sie durch die Reisfelder«, sagt er zu dem Fahrer.

»Ja, Sir, die Strecke wird Ihnen gefallen.«

'Woher willst du das wissen?' denkt Siebert, aber er sagt nichts und steigt wieder ein.

Die Straßen sind noch holpriger als vorher, und die Reisfelder steiler. Nach einer Stunde kommen sie an einem Café in herrlicher Lage vorbei. Der Fahrer verlangsamt das Tempo, fast unmerklich und schaut wie zufällig in den Rückspiegel, aber Siebert registriert es sofort. Der Blick des Fahrers streift seinen Auftraggeber.

»Fahren Sie bitte zurück«, sagt Siebert nach etwa einem Kilometer.

Der Fahrer lächelt innerlich, nur dort. Er ist ein guter Geschäftsmann.

Siebert sucht sich einen Platz im Schatten auf der Veranda. Von hier aus hat er einen weiten Blick über die terrassierten Reisfelder, die sich nach vorne zu wölben scheinen, um nur ja keinen Quadratzentimeter Anbaufläche ungenützt liegen zu lassen, Siebert sieht die bewaldeten Hänge darüber, den Bach, der dem Ganzen das Leben einhaucht, unten im Tal kleine Dörfer auf der Grenze zwischen Feldern und Wald. Hölzerne Vorratshäuser auf Stelzen, dunkle Tupfen im kräftigen Gemisch unterschiedlichen Grüns. Die

Menschen, noch viel kleiner dazwischen, die quirligen Farbtupfen in seinem Bild. Er betrachtet sie nicht als seinesgleichen, eher als eine Art Leuchtkäfer in einem lebendigen Fernsehbild, das sich eben bewegt, Geruch verströmt, Geräusche erzeugt, gebiert und stirbt. Aber von allem ist er fern genug - er registriert es nur mit den Augen.

Siebert bemerkt, daß sein Fahrer den Wagen verlassen hat und sich nun außerhalb seines Blickfelds aufhält. Vielleicht ist er in die Küche gegangen, um ein wenig zu plaudern. Wäre er im Wagen sitzen geblieben, würde sich Siebert verpflichtet fühlen, ihn an seinen Tisch zu bitten, und das würde ihn bei seiner Einigelung stören.

Eben kommt eine Gruppe von Frauen die nahe Straße herauf. Sie tragen grellfarbene, gewickelte Röcke, die ihnen bis zu den Knöcheln reichen, meist einfarbige Blusen in knalligen Tönen, Tücher auf dem Kopf, gewickelt wie Turbane. Das auffälligste sind die Körbe, die sie auf dem Kopf tragen, aufgeschichtet in etlichen Stockwerken, voll mit Früchten, Rauchwerk, Zinnober und Blüten, Opfergaben, für einen Tempel in der Nähe bestimmt. Siebert denkt an dunkelhäutige Frauen. Bisher hat er angenommen, nur zu Afrikanerinnen passen solch kräftige Farben. Diese asiatischen Frauen sind schön wie Frauen auf Gemälden. Er sieht sie an, manche lächeln gar mit ihm, aber es bleibt ein Abstand, keiner verläßt seine Welt. Das ist gut so.

Vergangene Nacht träumte er, er lebte in einem Glassarg auf dem Gipfel eines Berges. Er hatte dort alles, was er zum Leben brauchte: Nahrung, Wärme, Unterhaltung. Er lag auf dem Rücken. Draußen zogen die Jahreszeiten vorüber. Er schaute durch dicke Scheiben zu. Außer ihm kamen in seinem Traum keine Menschen vor.

Siebert bestellt sich reichlich: zuerst Kaffee und Pfannkuchen, eine halbe Stunde später Bier und ein Nudelgericht.

Als er aufsteht, tritt auch sein Fahrer aus dem Schatten. Er wartet ein paar Sekunden, bevor er den Wagen startet, um Siebert Gelegenheit zu geben, ihm das Fahrziel anzuordnen.

»Ich möchte ans Meer, aber vermeiden Sie bitte die Hauptstraßen. Die Landschaft ist so schön.«

Dieser letzte Satz ist ihm herausgerutscht. Sein Fahrer nickt mit einem kurzen Blick in den Rückspiegel. Der Ausdruck seiner Gesichtszüge ist unverändert geblieben, als habe er den letzten Satz nicht gehört.

Siebert gelingt es, sich dieser Welt abzutrotzen, sich von ihr zu entfernen und gleichzeitig in ihr zu bleiben, was nicht lange gutgehen kann. Er muß sich entscheiden. Dieser verdammte kleine Satz hat ihn entlarvt, seine Feigheit vor dem Leben, seine Feigheit vor dem Tod. 'Ich kenne dich, du miese Ratte', schimpft er sich, 'Du willst nicht gehen, du willst nicht bleiben. Die Konsequenz daraus ist, du sitzt weiterhin in diesem Büro, diesem Menschen gegenüber, der den ganzen Tag Scheintelefonate führt und träumst von Pepperland, und das willst du natürlich am wenigsten. Aber weil du eine miese, feige Ratte bist, wirst du es tun, ohne dich dafür zu entscheiden. Du wirst es einfach tun, fertig! Dabei wirst du allmählich innerlich verfaulen. Du wirst alt werden, bevor du reif bist. In dir sitzt ein gieriges, kleines Raubtier, das jeden Tag ein Stück von deiner Leber frißt.'

Die Straße wird immer holpriger. Der Fahrer geht zurück in den zweiten Gang. Autos begegnen ihnen nur noch selten. In einem Waldstück blockiert eine Horde grauer Affen die Straße hinter einer Kurve.

»Warten Sie«, ruft Siebert, »nicht verscheuchen.«

Der Fahrer stellt vorsichtig den Wagen etwas schräg zu den Tieren und schaltet den Motor ab. Siebert kurbelt langsam die Fensterscheibe herunter.

Die Affen haben alle Zeit der Welt. Er auch. Zuerst hat ihn ihr überraschender Anblick etwas aufgeregt, weil er befürchtete, sie würden fliehen. Aber die denken nicht daran, die denken überhaupt nicht. Das Leitmännchen, unschwer an seiner Größe auszumachen, liegt rücklings auf dem von der Sonne erwärmten Asphalt der Straße und läßt sich von mehreren Weibchen lausen.

Siebert beobachtet sie aufmerksam: Die Kleinen, die an den Brüsten ihrer Mütter hängen oder auf deren Rücken getragen werden, die Mütter selber, deren Augen hin und her gehen, immer wachsam das Terrain sichernd, wenn sie nicht gerade mit Erziehungsaufgaben beschäftigt sind, die darin bestehen, gelegentlich Klapse oder Knüffe zu verteilen, einen vorwitzigen Schwanz festzuhalten, ein unsauberes Öhrchen zu reinigen; die jungen Weibchen, die sich vorsichtig den älteren Artgenossen des anderen Geschlechts nähern oder von diesen, mal spielerisch, mal etwas ernster, verfolgt werden; die jungen Männchen, in Rangordungskämpfchen verwickelt oder, schon etwas älter, in gebührender Entfernung zu den erwachsenen Männchen, hauptsächlich zum Pascha, der sich noch immer auf dem warmen Asphalt räkelt. Weibchen und Männchen haben Bärte.

Siebert überlegt lange, ob er es wagen soll, auszusteigen. Die Nähe zu den Tieren, die Nähe zum Leben, die das bedeutet, diese ausschließliche Gegenwart ist ihm vage bewußt. Soll er aussteigen? Er öffnet die Wagentür einen Spalt und wartet, was geschehen wird. Die Tiere nehmen keine Notiz von ihm. Er steigt aus und nähert sich langsam in gebückter Haltung. Jetzt weichen sie scheu aus. Sogar das große Männchen steht auf, blickt argwöhnisch zu ihm hin und faucht leise. Peter setzt sich auf die Erde. Die Affenherde bleibt für einige Sekunden wie vereist am Fleck, unentschlossen, ob sie fliehen oder bleiben soll. Dann legt sich das Leitmännchen wieder hin, das Zeichen für die anderen, sich zu entspannen.

Einige Jungtiere klettern in die Bäume und holen sich Früchte, nicht, weil sie besonders hungrig sind, eher, um den anderen jüngeren Artgenossen eine Gelegenheit zum Raufen oder zu Verfolgungsjagden zu geben.

Siebert hat einen bequemen Platz auf dem Abhang neben der Straße gefunden. Er hat das Gefühl für Zeit verloren. Sein Fahrer beobachtet ihn gleichmütig hinter dem Steuer.

Manche Tiere nähern sich Siebert bis auf wenige Schritte. Die Halbwüchsigen kommen so dicht, daß er sie berühren kann. Sie sehen sich gegenseitig an. Die erwachsenen Tiere mit ihren eisgrauen Bärten sehen aus wie weise Waldwesen, die der Evolution standgehalten haben. Er betrachtet die kleinen Finger der Babys und findet, sie unterscheiden sich kaum von denen kleiner Menschenkinder, natürlich sind sie haarig, weniger fleischig und die Gliedmaßen länger.

Das Männchen steht auf, und die Gruppe formiert sich. Sekunden später sind alle in den Bäumen verschwunden.

Peter Siebert steigt wieder in den Wagen.

»Können Sie mir einen Revolver besorgen?«

Er läßt seine Stimme so belanglos wie möglich erscheinen, als habe er nach Bananen oder Kokosnüssen oder nach der Uhrzeit gefragt.

Der Fahrer vermeidet es diesmal, in den Spiegel zu schauen. Er braucht ein paar Sekunden, bis er eine Antwort geben kann.

»Ich werde es versuchen, aber ich kann Ihnen nicht garantieren, daß ich erfolgreich bin.«

»Sie wollen nicht wissen, wozu ich ihn brauche?«

»Nein«, antwortet er sofort. »Aber ich werde Ihnen vorher sagen, mit welchem Preis Sie rechnen müssen.«

Siebert will antworten, der Preis sei ihm gleichgültig, aber die Vorstellung, welches Loch der Kauf in seine Reisekasse reißen würde, nimmt ihm den Mut, und er registriert wiederum mit Schrecken, daß er an seinem Leben hängt, an seinem wertlosen, sinnlosen Leben.

Jetzt wird ihm, während der Fahrer den Motor anläßt, klar, daß er diesen Affen und ihrer Lebendigkeit zu nahe gekommen ist. Als Gegenmittel hat er sich und ihn mit der Vorstellung der Pistole konfrontieren müssen, und damit hat er sich übernommen. Da sollte sich ein Feigling, wie er einer ist, besser einschätzen. Aber immerhin ist es heraus. Jetzt kann er nicht mehr zurück.

»Wie heißen Sie eigentlich?«

»Sie würden sich meinen Namen nicht merken können. Ich habe einmal mehrere Wochen einen indischen Fotografen kreuz und quer über die Insel gefahren. Er nannte mich Ragobir.«

»Also gut, Ragobir.«

Wahrscheinlich hat er sich dies gerade ausgedacht, weil er später nicht mit dem Revolver und mit ihm in Verbindung gebracht werden will.

Ragobir, der Fahrer, benutzt weiterhin wenig befahrene Seitenstraßen, die steil bergab führen. Sie befinden sich jetzt auf der anderen Seite der Insel. Gelegentlich geben die Bäume den Blick auf das Meer unten frei. Das Licht ist ein gleichmäßiges Grau.

Dann überzieht sich der Himmel in Sekundenschnelle mit fetten Ballen wilder, schwarzer Wolkengebilde. Der Wind treibt und wirbelt sie kräftig durcheinander. Da oben sind ungeheure Kräfte in Gang gekommen. Bevor Siebert bemerkt, was geschieht, hat der Wind sich schon wieder beruhigt, aber dafür öffnen sich jetzt die Wolken und entlassen lawinenartige Sturzbäche. Der Fahrer hat gerade noch Zeit, einen erhöhten Platz in der Einfahrt eines einzelnen Hauses am Waldrand anzupeilen. Dort parkt er den Wagen, als sich die Straße in einen reißenden Fluß verwandelt.

Siebert kennt ähnliche Naturschauspiele aus seinen Träumen vom Blick aus dem gläsernen Sarg. Aber so unmittelbar gegenwärtig wie jetzt erlebte er es nicht. Vor vielen Jahren, als er seine Frau auf der Insel kennenlernte, war auch plötzlich ein Regen losgegangen, heftig, wie nur in den Tropen möglich, während sie sich in dem blauen Haus hinter dem Strand liebten. Nie wieder so wie an diesem Tag und in der folgenden Nacht, und am nächsten Morgen war der Blick so klar, die Welt so rein, alles neu wie eben erschaffen.

Draußen prasselt der Regen und verwandelt Wald und Felder in eine Sumpflandschaft, aus der urzeitliche Nebel aufsteigen. Die Menschen hatten sich versündigt, indem sie den Auftrag der Schöpfung, sich die Erde untertan zu machen, zu wörtlich genommen hatten. Das Wasser würde immer weiter steigen, der Regen fiel gleichmäßig und unaufhaltsam. Zuerst würde er die Hafenstädte überfluten, die Inseln schlucken, schließlich die Kontinente unter sich begraben, Sieberts unzufriedene Kunden ersäufen und Manfred mitsamt seinem höhenverstellbaren Bürostuhl, seinem Tropenholzschreibtisch und seiner über dem Bauch gefalteten Krawatte ertränken. Zuletzt würden die Gipfel des Himalaja und auch die Riesenschiffe auf dem Ozean untergegangen sein. Einen Noah gab es nicht, keinen Indianer, keinen Pygmäen, keinen Aborigine.

An sich selbst denkt Siebert nicht. Die Rachephantasien amüsieren ihn. Er verfügt über genug Zeit, sich ihnen in immer neuen Variationen hinzugeben.

Stunde um Stunde blickt er wortlos nach draußen, auch noch als es dämmert und bald nichts mehr draußen zu erkennen ist. Es regnet weiter. Allmählich keimt in Siebert die Ungeduld. Er ärgert sich darüber, sind doch alle Stunden, alle Tage von seinem Standpunkt aus gleich sinnlos. Was macht es schon, wenn er Stunden in diesem Wagen sitzt ohne irgend etwas zu tun?

Ragobir findet zwei Flaschen Bier unter seinem Sitz und gibt ihm eine. Siebert nimmt sie dankbar an.

Als der Regen endlich aufhört, müssen sie noch eine Stunde warten, bis das Wasser einigermaßen abgelaufen ist.

Ragobir schaltet zuerst die Scheinwerfer an. Dann fährt er mit aller Vorsicht los. Vor jeder Kurve bremst er ab, um nicht von Wassergräben oder Sturzbächen überrascht zu werden. Es dauert noch Stunden, bis sie die Küstenstraße erreichen. Auch hier steht das Wasser teilweise noch mehrere Fuß hoch. Der Fahrer sucht nach einer Einbiegung, weil er in der Nähe eine kleine Bungalowanlage weiß. Sie müssen den Nachtportier wachklingeln. Er fragt Ragobir neugierig in ihrer Sprache, wo sie jetzt herkommen. Während der Fahrer berichtet, geht der Mann mit einer Taschenlampe vor ihnen her und sucht einen freien Bungalow. Ragobir trägt Sieberts weniges Gepäck. Der Mann gibt ihm ein Häuschen, das nur durch ein Mäuerchen in Brusthöhe vom Strand getrennt ist. Vor dem Einschlafen hört Siebert das gleichmäßige Rauschen der Wellen. Es beruhigt ihn.

Der nächste Morgen ist, wie erwartet, klar und hell. Die Bungalows, die Kokospalmen, die spiegelglatte See, die bunten Fischerboote, alles ist scharf konturiert, wie auf Bildern von Kindern oder naiven Malern, die jeden Gegenstand mit einer extra Farbe einfassen.

Siebert fühlt sich zumindest nicht elend. In einer anderen Lebensphase wäre er bei diesem Wetter sogar guter Laune gewesen. Davon ist er natürlich weit entfernt. Das Gefühl ist am besten als eine gleichmütige Klarheit zu bezeichnen. Als habe das Unwetter gestern seine Vergangenheit, sein bisheriges, persönliches Leben von ihm abgewaschen; jetzt ist alles neu und durchsichtig, der richtige Augenblick, um sich endlich Klarheit zu verschaffen, dem ewigen Wanken und Reißen ein Ende zu bereiten.

Nach dem Frühstück setzt er sich vor seinen Bungalow und wartet, bis Ragobir kommt. Er teilt ihm mit, er wolle keinen Ausflug machen und hier sitzen bleiben. Der Fahrer nickt und verschwindet für den Rest des Tages.

Nach Stunden erscheint ein runder Jungenkopf hinter der Mauer und hält eine Ananas in die Höhe.

»Ananas, wundervolle Ananas: Saftig, süß, nicht zu hart, nicht zu weich.«

Der Junge mag etwa sieben oder acht Jahre alt sein. Seine Haare sehen aus, als habe man ihm zum Schneiden einen umgestülpten Topf auf den Kopf gesetzt. Seine schwarzen Augen blinken wie die einer Tempeltänzerin, und sein gewinnendes Lächeln reicht fast von einem zum anderen Ohrläppchen.

»Ananas, wundervolle Ananas: Süß, saftig, nicht zu hart, nicht zu weich.«

Hinter der Mauer schaut nur sein kleiner, runder Kopf und die tanzende Ananas hervor.

»Nehmen sie eine, Sir, sie sind garantiert süß, saftig, nicht zu hart, nicht zu weich. Ich bin bekannt dafür an diesem Strand, daß meine Ananas jeden Tag genau die richtige Reife haben. Soll ich Ihnen eine aufschneiden, dann können Sie sich selbst überzeugen, Sir?«

Siebert hat den Blick bereits auf ihn und seine gelbe Frucht, fast größer als sein Kinderkopf, gerichtet.

»Nein, danke, ich mag keine Ananas.«

»Oh, diese werden sie mögen. Es gibt niemanden, der eine solche Ananas nicht mag.«

»Nein, wirklich nicht«, brummt Siebert, schon etwas gereizt.

»Okay, Sir. Ich werde in einer Stunde noch einmal vorbeikommen«, sagte der Junge höflich, »aber sie brauchen sich nicht verpflichtet zu fühlen. Ich frag' nur noch mal. Okay Sir?«

»Ja, schon gut.«

»Wissen Sie, Sir. Ich bin Geschäftsmann. Nur einwandfreie Ware. Und man soll es den Kunden so bequem wie möglich machen.«

Der Kopf und die Ananas verschwinden hinter der Mauer.

Er hört die singende Stimme in einiger Entfernung: »Ananas, wundervolle Ananas: Süß, saftig, nicht zu hart, nicht zu weich.«

Siebert schaut auf die Uhr. Er schließt mit sich selbst eine Wette ab, daß der kleine Quälgeist spätestens in 20 Minuten wieder da ist. Er blickt aufs Meer hinaus. Gelegentlich erinnert er sich an seine Wette und schaut auf die Uhr. Nach exakt 57 Minuten erkennt er den runden Kopf und die gelbe Ananas wieder hinter der Mauer.

»Ananas, wundervolle Ananas: Süß, saftig, nicht zu hart, nicht zu weich. Hallo Sir, da bin ich wieder, wie versprochen. Haben Sie jetzt vielleicht Lust auf eine Ananas. Sie ist gerade frisch gepflückt, und sie hat, wie immer, genau die richtige Reife.«

»Nein, ich mag nicht. Saures greift den Magen an.«

Siebert weiß schon, als er es ausspricht, daß dies den Jungen nicht abwimmeln wird, im Gegenteil. Er ist eigentlich nur noch neugierig, was der Junge erwidern und wie lange er selbst durchhalten wird. Das Gegenargument läßt keine zwei Sekunden auf sich warten.

»Oh, meine Ananas nicht, Sir. Sie ist nur süß.«

»Mir sind alle diese Früchte zu sauer.«

»Soll ich sie Ihnen aufschneiden, dann können Sie sich selbst überzeugen.«

»Nein, nur nicht. Ich habe einen kaputten Magen.«

»Ich habe einen Onkel, Sir, der versteht etwas davon. Er könnte Ihren Magen heilen.«

Siebert fragt sich, ob der Junge ihn für selbstmitleidig hält.

»Aber meine Ananas können Sie beruhigt essen. Schadet Ihrem Magen bestimmt nicht.«

»Ich esse fast nie Obst.« Er findet selbst, das klingt nicht überzeugend.

»Ich schlage Ihnen ein Geschäft vor, Sir: Sie probieren ein Stück, und wenn sie Ihnen nicht schmeckt, habe ich Pech gehabt. Geschäftsrisiko.«

Siebert fühlt eine Panik in sich hochkommen. Was gehen ihn dieser Bengel und seine Geschäfte an? Wenn er ihm eine verdammte Ananas abkauft, dann ist es ein Eingeständnis, daß ihm an etwas liegt, an sich selbst, an diesem fremden Jungen, den Menschen überhaupt? 'Nein, Siebert', schilt er sich. 'Du bist verrückt. Du kannst doch nicht dein Schicksal vom Verkauf einer Ananas abhängig machen, egal, wie reif sie ist, und wer sie dir verkauft.'

'Doch, genau so ist es', beharrt die innerliche Stimme des Widerparts. 'Nur du bist für deine verdammten Handlungen verantwortlich. Wenn du lieber diesen Jungen wegschicken und dir eine Kugel durch den Kopf jagen willst, dann tu es bei nächster Gelegenheit. Laß die Ausflüchte!'

»Du bist ja immer noch da.«

»Sie haben mir noch nicht gesagt, wie Sie sich entschieden haben, Sir.«

Während seine linke Hand die Ananas hochhält, zeigt er mit der rechten das Messer, als wolle er fragen: 'Soll ich sie schälen?'

Siebert greift nach einem Handtuch und fährt sich damit über Gesicht und Hals.

'Du könntest einfach hineingehen und warten, bis er weg ist', schlägt er sich selbst vor.

Die andere innere Stimme entgegnet: 'Das würde dir so passen, du Feigling. So hast du es immer gemacht. Das hat dir deine Frau auch immer vorgeworfen, offenbar zu Recht.'

'Ja genau, nichts an sich heranlassen, ist doch der einfachste Weg. Scher dich, Junge. Du gehst mir auf den Nerv. Irgendwann hast du alle Regungen in dir abgetötet. Dann ist alles andere egal.'

'Eben', stimmt die andere Stimme zynisch zu. 'Oder meinst du vielleicht, diese Sentimentalität, dem Jungen eine Ananas abzukaufen, würde dich retten?'

»Okay, ich nehme eine.«

Über diese Nachricht strahlt der Junge wieder über beide Backen. »Gut, Sir, über den Preis müßten wir noch verhandeln.«

»Wieviel willst du?«

»Sieben Rupees.«

»Gut, einverstanden.«

»Darf ich herüberkommen, um sie zu schälen?«

Siebert nickt.

Der Junge hockt sich auf die Verandatreppe und beginnt, die Frucht mit seinem Messer zu bearbeiten. Er zelebriert diese Handlung. Sein großes, unförmiges Messer ist scharf wie eine Rasierklinge. Zuerst entfernt er flugs die Schale, dann sticht er behende die harten Stellen aus, indem er mit seinem Messer ein spiralförmiges Muster zieht, ohne etwas von dem Fruchtfleisch zu vergeuden. Danach hält er die Ananas an ihrem stacheligen Blätterschopf hoch.

»Ist es gut so, Sir?«

»Ja, ich hole einen Teller.

Der Junge schneidet die Frucht in kleine Schiffchen und legt sie auf den bereitgestellten Teller. Dann wartet er, bis Siebert sie probiert.

»Ja, wirklich«, bestätigt er und grinst. »Sie ist süß und saftig, nicht zu hart, nicht zu weich.«

Der Junge freut sich, steckt sein Geld ein und setzt mit einem Sprung über die Mauer.

»Auf Wiedersehen, Sir.«

»Auf Wiedersehen.«

Siebert ißt seine ganze Ananas auf.

Er bleibt den Tag auf der Veranda sitzen. Ab und zu steht er auf und holt sich einen Drink aus dem Eisschrank. Die Leute in den Nachbarbungalows beachtet er nicht. Nachmittags flanieren fliegende Händler an der Mauer entlang: ein Batiktuchverkäufer, ein Rauschmitteldealer, ein Mann, der zum Delphinwatching bei Sonnenaufgang einlädt, wieder ein Batiktuchverkäufer, ein Muschel- und Steinverkäufer, einer mit Ölbildern, wieder ein Batiktuchverkäufer, diesmal der Künstler selbst, ein Mann, der Schnitzereien aus Kokosnußschale anbietet, dann nochmal ein Batiktuchverkäufer.

Kurz vor Sonnenuntergang geht Siebert schwimmen. Aus den umliegenden Dörfern scheinen sich sämtliche Kinder um diese Tageszeit hier zu treffen. Die Kleinsten sind mit ihren Müttern gekommen, können oft gerade erst laufen, was sie nicht davon abhält, sich in dem warmen Wasser zu tummeln. Nur wenige Kinder tragen Badesachen. Sie planschen in Unterwäsche, mit sämtlichen Klamotten oder ganz nackt herum, haben Plastikflaschen dabei, mit denen sie sich vollspritzen, tunken sich gegenseitig unter, machen Handstände unter Wasser und springen von den verankerten Booten ins Wasser.

Siebert schwimmt für kurze Zeit hinaus, bleibt dann aber wieder in der Nähe der Kinder und beobachtet sie selbstvergessen. Sie schenken ihm wie den anderen Touristen nicht die geringste Beachtung.

Nachher setzt er sich wieder mit einem Drink auf die Veranda. Es wundert ihn, wie schnell die Dunkelheit sich breitmacht, sobald die Sonne untergegangen ist.

Seit geraumer Zeit hört er ein merkwürdiges Geräusch. Es beginnt verhalten und steigert sich schnell zu einer beachtlichen Lautstärke, um dann ebenso wieder abzuebben. Solch einen Klang hat er nie zuvor gehört, und er weiß ihn mit nichts zu vergleichen, das er bisher gehört hat. Es kommt offenbar von dem Baum vor der Mauer. Siebert vermutet, es sei ein Tier, aber er kann zwischen den Zweigen und Blättern nichts entdecken, trotz Beleuchtung durch die Bungalowanlage.

Daß Ragobir gekommen ist, während er in den Baum hinaufspähte, hat er gar nicht bemerkt.

»Guten Abend«

»Ach, Sie sind es. Guten Abend. Wissen Sie, was dort oben diese eigenartigen Geräusche von sich gibt?«

»Es ist eine Echse. Sie lebt in diesem Baum.«

»Muß ganz schön groß sein, bei dem Krach, den sie macht.«

»Man kriegt sie trotzdem schwer zu Gesicht.«

»Wenn sie, wie Sie sagen, in dem Baum lebt, kann ich es ja morgen noch einmal versuchen.« Offenbar soll es ein Morgen geben, fällt ihm dabei ein.

Sie gehen wieder unter das Vordach.

»Mögen Sie etwas trinken? Setzen Sie sich doch.«

»Ja, eine Cola vielleicht.«

»Mit Eis?« fragt Siebert von drinnen.

»Ja, gerne.«

Ragobir klopft nervös mit dem rechten Fuß auf, nachdem er mehrmals an dem Getränk genippt hat.

»Wissen Sie, es handelt sich um die Pistole.«

Siebert holt tief Luft.

»Ja, was ist damit?«

»Ich konnte sie noch nicht bekommen.«

Er nimmt seine Mütze ab und kratzt sich am Kopf.

»Morgen vielleicht. Ich muß noch einmal in die Stadt fahren.«

»Ja, machen Sie nur.«

»Ja, und, ich bräuchte etwas Geld, um sie anzuzahlen. Ich meine, Sie müssen sie nicht nehmen, wenn sie Ihnen nicht gefällt. Aber ich müßte sie anzahlen, um sie mitbringen zu können.«

»Wieviel?«

»Dreihundert Dollar.«

Siebert zögert einen Augenblick.

»Gut, kommen Sie morgen früh vorbei. Bis dahin besorge ich das Geld.«

Am Abend spaziert Siebert am Strand entlang bis zum nächstgrößeren Hotel mit einer Bar. Er setzt sich mit seinem Drink in eine sparsam beleuchtete Ecke, denkt an nichts anderes als an die zu erwartende Pistole. Manchmal fällt ihm auch der Junge ein, seine leuchtenden Augen, wenn er die Vorzüge seiner Ananas anpreist. Er hat fast noch einen Tag Zeit, vielleicht auch noch länger, falls der Fahrer die Pistole morgen nicht bekommt. In einem Buch las er einmal die Ausführungen eines Experten über Selbstmörder. Der behauptete, es seien immer Kurzschlußreaktionen. Solche berechnenden Planer wie er kamen so gut wie nie vor. Vielleicht zählte dieser Mensch aber die Planung gar nicht dazu, sondern nur den Zeitpunkt von der Entscheidung bis zur Durchführung, überlegt Siebert. 'Und ob ich es tun werde oder nicht, habe ich tatsächlich noch nicht entschieden.'

Am nächsten Morgen jedoch besorgt er für Ragobir das Geld. Dann setzt er sich auf seinen Platz auf der Veranda und wartet auf den Jungen.

»Ananas, wundervolle Ananas: Süß, saftig, nicht zu hart, nicht zu weich.«

Der Kopf erscheint zum gleichen Zeitpunkt wie gestern hinter der Mauer.

»Nehmen Sie eine, Sir, sie sind genau so gut wie gestern, garantiert.«

Siebert nickt und winkt ihm, über die Mauer zu kommen.

Während der Junge die Ananas präpariert, fragt er: »Gehst du nicht zur Schule?«

»Heute ist keine Schule«, antwortet der Junge, offenbar überrascht über die Frage, etwas kleinlaut. »Und wer soll Ihnen Ihre Ananas bringen?«

Wie gestern hält er ihm das fertiggeschälte Stück zur Prüfung vor.

»Jetzt könnten Sie genau erkennen, ob sie zu reif oder noch nicht reif genug ist. Sollten Sie einmal an einem anderen Ort auf der Insel eine Ananas kaufen, die anders aussieht als diese oder sogar schon faulige Flecke hat, sollten Sie sie selbstverständlich nicht nehmen.«

»Ich werde es mir merken.«

Der Junge fügt gewichtig hinzu: »Wenn man, wie ich, seine Geschäfte immer an demselben Ort betreibt, spricht es sich schnell herum, wenn die Ware nicht einwandfrei ist.«

»Das leuchtet mir ein«, murmelt Siebert nickend.

Der Junge reicht ihm den Teller.

»Dazu kommt, daß es hier kein außergewöhnliches Geschäft ist, Ananas zu verkaufen. Schließlich wachsen sie gleich um die Ecke«, führt der junge Busineßman weiter aus. »Die Konkurrenz ist groß. Die einzige Chance ist also, einwandfreie Ware zu liefern.«

Stolz steckt er sein Geld ein.

»Dann also bis morgen.«

»Bis morgen.«

Am Nachmittag hält Siebert wieder Ausschau nach der Baumechse. Sie meldet sich in gleichmäßigen Abständen, aber er bekommt sie immer noch nicht zu Gesicht.

Ragobir trifft zur selben Zeit wie am Vortag ein. Siebert blickt ihm erwartungsvoll entgegen. Sie treten zusammen in den Raum. Siebert zieht den Vorhang zu und holt eine Cola aus dem Eisschrank.

Sie ist in Zeitungspapier gewickelt. Ragobir packt sie aus und legte sie vorsichtig auf den Tisch. Es ist ein Trommelrevolver.

»Sie ist nicht geladen. Die Munition bekommen Sie morgen, wenn sie ganz bezahlt ist.«

Er nimmt seine Mütze ab und legt sie auf den Tisch.

»Falls Sie die Pistole nehmen« fügt er hinzu.

Als Siebert in der Nacht wach auf dem Rücken liegt, sieht er immerzu nach der Stelle, wo Ragobir die Waffe hingelegt hat. In Gedanken befühlt er das kalte Metall und setzt den Lauf an seine Schläfe. Aber wenn er an den Ananasjungen denkt, kommt ihm sein Vorhaben unrecht und verrückt vor. Er fragt sich, ob er anders handeln würde, wenn er selbst Kinder hätte. Ja bestimmt, gesteht er sich ein. Wenn man Kinder hat, die einen brauchen, kann man nicht so selbstbezogen handeln. Aber so? Dieser Junge, er paßt in die Welt, er hat ihr etwas abzuringen, während er, Siebert, zu einer dekadenten Kaste gehört, die den Zenit überschritten hat und die besser gehen sollte.

Und dieser Junge: Warum muß er immer an dieses Kind denken? Glaubt er, es könne von seiten des Jungen mehr als eine Geschäftsbeziehung sein? 'Der kann sich nicht mal dein Gesicht merken, so wie du ihre Gesichter nicht unterscheiden kannst. Er verkauft dir eine Ananas, und er kennt den Wert von sieben Rupees.'

Den Vormittag über wartet er wieder auf seinem Platz auf der Veranda, fast sehnsüchtig schaut er alle paar Minuten auf die Uhr. Er will das Kind nicht ausbeuten, sich nur an seiner Lebendigkeit weiden, befiehlt er sich, nur sehen, ob es ihm etwas bedeuten könnte, dem Leben seinen Herzschlag mit Zähigkeit abzutrotzen, es zu überlisten, sich mit seiner Gewöhnlichkeit einverstanden zu erklären.

Der Junge enttäuscht ihn nicht. Er begeht nicht die Unvorsichtigkeit, anzunehmen, heute sei es selbstverständlich, daß Siebert eine Ananas kaufe.

»Sie sind, wie immer, gut heute«, ruft er.

»Und du hast wohl heute wieder keine Schule.«

»Ja, stimmt«, nickt er selbstsicher. »Heute ist ein Feiertag. Die Leute gehen in den Tempel.«

»Und du?«

»Ich auch, heute mittag. Zuerst muß ich meine Geschäfte erledigen. Soll ich sie Ihnen aufschneiden, Sir?«

»Ach, ich weiß gar nicht, ob ich heute Lust auf Ananas habe?«

Siebert versucht, mit seiner ablehnenden Haltung überzeugend zu wirken, indem er scheinbar desinteressiert in eine andere Richtung blickt. Aber er kommt sich boshaft vor, den Jungen so hinzuhalten. Die Schuldgefühle, die es in ihm auslöst, geschehen ihm recht, findet er.

»Es ist bestimmt gut für Ihren Magen, wenn sie jeden Tag eine essen.«

»Ja, komm schon rüber und schäl sie.«

Er möchte ihm gern über den Kopf streichen, während der Kleine vor ihm hockt, aber er fürchtet, ihn zu kränken. Der

Junge ist ein Geschäftsmann und er sein Kunde. Als einzige körperliche Berührung ist ein Handschlag vorgesehen, der das Geschäft besiegelt, wenn die Ware den gewünschten Anforderungen entspricht. Aber ihn nach der Schule zu fragen - was geht ihn das überhaupt an? Vielleicht lassen ihn seine Eltern nicht, weil er Ananas verkaufen muß, um zum Unterhalt der Familie beizutragen.

»Bis morgen.«

»Ja, bis morgen.«

Er denkt daran, ob es für ihn ein Morgen geben wird. Er ist aufgeregt, und es nützt nichts, die alte Gleichgültigkeit herbeizuwünschen. Heute abend wird das Ding ihm gehören. Dann gibt es keinen Grund mehr, der einen Aufschub rechtfertigt. 'Du mußt nicht lange darüber nachdenken', spricht er zu sich. 'Bring es einfach schnell hinter dich.'

Sein selbstgefälliges Gefasel beruhigt ihn, wider Erwarten. Er macht einen langen Spaziergang am Strand entlang, und am Mittag nickt er kurz, im Schatten eines Bootes liegend, ein.

Auch an diesem Nachmittag kann er das Tier in dem Baum, das die merkwürdigen Laute abgibt, nur hören, nicht entdecken.

Er will nicht an den Abend denken, wartet auf den Aufgang des Mondes, dessen derzeitige Form er vergessen hat. Nur das leichte Rauschen der See, gelegentlich übertönt vom Ruf der Echse, ist zu vernehmen. Er horcht in die Dunkelheit auf die Schritte des Fahrers.

Ragobir kommt zur gleichen Zeit wie gestern, legt den in Zeitungspapier eingewickelten Revolver auf den Tisch und eine Schachtel mit Munition daneben.

»Soll ich Ihnen zeigen, wie Sie ihn laden müssen?«

»Nein, schon gut.«

»Brauchen Sie sonst noch etwas?«

»Nein, danke.«

»Werden Sie den Wagen morgen brauchen?«

»Nein, ich glaube nicht.«

Ragobir trinkt seine Cola aus, die ihm Siebert wie üblich hingestellt hat, und steht auf.

»Ich komme dann morgen erst gegen Mittag.«

»Ja, okay.«

»Gute Nacht.«

»Gute Nacht.«

Draußen wartet er eine Viertelstunde im Dunkeln. Als nichts geschieht, geht er zurück zu seinem Wagen und fährt zu seinen Bekannten ins nächste Dorf, wo er für gewöhnlich übernachtet, wenn er in dieser Gegend ist.

Siebert sitzt drinnen vor dem Revolver, dessen sämtliche Kammern er geladen hat, und starrt ihn unentwegt an.

»Jetzt mußt du dich entscheiden«, murmelt er vor sich hin. Aber diese Unerbittlichkeit des Entweder/Oder hält er keine zehn Sekunden aus - wenn die Waage der Entscheidung nur droht, sich zu neigen, bricht ihm der kalte Schweiß aus, und es reißt ihn innerlich auseinander - stattdessen flüchtet er sich fort, rechnet mit sich und seinem Leben ab. Er wirft sich Szenen aus seiner Kindheit vor, an die er seit Jahrzehnten nicht mehr gedacht hat, zum Beispiel, daß er einen Jungen in seiner Grundschulklasse, den keiner leiden konnte, dem Lehrer verpetzte, weil er eine Schachtel Kreide geklaut hatte. Es tut ihm plötzlich so leid, daß er sich am liebsten dafür ohrfeigen würde. Er fragt sich grübelnd, was wohl aus dem Mitschüler geworden ist. Er zieht die Möglichkeit in Erwägung, seine Telefonnummer herauszufinden und ihn anzurufen, aber der Familienname des Mitschülers fällt ihm nicht mehr ein.

'Laß das!' ruft er sich höhnisch zu. 'Da liegt das Ding auf dem Tisch, keine Ausflüchte jetzt! In welchen Winkel deiner Erinnerung willst du dich noch verkriechen?'

Siebert ergreift die Waffe, hält sie prüfend in Gesichtshöhe. Der Zeigefinger seiner rechten Hand zittert so sehr, daß er nicht wagt, den Abzug zu berühren.

Plötzlich ist er wütend über all die verpaßten Gelegenheiten, das Wort zu ergreifen, hervorzutreten, sich nicht zu unterwerfen; er haßt die, die ihm keine Gelegenheit dazu gaben, die ihn bloßstellten in der Gewißheit seiner Feigheit.

'Jetzt kannst du es dir und allen beweisen. Da liegt das Vehikel deines Muts oder der finale Beweis deiner Memmenhaftigkeit - du brauchst dich bloß zu entscheiden.'

Er fühlt das beruhigend kalte Metall, kalt und ohne jede Erwartung wie das Grab. Nur diese kleine Berührung des Zeigefingers, und alle Demütigungen, all das sinnlose Grübeln, alle Gängeleien hätten ein Ende.

Er legt das Ding wieder vor sich auf den Tisch, den Blick gebannt darauf geheftet, als könne etwas geschehen, ohne daß er sich entscheiden muß. Falsches Spiel im falschen Drama.

Wer von den Jungen hatte damals vorgeschlagen, den Frosch aufzublasen? Nein, er nicht, bestimmt nicht. Aber spielte das eine Rolle? Änderte es etwas an den Tatsachen? Er hatte doch mitgemacht. Er hatte immer mitgemacht. Er war der Mitmacher schlechthin. Weil er keine Entscheidungen treffen wollte, gleichzeitig zu feige war, die Konsequenzen daraus zu verantworten.

Soll er Eliza-Jane anrufen? Was soll er ihr sagen? Ich will mich umbringen. Was empfiehlst du mir? Übernimmst du die Verantwortung? Ich bin zu feige.

Zur damaligen Zeit Pädagogik studieren: Das bedeutete Lehrerschwemme! Einstellungsstop! Notendurchschnitt von weiß-der-Himmel! Und nicht an morgen denken, und nach mir die Sintflut, und tausend Wenn und Aber, und keine Entscheidung, niemals eine Entscheidung.

Dieser verdammte Job! Warum hatte er diesen Scheißjob angenommen? Hineingeschlittert ohne Entscheidung. Der letzte Rest von Aufrichtigkeit in ihm vertrocknet, der Mann zermürbt, in kleine Teilchen zerlegt, ohne jede Entscheidungsfähigkeit.

Hader jetzt nicht, es ist zu spät. Das konntest du dir früher überlegen. Keine Ausflüchte mehr jetzt. Die Rechnung ist lange präsentiert. Auch das Kleingedruckte hast du schon hundertmal gelesen. Du brauchst nur abzudrücken, und du bist all der Sorgen entledigt, ein für alle Mal.

Ruhe in Frieden! Mach es dir bequem im kalten Grab! Soll das Mut sein? Ich sage dir, was es ist. Es ist erbärmlich, nur erbärmlich. Es ist die konsequenteste Krönung deiner Feigheit.

Dann gestehe es dir doch ein: Du bist erbärmlich. Du bist der, dessen Leben du lebst. Niemand sonst. Und außerdem: Es interessiert keinen Menschen, ob du deinen Abgang hier machst - lediglich eine Frage deiner Eitelkeit.

Wie ein Zombie aus seinem gläsernen Sarg betrachtet er seine Eltern in ihrem geliebten Museum für Vor- und Frühgeschichte, dessen Fördermitglieder sie seit Jahrzehnten sind, wie sie in der ersten Reihe sitzend, hingerissen einem Vortrag der neuesten Forschungsergebnisse über den Ötzi lauschen: Mantel aus Ziegenfell, Schuhe aus Hirschleder, Bärenfellmütze, Speer und Bogen, geschliffener Stein, jedes winzige Detail unter dem Mikroskop betrachtet eine Sensation.

Es gelingt ihm, sich eine Zeitlang an diesem Bild festzuklammern, bevor es sich in seinem Kopf wieder dreht wie in einer Achterbahn.

Endlich legt er sich aufs Bett. Aber auch von dort kann er den Revolver anstarren. Er will spüren, daß etwas in ihm stirbt, daß es endlich reißt, die Waage sich neigen kann. Sein Körper glüht im Fieber, Bäche von Schweiß ausscheidend. Verzweifelt sehnt er den Morgen herbei.

Vor Tagesanbruch geht er nach draußen und setzt sich in den Sand. Er beobachtet den Himmel über dem Meer, und nach einigen Minuten nimmt er alle Details des hereinbrechenden Morgens wahr: Weichende Dunkelheit, die Farben des Himmels von Violett zu Rosa, dann Dunkelgelb, deutlicher werdende Konturen, ein kühler, frischer Wind. Sein Herz, das in der Nacht Schwerstarbeit geleistet hat, hört auf zu rasen, sein Atem beruhigt sich. Noch bevor die Sonne aufgeht, bemerkt er die ersten Touristen, die zum Treffpunkt der Delphinbeobachter gehen. Nach einigen Minuten sieht er die leichten, langen Boote mit den üblichen Stangen auf beiden Seiten mit der aufgehenden Sonne hinausfahren. Er wartet, bis ihn ihre ersten, warmen Strahlen treffen. Dann geht er zum Anlegeplatz der Boote und schaut den Fischern beim Hantieren mit den Netzen zu. Jedes Boot ist in einer anderen Farbkombination angestrichen, und jetzt spielen Lichtflecken darauf.

Als es heiß zu werden beginnt, begibt sich Siebert zum Frühstück. Während er den schwer genießbaren Kaffee schlürft, schaut er weiter aufs Meer und ist noch immer verwundert, wie klar heute alles ist.

Nach dem Frühstück setzt er sich, wie üblich, auf die Veranda. Der Junge kommt heute nicht zur üblichen Zeit, und Siebert versetzt es einen gewaltigen Schreck. Alle paar Sekunden schaut er auf die Uhr, und als er bereits überlegt, was er unternehmen sollte, hört er ihn:

»Ananas, wundervolle Ananas: Süß, saftig, nicht zu hart, nicht zu weich.«

Dann erscheinen der kleine runde Kopf und eine frische Ananas hinter der Mauer.

Ende

Über den Autor:

Robert Maxeiner wurde 1955 in Görgeshausen im Westerwald geboren. Er lebt heute in Frankfurt und arbeitet als selbständiger Supervisor. Seine Reisen führten ihn in verschiedene Länder Europas, häufig nach Irland, in mehrere afrikanische und asiatische Länder, auf Inseln im Indischen Ozean und nach Nordamerika.

Nach ersten Kurzgeschichten und Erzählungen veröffentlichte er 1994 seinen autobiographischen Roman »Kawaja«, eine abenteuerliche Reise durch den Sudan (erschienen im Komzi Verlag Idstein, ISBN 3-929522-19-5).

In »Pepperland«, seinem zweiten Buch vom Reisen, verwischen sich die Spuren von Erlebtem und Erdachtem; es wird nicht nur erzählt und berichtet, sondern ebenso der Phantasie Raum gegeben - stets mit der Absicht, beim Leser den Appetit aufs Reisen zu wecken.